Volker Zotz
Der Konfuzianismus

Volker Zotz

Der Konfuzianismus

marixverlag

Bibliografische Information der Deutschen Nationalbibliothek
Die Deutsche Nationalbibliothek verzeichnet diese Publikation in der Deutschen
Nationalbibliografie; detaillierte bibliografische Daten sind im Internet über
http://dnb.d-nb.de abrufbar.

© by marixverlag in der Verlagshaus Römerweg GmbH, Wiesbaden 2015
Covergestaltung: network! Werbeagentur GmbH, München
Bildnachweis: Confucius Birthday Ceremony, © mauritius images/Alamy
Satz und Bearbeitung: CPI books GmbH, Leck – Germany
Der Titel wurde in der Palatino Linotype gesetzt.
Gesamtherstellung: CPI books GmbH, Leck – Germany

ISBN: 978-3-7374-0975-9

http://www.verlagshaus-roemerweg.de

»Bei einem selbst beginnt das Menschlichsein.
Wie könnte es bei einem anderen beginnen?«

Konfuzius

Inhaltsverzeichnis

Vorwort

»Tragen Handlungen nicht zum Erfolg bei, führt eine Suche nicht zum Ziel, helfen Qualen und Bürden nicht, ein Problem zu lösen, dann solltest du sie ganz von dir werfen. Gestatte ihnen nicht, dich zu behindern oder für einen einzigen Augenblick in Unruhe zu versetzen. Denke nicht sehnsüchtig an Verflossenes, und sorge dich nicht um das, was kommen soll. Ergib dein Herz keinem Bedauern und Kummer. Kommt die rechte Zeit, dann handle! Reagiere auf Dinge, wie sie auftreten. Urteile über die Angelegenheiten, wenn sie anstehen. Dann werden das Richtige und das Falsche, das Erlaubte und das Unerlaubte offensichtlich sein.« (*Xunzi* XXI, 16)

Diese Worte stammen von dem Konfuzianer Xunzi, der im 3. Jahrhundert v. Chr. zahlreiche Themen der Politik, Pädagogik, Musik und Ethik behandelte. Dass er auf diese Weise immer wieder auf das praktische Leben zu sprechen kam, ist typisch für das klassische konfuzianische Denken. Dieses stellte eine Bewährung des Menschen im Jetzt über Spekulationen um Künftiges und Prinzipielles. Es fragte stets nach dem unmittelbar Sinnvollen und Zweckmäßigen, wobei es sich an der Vergangenheit orientierte, also aus der Geschichte lernen wollte.

In den Entwicklungen von zweieinhalb Jahrtausenden durchlief das, was man inzwischen Konfuzianismus nennt, große Veränderungen. Es verband sich in vielfältigen Formen mit anderen Geistesströmungen Ostasiens, was die verwirrende Situation zur Folge hat, dass man verschiedenste und mitunter einander widersprechende Positionen mit demselben Etikett des Konfuzianismus bezeichnet findet. Das vorliegende Buch stellt anfängliche und zentrale Motive sowie einige charakteristische historische und aktuelle Ausprägungen dessen vor, was der Sammelbegriff heute umfasst. Es ist ein Ergebnis wissenschaftlicher wie existenzieller Begegnungen mit den chinesisch beeinflussten Traditionen Ostasiens.

Zur tieferen Beschäftigung mit chinesischen Traditionen des Denkens und der Praxis regte mich Lama Anagarika Govinda (1898–1985) an, nachdem er 1981 eine Studie über das *Yijing* veröffentlichte, das auch für den Konfuzianismus bedeutende *Buch der Wandlungen*. Govinda, der sich chinesischen Überlieferungen im Rahmen einer weiten spirituellen Praxis geöffnet hatte, empfahl mir in Gesprächen die Betrachtung des Daoismus und Konfuzianismus im Rahmen meiner philosophischen und wissenschaftlichen Tätigkeiten.

Möglichkeiten zur intensivierten Auseinandersetzung mit Konfuzianischem ergaben sich dann in Japan, als ich zwischen 1989 und 1998 in Kyōto am Institut für buddhistische Kulturstudien der Ryūkoku Universität und am Shin Buddhist Comprehensive Research Institute der Ōtani Universität arbeitete. Im Schwerpunkt mit Forschungen zur Geschichte und Praxis des Buddhismus in Ostasien befasst, erkannte ich bald, wie tief der Konfuzianismus dessen Denken und Ausübung bestimmte. Tatsächlich erschließt sich der Sinn vieler Elemente des Buddhismus in China, Korea und Japan, etwa dessen Rituale für Verstorbene, nicht aus den indischen Quellen der Lehre, sondern aus deren konfuzianischen Transformationen.

In Japan durfte ich zudem über einige Jahre intensiv am liturgischen Leben und den Festen eines Shintō-Schreins teilhaben, der den als *Sumiyoshi daijin* bezeichneten Göttern geweiht ist. Auch für den Kult der japanischen Gottheiten des Shintō sowie für nahezu jeden Aspekt der traditionellen Kultur des Landes lassen sich starke konfuzianische Einflüsse beobachten.

An dieser Stelle möchte ich nur wenige der Persönlichkeiten in Ostasien namentlich anführen, denen ich für ihren Rat und ihre Unterstützung bei meiner Beschäftigung mit dem Konfuzianismus dankbar verbunden bin, unter ihnen akademische Kollegen, konfuzianische Gelehrte, buddhistische Geistliche und Priester des Shintō.

Shōken Yamasaki (1907–1989), der drei Jahrzehnte an der Ryūkoku Universität Pädagogik lehrte, vermittelte mir bei seinem Europaaufenthalt 1988 eindrucksvolle Aufschlüsse über klassische Bildungstraditionen Ostasiens und ermutigte mich dazu, im Folgejahr meine Arbeit in Japan anzutreten. Keisai Doki, der vormalige Abt des Senpuku-Tempels in Takaoka, förderte in intensiven Gesprächen des Jahres 1996 besonders mein Verständnis chinesischer und japanischer Überlieferungen in ihrem Verhältnis zu Europa.

Seit 1998 gehöre ich dem Institut Hokekyō Bunka Kenkyūjo an der Risshō-Universität in Tōkyō an. Hier wurde mir der Austausch mit dem Kulturwissenschaftler Yukio Kotani wertvoll, der bis zu seinem Tod ein persönlicher Schüler des Gelehrten Hanjirō Tominaga (1883–1965) war. Tominaga unterrichtete – wie Konfuzius zweieinhalb Jahrtausende zuvor – als Privatgelehrter einen Kreis Interessierter auf Basis klassischer Literatur. Mit Yukio Kotani, dem ich zahlreiche Anregungen verdanke, unternahm ich erste Besuche im konfuzianischen Tempel Yushima Seidō, dessen Tradition bis in die 1630er Jahre zurückgeht.

Auch in China vermittelten mir, insbesondere in Shangdong und Bejing, viele Begegnungen und Erfahrungen kostbare Einblicke in den Geist und die lebendige Kultur des Konfuzianismus, der in den letzten Jahren eine wahre Renaissance erlebt. »Zerschlagt den alten Kuriositätenladen des Konfuzius«, forderte schon in den ersten Jahrzehnten des 20. Jahrhunderts eine intellektuelle Strömung, die von der studentischen »Bewegung des vierten Mai« (1919) ausging. Die Vorbehalte gegen den Konfuzianismus, den man mit allem assoziierte, was Chinas Fortschritt zu hemmen schien, nahm in den 1970er und 1980er Jahren noch zu. Inzwischen hat sich das Blatt vollständig gewendet, denn nach einer Phase des sehr kritischen Abstands lässt sich klarer sehen, wie nicht alles, was man im Lauf der chinesischen Geschichte mit Konfuzius und seinen klassischen Interpreten rechtfertigen wollte, im Sinn deren Denkens war. Seit 2004 heißen chinesische Kultur-Institute im Ausland nach Konfuzius. Im Konfuzius-Tempel in Beijing und der nahen Akademie Guozijian, die bis zum Ende der Qing-Dynastie 1911 als höchstrangige konfuzianische Bildungsstätte im chinesischen Reich galt, wird seit 2014 wieder der Übergang Jugendlicher zum Erwachsensein in einem modifizierten alten Stil rituell begangen.

Viele derartige Anzeichen machen deutlich, dass dem Konfuzianismus in jüngerer Zeit gerade in China zunehmend mehr
als nur historische Bedeutung zukommt. Es bleibt eine span-
nende Frage, inwieweit im Zeitalter der Globalisierung und der
aus ihr resultierenden kulturellen Nivellierungen als konfuzianisch bezeichnete Traditionen, Inhalte und Institutionen ihren
Platz in den angestammten Gebieten bewahren, ihn neu definieren und darüber hinaus Bedeutung erlangen.

Danken für ihre kostbare Inspiration und Hilfe möchte ich
Birgit Zotz, die meine Forschungen und Überlegungen zum
Konfuzianismus seit einem Jahrzehnt in China, Indonesien, Eu-
ropa und den USA begleitet.

Als erste literarische Frucht meiner Auseinandersetzung mit
dem Konfuzianismus erschien 2000 das Buch *Konfuzius* (Reinbek bei Hamburg 2. Aufl. 2008), das sich im Schwerpunkt mit
der Gestalt des so genannten Stifters der Tradition und den ihm
unmittelbar zugeschriebenen Lehren beschäftigt.

Der Frage, ob sich aus dem Konfuzianismus Impulse für
Menschen in Europa gewinnen lassen, ging ich dann sieben
Jahre später mit dem Buch *Konfuzius für den Westen. Neue Sehn-
sucht nach alten Werten* (Frankfurt a. M. 2007) nach.

Nach sieben weiteren Jahren kam von Rebecca Hausdörfer
aus dem marixverlag die Anregung, mit dem hier vorliegenden
Buch einen Gesamtüberblick über die wesentlichen Motive und
Entwicklungen konfuzianischer Traditionen zu bieten. Gerne
bin ich diesem Vorschlag gefolgt, wobei mir bewusst war, dass
bei der Behandlung einer in mehreren großen Kulturen Asiens
verbreiteten 2500-jährigen Tradition mit ebenso langer Vorge-
schichte das Meiste ungesagt bleiben muss.

Der Konfuzianismus brachte eindrucksvolle Systeme des
Denkens, eine wirkungsvolle Literatur, über Jahrhunderte
staatstragende Institutionen, Bildungseinrichtungen und Tempel mit viel gerühmter Architektur hervor. Wenn in diesem
Buch einiges davon behandelt wird, soll nie das zentrale Anliegen der klassischen Gestalter des Konfuzianismus vergessen
werden: Es ging ihnen vor allem um die Ethik eines verant-
wortlichen, konsequenten und von Menschlichkeit bestimmten

Lebens, die sie oft in Einfachheit und ohne Schnörkel präsentierten: »Führe nichts aus, was du nicht tun willst. Verlange nichts, wovon du beschlossen hast, es nicht zu verlangen. Das reicht schon.« (*Menzius* XIII, 17)

Peoria (Illinois) im August 2014   Volker Zotz

Einführung

Gibt es den Konfuzianismus?

Probleme eines Etiketts

»Der Konfuzianismus« prägte Ostasien nicht nur historisch, sondern stellt bis heute eine treibende Kraft für die Gesellschaft, die Wirtschaft sowie das Geistesleben in China, Korea, Japan, Vietnam, Singapur und in weiteren Ländern dar. Will man aktuelle Vorgänge im für frühere Generationen »Fernen Osten« begreifen, der politisch und ökonomisch unaufhörlich näher rückt, sind Kenntnisse über »den Konfuzianismus« geboten.

Entsprechend wurde er in der Literatur zu einer viel behandelten Größe. »Der Konfuzianismus hat den Charakter der sozialen Beziehungen innerhalb der chinesischen Gesellschaft in den letzten zweieinhalb Jahrtausenden sehr viel stärker beeinflusst als beispielsweise der Buddhismus oder der Taoismus«, schreibt Francis Fukuyama.[1] »Der Konfuzianismus entstand um 500 v. u. Z. als eine Art Morallehre und Verhaltenskodex«, lesen wir bei dem Politologen Jürgen Rothlauf.[2] »Der Konfuzianismus beanspruchte auch eine universelle Relevanz seiner Lehren«, formuliert der Sinologe Karl-Heinz Pohl.[3]

So selbstverständlich man hier über »den Konfuzianismus« spricht und so zutreffend jeder dieser Sätze sein mag, lässt sich *eine* Frage nicht umgehen: Gibt es diesen Konfuzianismus überhaupt? Nachdem sowohl in wissenschaftlichen Disziplinen als auch in Medien ganz bestimmt davon die Rede ist, mag am Beginn eines Buchs, das wiederum diesen Begriff im Titel führt, die Überlegung verwundern, ob der behandelte Gegenstand wirklich existiert. Doch ist die Frage unumgänglich, um gröbere Missverständnisse zu vermeiden.

Als Ausdruck ist »Konfuzianismus« eine europäische Erfindung. In China gab es zweieinhalb Jahrtausende keinen Begriff, der dem in europäischen Sprachen gängigen Wort entspräche.

Der Terminus und eine erste Entscheidung, was er bezeichnen soll, gehen auf abendländische Jesuiten zurück, die China als Missionare besuchten. Pater Matteo Ricci (1552–1610), der seit 1582 im »Reich der Mitte« wirkte und in Wort und Schrift dessen Sprache erlernte, führte seine Dialogpartner in die westliche Mathematik und andere Aspekte europäischer Kultur ein.[4] Seine 1595 erschienene Abhandlung *Jiaoyou lun*, die sich auf Basis von Gedanken des römischen Autors Cicero dem Wesen der Freundschaft widmet, fand große Anerkennung bei gebildeten Chinesen.

Seinerseits studierte der Pater sorgfältig die chinesische Kultur. Den damals bereits vor eineinhalb Jahrtausenden aus Indien ins Land gekommenen Buddhismus lehnte der Jesuit, der das Christentum verbreiten wollte, als Kult um einen zum Götzen erhobenen Menschen ab.[5] Doch die von den Gelehrten des Hofs gepflegte klassische Literatur Chinas beeindruckte ihn tief. Wie er erfuhr, stellte dieses Schrifttum zweitausend Jahre zuvor ein gewisser Kong Fuzi zusammen, was »Kong, der Lehrmeister« bedeutet. Von diesem ging eine ungebrochene Tradition der Gelehrsamkeit und Interpretation aus.

Kong Fuzi wurde im Sprachgebrauch der Jesuiten latinisiert, worauf der heute geläufige Eigenname »Konfuzius« zurückgeht. Die auf die Ideen dieses alten Meisters gegründete Tradition nannten sie in der Folge Konfuzianismus, eine Wortprägung aus dem latinisierten Namen des Mannes mit dem griechischen Suffix *isma*. Als *Ismus* weist diese Beifügung auf eine bestimmte Art des Handelns hin. Damit hatte man mit dem Terminus »Konfuzianismus« eine Geistesrichtung definiert, die ihr Vorgehen an Konfuzius ausrichtet.

Die Konfuzianer selbst hatten sich nie als Anhänger eines bestimmten Menschen wahrgenommen – sie nannten ihre Bewegung *Rujia*. Das Wort *Ru* besitzt nach Xu Shen, einem um 120 verstorbenen Wörterbuchautor, den Sinn von »sanft«. Die in der Tradition des Konfuzius wirkenden Gelehrten gingen mit ihren Studien einer »sanften« Tätigkeit nach, verstanden sich als feine und friedliebende Menschen. Doch mag *Ru* ursprünglich auch die Spezialisten für das Ritual bezeichnet haben.[6]

Tatsächlich kennt die Tätigkeit der *Ru* die beiden Aspekte theoretischer Gelehrsamkeit und praktizierter Ritualistik. Entsprechend unterscheidet der chinesische Sprachgebrauch den eher akademischen Aspekt der Tradition als *Rujia* vom eher kultischen als *Rujiao*.

Indem sie nicht das einheimische *Ru* übernahmen oder übersetzten, sondern die Begriffe »Konfuzianer« und »Konfuzianismus« neu prägten, folgten Christen und Jesuiten dem Muster ihrer Eigenbezeichnungen, um eine Geistesrichtung nach der jeweiligen vermeintlich für die Strömung maßgebenden Person zu benennen. Dieses Verfahren verfehlt häufig das Selbstverständnis anderer. Wurden z. B. Muslime, wörtlich »(Gott) Ergebene« und Anhänger des Islam (»Hingabe«), früher als Mohammedaner etikettiert, verschob dieser Begriff den inhaltlichen Akzent von der tatsächlichen Ausrichtung auf den transzendenten Gott zu einem als Mittler verstandenen Menschen. Aus der Innenperspektive so Benannter liegt eine ebenso grobe Verzerrung vor wie im Fall der Konfuzianer.

Diese konnten in ihrer Selbstbezeichnung den Namen des Kong Fuzi nicht führen, weil dieser sich der Überlieferung zufolge gar nicht als Stifter einer Weltanschauung oder Bewegung verstand: »Ich vermittle, doch schaffe nichts. Dem Alten bin ich treu und liebe es.« (L VII, 2)[7] Weil Konfuzius demnach nichts beginnen, sondern Früheres bewahren wollte, umfasst der Konfuzianismus nach seiner Innenansicht vor allem Vorkonfuzianisches.

Matteo Ricci und seine Ordensbrüder trugen nicht nur zum Entstehen und zur Definition des Begriffs »Konfuzianismus« bei, sondern auch zum Einordnen des damit Bezeichneten in bestimmte Kategorien kulturellen Lebens. Hätten sie ihre Gesprächspartner in China gefragt, ob es sich beim Konfuzianismus um eine Religion oder um eine Philosophie handele, wären diese zweifellos ratlos gewesen. Sie besaßen für diese Begriffe keine tauglichen Äquivalente. Das heute in China für den Religionsbegriff allgemein verwendete Wort *zongjiao* bezeichnete in jenen Tagen nur die einzelnen Schulrichtungen des Buddhismus. Der Begriff *zhexue*, der inzwischen für die Philo-

sophie Verwendung findet, wurde in China erst zu Beginn des
20. Jahrhunderts eingeführt, um das abendländische Denken
zu bezeichnen.

Die Jesuiten entschieden im Rahmen des ihnen vertrauten
Bezugssystems, dass der Buddhismus mit seiner Erlösungsleh-
re eine Religion sei, der Konfuzianismus hingegen keine. Damit
siedelten ihn die Patres in seiner Praxis, im Brauchtum und in
seinem Denken implizit in der Philosophie an, womit sie den
Konfuzianismus mit ihrem katholischen Glauben für vereinbar
halten durften. Wenn die Begegnung des Christentums mit den
Philosophien von Platon und Aristoteles eine für Europa angemessene Theologie hervorbrachte, sollte dann nicht für China
dasselbe durch ein Zusammentreffen mit der Philosophie des
Konfuzius und seiner Nachfolger geschehen können?

Eine Religion?

Nicht alle ihm begegnenden Europäer sahen den Konfuzianismus außerhalb der Sphäre des Religiösen angesiedelt. Seine
Praktiken unterschieden sich äußerlich in vielem nicht von denen der Buddhisten, die vor den Statuen ihrer Buddhas und
Bodhisattvas Licht, Weihrauch und Nahrung opferten, während sie aus heiligen Schriften rezitierten. Auch vor Skulpturen
des Konfuzius und seiner Schüler brannte Räucherwerk und
wurden Gaben dargebracht. Dazu kam neben einer Vielzahl
mit Göttern und Geistern verbundener alter Riten, zu denen
Konfuzianer die Menschen anhielten, die überragende Bedeutung einer kultischen Ahnenverehrung.

Ricci sowie viele seiner Brüder und Nachfolger stuften all
dies als unreligiöses Brauchtum ein, als weltliche und soziale
Zeremonien zur Verehrung bedeutender philosophischer Lehrer und als eine feierliche Ausdrucksform der Dankbarkeit gegenüber den Vorfahren. Nach ihrem Verständnis konnte man
als chinesischer Christ ebenso problemlos auch ein Konfuzianer sein wie als europäischer Christ ein Aristoteliker.

Dies bezweifelten nicht nur einige Jesuiten, sondern vor al-

lem die ebenfalls in China missionierenden Mönche der Fran-
ziskaner und Dominikaner. Diese wollten das Christentum in
seiner in Europa gewachsenen Gestalt verbreitet sehen und es
vom Beiwerk konfuzianischer Riten und Überlieferungen frei-
halten. Dies war ein Auslöser des so genannten Ritenstreits.

Der Dominikaner Juan Bautista Morales setzte 1645 bei Papst
Innozenz X. ein Verbot konfuzianischer Praktiken für Katholiken durch. Der Jesuit Martino Martini erreichte 1656 dessen
Rücknahme unter Papst Alexander VII. Der französische Theologe Charles Maigrot, der konfuzianische Riten als abergläubi-
sche Praktiken wertete, veranlasste Papst Clemens XI. schließlich, das Verbot 1704 wieder in Kraft zu setzen. Mit seiner Bulle
Ex illa die stellte Clemens 1715 dann ausdrücklich fest, chinesischen Konvertiten wäre die Verehrung des Konfuzius, die Teilnahme an Riten in konfuzianischen Tempeln und die kultische
Ahnenverehrung untersagt.[8]

Der chinesische Kaiser Yongzheng unterdrückte in der Folge
das Christentum, und die Diskussion unter europäischen Theo-
logen hörte nicht auf. Deshalb beendete Papst Benedikt XIV.
mit der Bulle *Ex quo singulari* 1742 den Streit, indem er das Verbot bekräftigte und von Missionaren einen Eid forderte, das
Thema künftig nicht mehr aufzubringen. 1939 wurde dann unter Papst Pius XII. mit der Verfügung der Glaubenskongregati-
on *Plane compertum* die Verehrung des Konfuzius und der Ahnen wieder gestattet.

Dieses Hin und Her zeigt, wie schwer sich Europäer seit Anfang der Begegnung mit einer Einschätzung des Konfuzianismus taten. Hatte man eine andere – und damit nach christlicher
Einschätzung falsche – Religion vor sich, eine philosophische
Richtung, eine literarische Tradition oder eine weltanschaulich
nicht festgelegte Verbindung überlieferter Landessitten?

Bis zur Gegenwart gibt es auch unter Wissenschaftlern darauf keine allgemein akzeptierte Antwort. So schränkt beispielsweise der Sinologe und Theologe John Berthrong zwar ein,
dass sich der Konfuzianismus »über das Wesen und die Eigenschaften Gottes wenig Gedanken machte. Oft wurde er deswegen nicht einmal als Religion angesehen. Aber er *ist* eine Religi-

on«.[9] Ebenso überzeugt – jedoch vom Gegenteil – gibt sich der Kulturwissenschaftler Geert Hofstede: »Konfuzianismus ist keine Religion sondern eine Reihe pragmatischer Regeln für das tägliche Leben, abgeleitet von dem, was Konfuzius als die Lektionen der chinesischen Geschichte sah.«[10]

Die gegenteiligen Schlüsse, zu denen man in dieser Frage kommt, gehen nicht allein darauf zurück, dass die Wissenschaft keine allseitig anerkannte Definition des Begriffs der Religion kennt. Das Phänomen des Konfuzianismus entzieht sich, sogar wenn man von einem ganz bestimmten Religionsbegriff ausginge, der eindeutigen Zuordnung. Vielleicht lässt der Sinologe und Religionswissenschaftler Roman Malek aus diesem Grund Vorsicht walten: »Konfuzianismus beinhaltet religiöse Elemente, kann aber – streng genommen – nicht als Religion gelten; es ist vielmehr eine ›Weltanschauung‹ bzw. eine ethisch-soziale Lehre.« Nur wenige Seiten später stellt Malek dann fest: »Man kann also von einer konfuzianischen Religiosität durchaus sprechen.«[11] Was hier wie ein Eiertanz erscheint zwischen »streng genommen« keiner Religion, die aber doch »durchaus« religiös ist, weist auf das Fehlen angemessener Kategorien zum Einordnen des Konfuzianismus hin.

Eine Philosophie?

Würde die Philosophie als Schublade besser passen? Als der Konfuzianismus in Europa bekannt wurde, waren sich führende Philosophen uneins, ob Konfuzius und seine Tradition etwas zu ihrer Disziplin beizutragen hätten. Neigten Leibniz, Christian Wolff und Voltaire zu einer positiven Antwort, wollte Immanuel Kant die Aussprüche des Konfuzius als »unerträglich« werten »weil sie einjeder herplappern kann«.[12] Auch Hegel und sein Antipode Schopenhauer waren sich einig, dass eine Beschäftigung mit Konfuzius wenig böte. Es wäre besser für die Reputation des Mannes gewesen, meinte Hegel nach der Lektüre seiner Aussprüche, »wenn sie nicht übersetzt worden wären«.[13] Zu banal erschien ihm das hier Überlieferte.

Schopenhauer, der die buddhistische Überlieferung Chinas schätzte, hielt die Worte des Konfuzius für »etwas ganz spezifisch Fades und Langweiliges«.[14]

Der Stil der konfuzianischen Quellen unterschied sich tatsächlich stark von dem, was in Europa als philosophischer Text galt. Schon deshalb war die Frage, ob in diesen philosophiert werde, nicht unstrittig zu entscheiden. Bis heute lässt sich darüber diskutieren, und auch asiatische Wissenschaftler melden gelegentlich Zweifel an, ob »Philosophie« ein angemessener Sammelbegriff für nicht in Europa gewachsene Traditionen wäre. Min OuYang schlug vor, statt von einer »chinesischen Philosophie« von der *Sinosophie* zu sprechen.[15]

Begriffe wie Religion, Philosophie und Brauchtum taugen ebenso wenig wie viel zum Charakterisieren dessen, was man Konfuzianismus nennt. Sie führen nicht allzu weit, weil es unter anderem Bedingungen entstandene Kategorien sind, denen in China nichts entsprach. Ihr Gebrauch trägt im Grunde fremde Unterscheidungen und Erlebnisweisen in den Konfuzianismus. Andererseits ist es ein unumgänglicher und tatsächlich hilfreicher Reflex, Unbekanntes in die Raster des bereits Vertrauten einzuordnen, um überhaupt am Anfang damit umgehen zu können.

Wichtig ist ein Bewusstsein dafür, dass Etikettierungen mit vertrauten Einteilungen, so sehr sie der Orientierung und Annäherung dienen, Sachverhalte nicht in ihren ursprünglichen Zusammenhängen und Bedeutungen erfassen. Dies gilt weit über Aussagen wie jene hinaus, ob der Konfuzianismus eine oder keine Religion oder Philosophie darstellt. Beim Gebrauch zahlreicher Begriffe wie Seele, Gott und Geist, schwingen dem kulturellen Hintergrund eines Lesers entsprechende Assoziationen mit, die vielfach nicht treffen.

So wird in der Folge von der »Seele« gesprochen, um ein *hun* oder *shen* Genanntes wiederzugeben, das nach dem leiblichen Tod des Menschen fortbestehen soll. Mancher christlich Sozialisierte könnte mit dem Seelenbegriff automatisch die Eigenschaft »ewig« verbinden, was am Gemeinten vorbeigeht. Nach altem chinesischen Verständnis kann ein den Tod zunächst

Überdauerndes durchaus vergänglich sein. Um die Lesbarkeit nicht durch viele unvertraute Termini zu erschweren, werden in diesem Buch chinesische Begriffe dennoch weitgehend übersetzt. Es gilt, der Gefahren allzu schneller Gleichsetzungen gewahr zu bleiben.

Auch mit dem Wort Konfuzianismus entspricht dieses Buch dem westlichen Sprachgebrauch. Über das in China *Rujia* und *Rujiao* Genannte hinaus schließt der Sammelbegriff hier ein, was sich während zweieinhalb Jahrtausenden in China, Japan und anderen Regionen auf Konfuzius bezog. Die damit aus heutiger Perspektive zusammengefassten Persönlichkeiten, Bewegungen und Institutionen besaßen ihrerseits keine gemeinsame Identität als Konfuzianer und hätten sich bei gegenseitiger Kenntnisnahme oft kaum demselben Lager zugehörig empfunden. Konfuzianismus steht darum nicht wie Katholizismus für ein System mit innerer Identität, verbindlichen Lehren und gemeinsamen Einrichtungen. Es gibt kein räumliches, personales oder geistiges Zentrum der kultur- und geistesgeschichtlichen Entwicklungen, die sich auf Konfuzius beziehen.

Vielfalt und Entwicklung

Der Pluralität dessen, was man Konfuzianismus nennt, nähert sich das vorliegende Buch in neun Kapiteln, in denen, so oft dies möglich und angemessen ist, auch Quellen zitiert werden sollen, um die Tradition selbst sprechen zu lassen.

Das erste Kapitel *Früh verkannt und spät vergöttlicht* beschäftigt sich mit der überlieferten Gestalt und dem Wirken des Konfuzius. Nachdem dieser zu Lebzeiten wenig erfolgreich war und seine Lehre in China nach seinem Tod zunächst verboten wurde, galt er schließlich Generationen in Ostasien als das Muster eines vollkommenen Menschen. 1906 versuchte sich das chinesische Kaiserreich vor dem drohenden Untergang zu retten, indem es Konfuzius dieselben göttlichen Ehren wie dem Himmel und der Erde zusprach.[16]

Dieses Auszeichnen des Konfuzius, um das Reich zu erhalten, beschwor dessen überliefertes Selbstverständnis als Bewahrer und Vermittler der Werte einer großen Vergangenheit. Das zweite Kapitel *Tradition als Maß* widmet sich diesen Werten, die in den als Klassikern bezeichneten Büchern ihren Niederschlag fanden. Konfuzius selbst soll den Kanon dieser Werke, deren Geschichte lange vor ihm beginnt und deren Entwicklung nach seinem Tod weiterging, aus altem Material kompiliert und interpretiert haben.

Das dritte Kapitel *Vom Neuen im Alten* behandelt Umwertungen des Tradierten, die sich trotz des starken Bekenntnisses der Treue zur Vergangenheit bei Konfuzius finden. Es geht hier um die in der älteren Überlieferung erkennbaren eigentlichen Lehren des Konfuzius, der den von ihm hoch geachteten von früheren Generationen ererbten Wertekanon in Einklang mit einem autonom reflektierenden und entscheidenden Menschen bringen wollte. Karl Jaspers urteilte über das von Konfuzius hier Geleistete als »in China das erste sichtbare großartige Aufleuchten der Vernunft in ihrer ganzen Weite und Möglichkeit«.[17]

Bedeutende Nachfolger entwickelten das von Konfuzius Angestoßene weiter. Das vierte Kapitel *Himmel und Mensch* stellt wichtige Interpreten des Konfuzianismus wie Menzius, Xunzi und Dong Zhongshu vor. Deren einander zum Teil widersprechende Auslegungen zeigen, wie sich die Lehre des Konfuzius in einem breiten Spektrum entfalten ließ.

Das fünfte Kapitel *Vergiftet Konfuzius die Welt?* wendet sich entschiedenen Widersachern des Konfuzianismus zu, deren es seit früher Zeit nicht wenige gab. Mozi, selbst ein scharfer Gegner, zitierte im 4. Jahrhundert v. Chr. die Kritik eines vorgeblichen Zeitgenossen des Konfuzius: »Mit seinem ausgesuchten Gebaren und seinem Hang zu Verfeinerungen vergiftet Konfuzius die Welt.«[18]

Ein wesentliches Element des Konfuzianismus bildet die kultische Verehrung von Vorfahren, die im sechsten Kapitel *Die Gegenwart der Ahnen* zum Thema wird. Zur Familie eines Menschen gehören neben lebenden Verwandten auch Verstorbene, deren regelmäßig rituell gedacht wird. Dieser konfuzianisch geprägte Ahnenkult liefert einen Schlüssel zum Verständnis des Menschen- und Gesellschaftsbildes in China, Korea, Japan und Vietnam.

Mit der Han-Dynastie, deren Vertreter ab 206 v. Chr. regierten, gewann der Konfuzianismus zunehmend an Bedeutung in China, um schließlich zur tragenden Säule des Staates in der Politik und Kultur zu werden. Dieser Entwicklung geht das siebte Kapitel *Siegeszug mit Pausen* nach, wobei unter anderem gefragt wird, wie der Konfuzianismus in die Politik wirkte und dem Buddhismus begegnete. Auch auf die neuere Zeit wird eingegangen. Kritisierten chinesische Intellektuelle den Konfuzianismus bis in die 1970er Jahre als rückständig, erlebt er seit einigen Jahrzehnten eine Renaissance seiner Werte und Institutionen.

Das achte Kapitel *Über die Grenzen* betrachtet, wie der Konfuzianismus von China in weitere Regionen Ostasiens ausstrahlte, um dort eigene Ausprägungen zu erfahren. Dies wird im Schwerpunkt am Beispiel Japans gezeigt, wo konfuzianische Ideen die Organisation des Staates, das Selbstverständnis der Samurai und die Gestalt des Buddhismus stark beeinflussten.

Im neunten Kapitel *Das Echo* wird nach historischen und denkbaren weiteren Wirkungen des Konfuzianismus fern seiner angestammten Regionen gefragt. Seit sich erstmals Jesuiten im 16. Jahrhundert intensiv mit dem Konfuzianismus auseinandersetzten, stieß er im Westen auf schroffe Ablehnung, Gleichgültigkeit und begeisterte Zustimmung. Besitzt er das Potenzial, im Westen mehr zu sein als nur hilfreich beim Verständnis der Geschichte und Gegenwart Ostasiens?

Anmerkungen

Häufiger zitierte klassische Werke sind nicht unter den Anmerkungen belegt, sondern jeweils in Klammern unmittelbar hinter ihrer Zitierung im Text. Siehe dazu unter *Abkürzungen klassischer Werke*.

[1]   Francis Fukuyama: *Konfuzius und Marktwirtschaft. Der Konflikt der Kulturen*. München 1995, S. 109.

[2]   Jürgen Rothlauf: *Interkulturelles Management. Mit Beispielen aus Vietnam, China, Japan, Russland und den Golfstaaten*. München ⁴2012, S. 400.

[3]   Karl-Heinz Pohl: »Zur Universalität und Relativität von Ethik und Menschenrechten im Dialog mit China.« In: Bernd von Hoffmann (Hg.): *Universalität der Menschenrechte. Kulturelle Pluralität*. Frankfurt a. M. 2009, S. 117–133, hier S. 125.

[4]   Vgl. Jonathan D. Spence: *The Memory Palace of Matteo Ricci*. London 1985, S. 210.

[5]   Johannes Bettray: *Die Akkomodationsmethode des P. Matteo Ricci S. J. in China*. Analecta Gregoriana Vol. 76. Rom 1955, S. 256–267.

[6]   Zur Herkunft von *Ru* vgl. Yong Chen: *Confucianism as Religion: Controversies and Consequences*. Leiden 2013, S. 26–29.

[7]   Die Abkürzung L steht für das Buch *Lunyu*.

[8]   Vgl. Anton Hounder: *Der chinesische Ritenstreit*. Aachen 1921.

[9]   John Berthrong: »Weise und Unsterbliche: Die chinesischen Religionen.« In: Christopher Partridge (Hg.): *Das große Handbuch der Weltreligionen*. Wuppertal 2006, S. 394–420, hier S. 394.

[10]   Geert Hofstede, Michael Harris Bond: »The Confucius Connection. From Cultural Roots To Economic Growth.« In: *Organizational Dynamics* 16.1988 (4), S. 5–21, hier S. 7–8.

11 Roman Malek: »Konfuzianismus.« In: Johann Figl: *Handbuch Religionswissenschaft*. Innsbruck und Göttingen 2003, S. 298–306, hier S. 298 und S. 304.

12 Vgl. Helmuth von Glasenapp: *Kant und die Religionen des Ostens*. Kitzingen a. M. 1954, S. 104.

13 Georg Wilhelm Friedrich Hegel: *Vorlesungen über die Geschichte der Philosophie*. Werke in zwanzig Bänden, Bd. XVIII. Frankfurt a. M. 1971, S. 142–143.

14 Arthur Schopenhauer: *Ueber den Willen in der Natur*. Frankfurt a. M. ²1854, S. 118. Schopenhauer relativiert seine Einschätzung mit der Formulierung »nach den Uebersetzungen zu urtheilen«.

15 Min OuYang: »There is No Need for *Zhongguo Zhexue* to be Philosophy.« In: *Asian Philosophy*. Vol. 22, No. 3, August 2012, S. 199–223.

16 Hierzu und zum Konfuzianismus in China in der erste Hälfte des 20. Jahrhunderts vgl. Zheng Yuan: »The Status of Confucianism in Modern Chinese Education, 1901–49: A Curricular Study.« In: Glen Peterson, Ruth Hayhoe, Yongling Lu: *Education, Culture, and Identity in Twentieth-century China*. Ann Arbor, MI. 2001, S. 193–216.

17 Karl Jaspers: *Die großen Philosophen*. Band 1. München 1959, S. 179.

18 Mo Ti: *Von der Liebe des Himmels zu den Menschen*. Aus dem Chinesischen übersetzt und herausgegeben von Helwig Schmidt-Glintzer. München 1972, S. 223.

1. Früh verkannt und spät vergöttlicht

GESTALT UND WIRKEN DES KONFUZIUS

Unsichere Quellen

Die Geschichte des Konfuzianismus beginnt im 6. Jahrhundert v. Chr. mit einem Mann, der zu Lebzeiten kaum ahnte, dass seine Ideen später große Teile der Menschheit prägen würden. »Konfuzius lebte in einer wirren Epoche. Keiner konnte ihn anerkennen.« So heißt es im *Garten der Geschichten (shuoyuan)*, einem Buch des kaiserlichen Bibliothekars Liu Xiang aus dem 1. Jahrhundert v. Chr. Der Autor nennt jene Zeit wirr, weil mit dem Verfall der Stärke des Hauses Zhou, das vom 11. bis ins 3. Jahrhundert v. Chr. Chinas Herrscher stellte, die einst geregelten Verhältnisse niedergingen. Teilstaaten des Reichs stritten um Vorrang und mächtige Clans nutzten die ungeordnete Situation für den eigenen Vorteil.

Dieser Entwicklung wollte Konfuzius entgegensteuern, wobei ihn, wie Liu Xiang schreibt, keiner billigen konnte. Tatsächlich spielt der Fehlschlag im Werdegang des Konfuzius eine Hauptrolle. Dies könnte für einen wahren Kern in den überlieferten Berichten sprechen, denn hätte man seine Biografie erfunden, träte Konfuzius dann nicht erfolgreich statt missverstanden auf? Doch sogar einem erdichteten Konfuzius stünde die Rolle des Unterschätzten gut, um die konfuzianische Grundhaltung zu verkörpern, sogar im Scheitern und als Verkannter seinem Weg in Würde treu zu bleiben: »Mich macht nicht traurig, kennen mich die Menschen nicht. Mich macht traurig, wenn ich die Menschen nicht kenne.« (L I,16)

In den Überlieferungen, die von Konfuzius berichten, lassen sich Legenden, die Lehren illustrieren sollen, nicht von möglichen historischen Ereignissen trennen. Jahrtausende feilten an der Gestalt, damit sie ausdrückte, was als Ideal galt – oder als Irrweg, denn Gegner trugen erheblich zum Bild des Konfuzius bei. Zum Ausformen bot sich weiter Spielraum, denn authentische Erinnerungen wurden während eines Verbots konfuzianischer Schriften unter der Qin-Dynastie (221–206 v. Chr.) vernichtet. Bis man erhaltene Bruchstücke im Buch *Lunyu* sammelte, vergingen seit Konfuzius mehr als zweieinhalb Jahrhunderte.

Lunyu hält man weithin für *die* Quelle über Konfuzius. Der Text umfasst in etwa zwölftausend Schriftzeichen kurze Sprüche und kleine Episoden von jeweils wenigen Sätzen. Abweichungen zwischen verschiedenen Abschnitten deuten auf mehrere Autoren in unterschiedlichen Epochen hin. Der fragmentarische Charakter der inhaltlich nicht verketteten Teile animierte im Lauf der Epochen zu vielen erklärenden Ausschmückungen. Die Lesart vieler unklarer Stellen des Büchleins blieb umstritten, bis He Yan (ca. 195–249 n. Chr.) eine Auslegung vorschlug, die über Jahrhunderte als verbindlich galt.

Weitere alte Texte berichten von Konfuzius. So zitiert Menzius (370–290 v. Chr.) Aussagen, die sich nicht in *Lunyu* finden. Manches erfuhr Menzius von Zisi (ca. 481–402 v. Chr.), einem Enkel des Konfuzius, was dieser von Zeitgenossen über seinen Großvater und dessen Ideen wusste. Doch warf der bedeutende Interpret Xunzi (um 312–230 v. Chr.) dem Enkel Verfälschungen der Lehren des Konfuzius vor.

Nicht weniger problematisch wie frühe Zitate in *Lunyu*, bei Menzius und anderen sind geschlossene literarische Kompositionen, die ausführlich vom Wirken des Konfuzius berichten. Lange galt in China *Kongzi Shijia* als autoritative Quelle für das Leben des Konfuzius. Es handelt sich um eine Arbeit des Hofastrologen Sima Qian (145–86 v. Chr.), dem für diese erste Biografie des Konfuzius neben schriftlichen Quellen noch eine reiche mündliche Tradition zur Verfügung gestanden haben dürfte.[19] Hohes Ansehen genossen zudem Bücher wie *Kongzi jiayu*, die so genannten *Schulgespräche*, und *Kongcongzi*, das man für das Werk eines Nachfahren des Konfuzius aus dem 3. Jahrhundert v. Chr. hielt.

Erst in jüngeren Epochen kam es in China zu massiven Bedenken gegen die vertraute Überlieferung, etwa durch Cui Shu

(1740–1816), dessen Studie *Zhusi Kaoxinlu* am klassischen Bild rüttelte. Er beurteilte Sima Qian als unverlässlich, *Kongzi jiayu* lehnte er als späte Fälschung ab. Sogar Teile von *Lunyu* hielt er für zweifelhaft. Cui Shu ging weniger von historischen und sprachlichen Erwägungen aus, sondern stieß sich an inhaltlichen Unstimmigkeiten. Nach seiner Überzeugung war Konfuzius ein echter Weiser, eine glaubhafte ethische Autorität und ein klarer Denker. Was dieser Bewertung aus seiner Sicht abträglich sein konnte, verdächtigte Cui Shu als unauthentisch.[20] Seine Selektion schuf das konsistente Bild eines Menschen ohne Widersprüche und Schwächen.

So sicher Cui Shu Unschlüssigkeiten der Tradition vorwies, so wenig erlaubt seine Methode, nach dem Kriterium der vorausgesetzten Größe eines Menschen die Echtheit von Zeugnissen über ihn zu beurteilen, eine historische Annäherung. Cui Shu leistete, was Generationen von Gelehrten vor ihm taten: Er konstruierte eine neue Variante des Konfuzius, die den veränderten Erfordernissen seiner Epoche entsprach. Auf dieselbe Weise arbeitete man in den Jahrhunderten zuvor an der Gestalt des Konfuzius, die stets im Wandel war.[21] Viele Werke, die über Konfuzius berichten, sind interessegeleitete Dichtungen. So scheint der Gelehrte Wang Su (195–256 n. Chr.) *Kongzi jiayu*, *Kongcongzi* und andere Texte verfasst und zurückdatiert zu haben, um seine Auffassungen über Konfuzius durch vorgeblich altes Material zu stützen.[22]

Wegen dieser in jeder Hinsicht bedenklichen Quellenlage bietet die folgende Skizze vom Werdegang des Konfuzius weder gesicherte geschichtliche Fakten noch Wahrscheinlichkeiten. Auch keine andere Darstellung könnte dies leisten. Es handelt sich um Ausschnitte aus einem über Jahrhunderte entwickelten und tradierten Lebensbild, das bestimmte Auffassungen vom rechten Menschsein und Handeln als Biografie eines Mannes präsentiert. Es geht darum stets um einen überlieferten und keinen historischen Konfuzius.

Ist es ein Mangel, nicht zu wissen, was sich im 6. Jahrhundert v. Chr. faktisch um den heute unzugänglichen Mann ereignete, aus dessen Leben in langen Prozessen der überlieferte Konfuzius wuchs? Um Entwicklungen des Konfuzianismus zu verstehen, wären Kenntnisse darüber kaum von Belang. Hier zählt, wie man sich an Konfuzius als Verkörperung ihm zugeschriebener Lehren erinnerte. Nimmt man sein Wirken auf, *als ob* es sich wie beschrieben ereignete, wird man gerade durch dieses *als ob* dem konfuzianischen Denken gerecht, wie im dritten Kapitel gezeigt wird.

Ein Beamter wird Lehrer

Die Familie des Konfuzius gehörte dem niederen Adel an, soll aber ihren Stammbaum auf das Herrscherhaus der etwa ein halbes Jahrtausend zuvor untergegangenen Shang-Dynastie zurückgeführt haben.[23] Seit Generationen in blutige Fehden verwickelt, die mit einem Frauenraub begannen, war sie verarmt. Um dem Streit zu entkommen, war der Großvater aus dem Teilstaat Song des damals zerfallenen chinesischen Reichs in den Staat Lu geflüchtet. Dort wurde Konfuzius 551 geboren.

Sein 70-jähriger Vater hatte neun Töchter und einen kranken oder behinderten Sohn. Weil er auf einen gesunden männlichen Erben hoffte, der den Fortbestand der Familie sichern und für die Zukunft die notwenigen Opfer an die Ahnen gewährleisten sollte, zeugte er mit einer Zwanzigjährigen ein Kind, was im alten China in solchen Fällen nicht ungewöhnlich war. Die werdende Mutter bat den Geist des Berges Ni Qiu um einen gesunden Jungen. Darum verband Qui Zhongni, der Eigenname des Konfuzius, den Berg mit der Stellung »zweiter Sohn« (*zhong*). Prosaischer und doch zugleich als Ergebnis eines besonderen Omens deutet Sima Qian den Namen: Das Kind hatte nach der Geburt einen eingedrückten Kopf, wodurch dessen Seiten sich wie eine Krone erhoben. Dieser Auswuchs hätte die Assoziation mit dem Berg nahe gelegt.

Als Konfuzius drei Jahre alt war, starb der Vater. In *Kongzi Shijia* heißt es, die Mutter habe den Toten nie erwähnt und dem Kind den Ort des Grabes verschwiegen. Darum habe Konfuzius im Spiel Riten für den Vater und andere Vorfahren erfunden. Cui Shu zweifelte wohl berechtigt an diesem Bericht, der den späteren Experten für den Ahnenkult schon sehr früh einschlägig interessiert zeigt.

Als Halbwaise und mit 16 Jahren auch ohne Mutter stand Konfuzius in einer um ihre materielle Existenz kämpfenden Familie früh in der Pflicht: »Ich hatte eine schwere Jugend, die mich vielerlei Fertigkeiten erwerben ließ.« (L IX, 6) Vielleicht trug dies zu seiner späteren Haltung bei, nicht die Abkunft und sein Eigentum sagten etwas über einen Menschen aus, sondern allein die Bildung und Praxis. (L XV, 38) Als junger Mann arbeitete Konfuzius wie zuvor der Vater für die Regierung von Lu. Er wirkte als Schreiber, dann als Aufseher der Getreidespeicher und Weidegründe. Mit 19 Jahren heiratete er und hatte den Sohn Boyu und mindestens eine Tochter.

Als Dreißigjähriger quittierte Konfuzius den Staatsdienst wahrscheinlich aus Ernüchterung darüber, wie ohnmächtig Beamte dem sozialen Verfall gegenüberstanden. Wie im Reich die Teilstaaten stritten in den Provinzen mächtige Sippen um Einfluss. In der Atmosphäre allgegenwärtiger Auseinandersetzungen kümmerte wenige Amtsträger der Gemeinsinn. Die Ursachen dafür wie für den sozialen Niedergang überhaupt scheint Konfuzius in der dürftigen Bildung und dem fehlenden ethischen Bewusstsein der Führenden gesehen zu haben. Um dem zu begegnen, gründete er eine Schule für angehende Staatsdiener. Hier wollte er Kenntnisse vermitteln und zur Formung des Charakters anregen.

»Edle« (*junzi*) wünschte Konfuzius als Absolventen seiner Schule. Doch bedurften Edelleute in seinem Sinn keiner adeligen Herkunft. Da die aristokratische Oberschicht mit ihren Geburtsrechten das Reich in die Krise führte, dachte Konfuzius an eine neue Art des Adels, den statt der Abstammung die Bildung legitimierte. Darum öffnete er seine Schule Menschen aller Schichten und sah »beim Lernen keine Standesgrenzen«. (L XV, 38). Von wenig Begüterten genügte »ein Bund Dörrfleisch« (L VII, 7) als Studiengebühr, wollten sie nur lernen und an ihrer Persönlichkeit feilen.

Der Unterricht umfasste die »sechs Künste« des Bogenschießens und Wagenlenkens, der Riten und Musik, der Schrift und des Rechnens. Diese schon vorher zur Erziehung chinesischer Aristokraten gehörenden Disziplinen interpretierte Konfuzius über den jeweiligen praktischen Zweck hinaus neu als Mittel der Charakterbildung.

Der Lehrplan

Das ursprünglich der Jagd und dem Krieg dienende Schießen mit Bogen und Pfeil erfuhr in der Schule des Konfuzius eine starke Umwertung. Von der Orientierung auf den Kampf wurde es zu einer Übung des Vermeidens von Konflikten. Den zum Führen taugenden Edlen zeichnete Konfuzius zufolge aus, dass er »mit niemandem im Zwist liegt«. Darum verstand er das Schießen in der Gruppe, auch wenn man ins Ziel treffen will, nicht als Konkurrenz. Jeder Schütze verneigte sich vor den anderen und trank einen Becher Wein, wenn er unterlag: »So ist der Streit des Edlen.« (L III, 7)

Dieses Schießen zeigt ein Prinzip konfuzianischen Lernens: Es kennt weder den Wettbewerb noch einen Gegner. Wer durch das Gewinnen von Fertigkeiten und Kenntnissen seine Persönlichkeit formt, will keinen übertreffen. Das Siegen war wegen abweichender Voraussetzungen kein Thema für Konfuzius: »Beim Bogenschießen zählt nicht das Durchbohren der Scheibe, denn die Menschen sind verschieden stark.« (L III, 16)

Geht es um die eigene Besserung, misst man sich nicht mit anderen, sondern an der persönlichen Ausgangslage. Hätte Konfuzius Noten nach späterem Verständnis vergeben, hätten diese sich nicht an einem Vergleich zu den Mitschülern ausgerichtet, sondern einzig daran, inwieweit man sich selbst um ein Fortschreiten bemühte. Den Kampf hielt Konfuzius auf jeder Ebene für verzichtbar. Sogar der Staat könne auf eine Armee verzichten, weil mehr als jeder Feind ein Mangel an gegenseitigem Vertrauen ein Sozialwesen gefährde. (L XII, 7)

Derart schuf Konfuzius ein Kontrastprogramm zu einer politischen Wirklichkeit, in der die Staaten und innerhalb dieser

Interessengruppen um die Vormacht rangen. Seine Schule förderte das Entfalten eigener Anlagen, kein Schlagen anderer. Statt Sieger und Verlierer zu polarisieren, trank man beim Schießen auf Harmonie bedacht Wein auf Erfolgreichere. Besseren neidlos zu gönnen, was man selbst erstrebt, war künftigen Staatsdienern angemessen. Statt um jeden Preis Karriere zu erstreben, wünschen sie im Hinblick auf das Gemeinwohl in jedem Amt den am besten Geeigneten.

Auch das Fach des Wagenlenkens deutete Konfuzius um. Wagen dienten neben dem Reisen und der Jagd vor allem dem Kampf. Das Führen eines mit vier Pferden bespannten Streitfahrzeugs gehörte damals zum aristokratischen Selbstverständnis. »Noch nicht im Alter zum Wagenlenken« oder »schon im Alter zum Wagenlenken« bedeutete für Adelige, aus denen sich Offiziere und Funktionäre rekrutierten, der Unterschied von minderjährig und erwachsen.[24]

Konfuzius verstand das stilvolle Fahren offenbar als eine charakterbildende Kunst. Er »stieg aufrecht mit den Zügeln in der Hand in den Wagen. Im Wagen sah er sich nicht um, sprach nicht hastig und zeigte nicht mit dem Finger«. (L X, 17) Solche Art der Fortbewegung wirkt als Metapher für die Lebensreise des Edlen, der in gerader Haltung, unaufgeregt und aufmerksam seinem Weg folgt. Die überlieferten Riten (*li*) gaben Anlässen und Geländen angepasste Regeln des Lenkens vor, wobei z. B. nur Frauen und Greise sitzen durften.

Schon die Gestalt des Wagens konnte zum Sinnbild persönlicher Tauglichkeit werden, indem Personen ohne Wahrheitsliebe nicht voranzubringen waren, weil ihnen gleichsam die Deichsel und das Joch fehlten: »Mit einem Menschen ohne Aufrichtigkeit ist nichts anzufangen. Wie lässt sich ein Wagen ohne Stange zum Anspannen oder einen Karren ohne Kumtbügel fortbewegen?« (L II, 22)

Ein idealer Wagen konnte im alten China auch zum Bild für das vollendete Unterwegsseins eines Menschen zwischen Himmel und Erde werden. Vielleicht bestanden zur Zeit des Konfuzius schon Vorstellungen wie jene des *Lijing* über herrschaftliche Wagen des Altertums, in denen sich die Harmonie des

Universums spiegelte: »Der Baldachin war rund als Abbild des Himmels; daran waren 28 Felder als Abbild der Sternhäuser. Der Sitzraum war quadratisch als Abbild der Erde. Die Räder hatten 30 Speichen als Abbild des Mondes. Darum erblickte man beim Emporsehen die Linienzüge des Himmels und beim Niedersehen die Schichtungen der Erde. Wenn man nach vorn horchte, so vernahm man den Klang der Friedens- und Fasanenglöckchen; wenn man nach den Seiten schaute, so erblickte man die Umdrehungen der vier Jahreszeiten. Das war der Weg der Belehrung durch die Wagenlenker.« (Li 260)[25]

Auch als Gleichnis für eine effektive Staatsführung, die in früheren Zeiten verwirklicht war, erscheint in der konfuziani-schen Literatur das Wagenlenken: »Die Alten benützten das Gesetz als Zaumzeug, die Beamten als Zügel, die Strafen als Peitsche, die Umgebung als Hände. Darum lenkten sie den Erd-kreis jahrhundertelang ohne Niedergang.« (Li 243)

Zudem verstand die Tradition das Fahren auch als der Ge-sundheit förderlich, was frühe Wurzeln haben mag. Yan Yuan, ein Gelehrter des 17. Jahrhunderts, kritisierte die rein geistige Betätigung der Buddhisten und wünschte dem Konfuzianis-mus stärkeren Einfluss. Dann würde man »die Wagen lenken und mit Kraft die Zügel führen, das würde das Blut in Wallung bringen und Muskeln und Knochen stärken«.[26]

Ein drittes Fach behandelte in der Schule des Konfuzius die Riten und Anweisungen für rechtes Verhalten. Die chinesische Bezeichnung Li umfasst die Bedeutungen Etikette, Zeremoniell, Ethik, Anstand, Betragen und Moral. In überlieferten Sitten, Re-geln und Bräuchen sah Konfuzius bewährte Leitlinien, welche die Vorfahren über Jahrtausende verbesserten und verfeinerten. In vollendeter Form der Nachwelt übermittelt, erlauben die Li dem Einzelnen und der Gemeinschaft ein harmonisches Dasein.

Demselben Ziel wie die Riten diente die Disziplin der Musik. Gesang und Instrumentenspiel besaßen, wie Richard Wilhelm feststellte, für Konfuzius tiefe Beziehungen zu den Li: »Mit den Sitten wird die Musik immer zusammen genannt. Während durch die Sitte die Rhythmik des äußeren Auftretens geregelt wird, so daß Harmonie in alle Handlungen kommt, hat die Mu-

Absender

Name, Vorname

Straße, Nr.

Plz, Ort

Telefonnummer*

Faxnummer*

E-Mail*

Unterschrift

* freiwillige Angabe

Für Ihre schnelle Anfrage:
info@verlagshaus-roemerweg.de

Rückantwort

Verlagshaus Römerweg GmbH

Römerweg 10

D-65187 Wiesbaden

VERLAGSHAUS RÖMERWEG

CORSO BERLIN UNIVERSITY PRESS EDITION ERDMANN MARIX WALDEMAR KRAMER
WEIMARER VERLAGSGESELLSCHAFT

Diese Karte entnahm ich dem Buch:

_____

☐ Bitte senden Sie mir Ihr Büchermagazin.

☐ Bitte informieren Sie mich über Ihre Neuerscheinungen.

☐ Ja, ich möchte Ihren Newsletter erhalten.

Alle Informationen unter www.verlagshaus-roemerweg.de

CORSO

bup
BERLIN UNIVERSITY PRESS

W/ weimarer
verlagsgesellschaft

EDITION ERDMANN

Waldemar
Kramer

marixverlag

sik die Aufgabe, durch ihre Töne, ihre Lieder, ihren Rhythmus der Seele die Harmonie zu geben, aus der die richtigen Äußerungen von selbst entspringen.«[27]

Der Unterricht im Lesen und Schreiben war für angehende Beamte eine professionelle Notwendigkeit. Doch vermittelte Konfuzius die zahlreichen Schriftzeichen mehr als für praktische Verwaltungszwecke zur Lektüre klassischer Literatur, die wiederum zur Charakterbildung beitragen sollte. Das Studium der Lyriksammlung *Buch der Lieder* (*Shijing*) stand im Herzen einer Ausbildung, in der für Konfuzius alle Disziplinen miteinander verknüpft waren: »Die Lieder wecken, die Riten verleihen Halt, die Musik vollendet.« (L VIII, 8) Die Begegnung mit der Dichtung öffnet den Schüler, der in den Riten seine Orientierung findet und durch Musik die Harmonie in sich und mit anderen erfährt.

Wie Konfuzius die Disziplin des Rechnens lehrte, verraten alte Quellen nicht. Die Tätigkeit in Behörden setzte die Befähigung zum Umgang mit Zahlen voraus. Für Konfuzius dürften jedoch wie beim Schreiben auch Dimensionen jenseits des Zweckdienlichen gezählt haben. Berechnungen spielten eine wesentliche Rolle in der Ritualistik und im Orakel, denen im Weltbild des Konfuzius wichtige Stellungen zukamen.

Die Reise ins Altertum

Zwei Jahre nach Beginn der Lehrtätigkeit reiste Konfuzius mit Schülern in die Hauptstadt Luoyang, wo das Haupt der Zhou-Dynastie als »Sohn des Himmels« residierte. Von Rechts wegen Chinas Herrscher, war dieser im politischen und militärischen Geschehen zerstrittener Staaten faktisch ohne nennenswertes Gewicht. Konfuzius sah in der Epoche, als die Zhou tatsächlich regierten, heile Verhältnisse verwirklicht. Die Menschen lebten einträchtig in Frieden ohne Fehden der Provinzen und Mächtigen.

Wie sich die Konfuzianer das heile Altertum vorstellten, als man den richtigen Weg (*dao*) ging, führt eine Passage des *Lijing* vor Augen: »Zur Zeit, als der große Weg herrschte, war die Welt gemeinsamer Besitz. Man wählte die Tüchtigsten und Fähigsten zu Führern; man sprach die Wahrheit und pflegte die Eintracht. Darum liebten die Menschen nicht nur ihre eigenen Eltern und versorgten nicht nur ihre eigenen Kinder. Die Alten konnten in Ruhe ihrem Ende entgegensehen; die kräftigen Männer hatten ihre Arbeit; die Witwer und Witwen, die Waisen und Kinderlosen und die Kranken hatten alle ihre Pflege; die Männer hatten ihre Stellung und die Frauen ihr Heim. Die Güter wollte man nicht ungenützt verlorengehen lassen; aber man suchte sie nicht unter allen Umständen für sich selbst aufzustapeln. Die eigene Kraft wollte man nicht unbetätigt lassen; aber man arbeitete nicht um des eigenen Vorteils willen. Mit allen Listen und Ränken war es zu Ende; man brauchte sie nicht. Diebe und Räuber, Mörder und Totschläger gab es nicht. Darum hatte man zwar draußen Tore; aber man schloß sie nicht. Das war die Zeit der großen Gemeinsamkeit.« (Li 56–57)

In Luoyang forschte Konfuzius nach den Spuren der einstigen Größe in alten Denkmälern und Riten. Zudem besuchte er Gelehrte und Musiker zu Gesprächen. So wollte er sich der heilen Vorzeit nähern, deren Prinzipien er seinen Schülern zur Korrektur der aktuellen Missstände vermittelte. Die Zeugnisse des Altertums verstand er so als Handlungsanleitungen für die Gegenwart.

Vor einem Tempeltor entzifferte er an einer Skulptur, deren Mund von Nadeln verschlossen war, die Inschrift: »In der Frühzeit ging man achtsam mit der Rede um. Mensch, nimm dir dies zum Vorbild! Entsage den vielen Worten, die zum Leid führen. Ich halte mein Wissen in mir, zeige keinem mein Können.« Konfuzius hielt solche Diskretion für nötig, um durch Reden keine Nachteile zu erfahren. (K XI)[28] Er mahnte mit einer Strophe des *Buchs der Lieder* zur Vorsicht beim Sprechen: »Mit Furcht und Zittern« gehe man durch die Welt, als bewege man sich »am Rand des Abgrunds« oder »über dünnes Eis«.[29]

Statt Prahlerei zähle beispielhaftes Tun: »Im Altertum hielt man seine Rede zurück, weil man fürchtete, seinen Worten nicht zu genügen.« (L IV, 22) Diese Wortkargheit besitzt jedoch eine weitere Dimension, die über den Verzicht auf eitles Alltagsgeschwätz hinausgeht. Konfuzius verkündete kein Weltbild, das alles erklären und begrifflich bestimmen will. Dass man die Aussagen in *Lunyu* nicht zu einem schlüssigen System verband, sondern als unzusammenhängende Bruchstücke überlieferte, lag wohl nicht bloß am Verlust von Inhalten in den Verfolgungen und Vernichtungen von Texten während der Qin-Zeit. Das Fragmentarische demonstriert auch eine Bescheidenheit, die nicht auf jede Frage die Antwort kennt. Der Lehrer lieferte keine fertige Anweisung, sondern regte die Schüler durch knappe Winke zum eigenen Ergründen und Erfahren an.

Nicht durch Worte, sondern im Erleben lässt sich der Einklang mit dem rechten Weg, dem *Dao*, verwirklichen. Entsprechend sagte Konfuzius, er zöge es vor, ganz still zu bleiben: »Redet denn der Himmel? Vier Jahreszeiten wechseln, Dinge entstehen und werden.« (L XVII, 19) Der Mensch stört die natürlichen Harmonien, deutet er alles wortreich, um Macht über das Begriffene zu erlangen. Im Altertum fügte man sich schlicht den Rhythmen des Himmels.

In dieser Einsicht, dass Menschen die natürliche Unbeschwertheit der Welt hemmen, war Konfuzius sich mit den Daoisten einig. Angehörige dieser zivilisationskritischen Strömung suchten den rechten Weg (*dao*) damals oft im Rückzug von der Gesellschaft. Der weitgehend legendäre Daoist Laozi, dem man das Buch *Daodejing* zuschreibt, soll als Archivar in Luoyang gewirkt haben, als Konfuzius auf seiner Reise in die Stadt kam.

Bei seinem Besuch kritisierte Laozi den ambitionierten Lehrer auf Forschungsfahrt: Jede Mühe zur sozialen Verbesserung bleibt nutzlos, denn zielstrebige Handlungen erzeugen erst die Unordnung anstatt sie zu beseitigen. Darum wäre das Lassen stets besser als ein Tun.[30] Wer keinen belehrt und nie Anleitung sucht, geht im Einklang mit dem *Dao*, dem rechten Weg. Auch warnte Laozi den politische Verhältnisse kritisierenden Konfuzius, dessen Schulprogramm nach gesellschaftlichen Reformen zielte, dass er auf diese Weise nur sein Leben riskiert, ohne etwas zu bewirken. (K XI; *Shiji* 47, 63)

Einerseits erscheint Laozi in dieser Überlieferung als der

Weisere, denn Konfuzius wird zu Lebzeiten mit seinem Wirken kaum etwas erreichen und hätte im Verzicht auf das Ziel sozialer Veränderungen ein weniger schweres Los. Andererseits weist Laozis Rüge auf ein Dilemma des Daoismus: Die Ablehnung jedes Belehrens wird doch als Belehrung vermittelt.

Verband der Wunsch nach Einklang mit den Rhythmen des Himmels Konfuzius mit den Daoisten, teilte er ihren gesellschaftlichen Pessimismus nicht. Mängel im Staat ließen sich durch eine Besinnung auf die Werte des Altertums beseitigen: »Betraute mich einer mit der Regierung, wäre nach einem Jahr der Erfolg zu sehen und nach drei Jahren alles geordnet.« (L XIII, 10) Vielen Daoisten galt der Staat als unheilbar und bloß Einzelne taugten ihnen für die Rückkehr zur verlorenen Harmonie, wenn sie sich in einer Art der inneren Immigration oder einem Leben in der Natur von der Gemeinschaft abwandten. Für Konfuzius widersprach diese Flucht dem Wesen des Menschseins: »Mit Vögeln und anderem Getier kann ich nicht leben. Mit wem sollte ich beisammen sein, wenn nicht mit den Menschen?« (L XVII, 6)

Die Reise nach Luoyang schildert die Selbstfindung des Konfuzius als Lehrer. In der Begegnung mit Zeugen des Altertums, deren Deutung für die Gegenwart, im Dialog mit Klugen und in der Konfrontation mit Kritik wuchs er ganz in die Rolle des Vermittlers der Schätze einer großen Vorzeit.

Brüchige Erfolge

Nach der Rückkehr in die Heimatprovinz Lu verbreitete sich sein von der klassischen Literatur kaum untertriebener Ruhm: »Von überall kamen Schüler, bald waren es etwa dreitausend.« (K XI) Die Tradition spricht von 72 Hauptschülern (K XXXVIII; *Shiji* 67), die in den alten Werken namentlich angeführt werden. Da es von Konfuzius auch heißt, dass er 72 Jahre alt wurde, mag diese Zahl auch bildlich verstanden worden sein: Der legendäre Kaiser Yu, der im 3. Jahrtausend v. Chr. die Xia-Dynastie gründete, beherrschte neun Provinzen in den acht Himmelsrichtungen. 72, das Produkt der Faktoren *neun* und *acht*, könnte somit für das ganze China stehen, für das Konfuzius lebte und lehrte. Einen Rückschlag erfuhr der Unterrichtsbetrieb 517, als in Lu mächtige Familien gegen den Fürsten Zhao putschten. Um nicht unter einem illegitimen Regime zu wirken, begleiteten Konfuzius und seine Schüler den Fürsten ins Exil in der Provinz Qi. Deren Herrscher Jing suchte den Rat des bekannten Lehrers, von dem er anlässlich einer Dürre zum Drosseln der Ausgaben gemahnt wurde: »In schlechten Zeiten nicht viele Pferde einsetzen, das Volk nicht zum Dienst verpflichten, um staatliche Straßen zu reparieren, im Tempel keine Seide und Juwelen darbringen, beim Ahnenkult auf Musik verzichten und nur wenig Tiere opfern.« (K XXXXII)

Als Jing von Konfuzius die Basis effektiven Regierens erfahren wollte, erhielt er zur Antwort: »Der Fürst sei Fürst, der Untertan sei Untertan, der Vater sei Vater, der Sohn sei Sohn.« (L II, 11) Den berühmt gewordenen Satz interpretierten Herrschende später als Programm, das unverrückbar fixiert, wer befiehlt und wer gehorcht. Doch Konfuzius ging es um anderes: Jeder soll sich an seinem Platz den *Li* gemäß verhalten. Was dies als Fürst, Untertan, Vater, Sohn und für jede andere Rolle eines Menschen bedeutet, offenbaren die Vorbilder des Altertums. Nur wer mit Tugenden wie Gerechtigkeit und Sparsamkeit regiert, ist ein Fürst zu nennen; nur wer seinen Kindern gegenüber die gebotene Verantwortung zeigt, verdient die Bezeichnung des Vaters. Konfuzius wollte Begriffe für soziale Rollen nicht durch äußere Fakten bestimmt sehen, etwa dadurch, dass man den Thron erbte oder Kinder zeugte, sondern im Hinblick auf ethische Qualitäten, welche die *Li* und musterhafte Beispiele aus der Geschichte vorgeben.

515 kehrte Konfuzius aus dem Exil zurück und lehrte wieder in Lu. Er forderte von den Schülern eine wache Mitarbeit und sagte nichts mehrmals: Nicht »von einer gezeigten Ecke auf die drei anderen« zu schließen, galt als problematisch. (L VII, 8) Konfuzius schätzte tiefer dringendes Nachfragen. Als ein Besucher wissen wollte, wie man seine Eltern korrekt behandelt, meinte Konfuzius lapidar, man sollte keine Regel übertreten.

Weil sich der Fragende mit dieser Plattitüde zufrieden gab, schwieg Konfuzius über weiteres. Als er später einem Schüler den Vorfall erzählte, wollte dieser mehr über die Regeln wissen, worauf Konfuzius über die Pflicht zur Versorgung der Eltern und den Ahnenkult sprach. (L II, 5)

Das Ideal der konfuzianischen Pädagogik fand später mit Sätzen wie dem folgenden in das Buch *Lijing* Eingang: »Die Erziehung des Edlen ist Aufklärung. Er leitet die Schüler, aber schleppt sie nicht voran. Er stärkt sie, aber zwingt sie nicht. Er öffnet ihnen, aber sagt ihnen nicht alles. Durch Leiten, ohne zu schleppen, entsteht Harmonie; durch Stärken, ohne zu zwingen, entsteht Leichtigkeit; durch Eröffnen, ohne alles zu sagen, entsteht Nachdenken. Harmonie und Leichtigkeit im Nachdenken, das macht geschickt zum Verständnis.« (Li 171)

Wie es heißt, erlangte Konfuzius um 500 in Lu maßgebende Ämter. Diesbezügliche Berichte wollen wahrscheinlich an konkreten Beispielen illustrieren, wie der Lehrer als staatlicher Funktionär gehandelt hätte. Unter dem dazu Überlieferten findet sich manches der älteren Tradition über Konfuzius Widersprechende. So soll er die Hinrichtung eines verlogenen Beamten veranlasst haben. (K II) Nach *Lunyu* lehnte Konfuzius jedoch die Todesstrafe ab: Der Herrschende hat niemanden hinzurichten, weil er selber die Gesetzesbrüche seiner Untergebenen verschuldet. Er gleicht dem Wind wie das Volk dem Gras: »Das Gras neigt sich, wie der Wind bläst.« (L XII, 19)

Als Konfuzius der Stadt Zhongdu vorstand, spornte sein Vorbild an: »Niemand nahm an sich, was auf den Straßen verloren ging.« Nach einem Jahr ahmten andere Distrikte seine Aktionen nach, und Konfuzius wurde zum Aufseher sämtlicher staatlicher Arbeiten. Er ließ Arme speisen und teilte Menschen nicht nach abstrakten Prinzipien sondern mit Rücksicht auf ihre tatsächlichen Anlagen zum Dienst ein. Der Ackerbau wurde reformiert, wobei Konfuzius Kriterien wie die Beschaffenheit der Böden berücksichtigte.

Der bis 495 regierende Fürst Song übertrug Konfuzius das Ressort der Justiz. »Von ihm erlassene Gesetze mussten nicht vollstreckt werden, weil niemand ihnen zuwiderhandelte.«

(K I) Als ein Vater seinen unfolgsamen Sohn anzeigte, inhaftierte Konfuzius beide, bis der Vater von der Klage absah. Konfuzius zweifelte, dass der Vater ein geeignetes Muster vorgab. Unaufgeklärte sind nicht zu bestrafen. In der Armee verantwortet kein einfacher Soldat die Niederlage sondern der Offizier; die Regierung, nicht das Volk trifft Schuld an Mängeln im Staat. (K II) Menschen gehen Konfuzius zufolge gern den rechten Weg, zeigt ihn nur eine integre Persönlichkeit auf.

Aber der überlieferte Konfuzius trat stets nur probeweise in fürstliche Dienste, wie Menzius berichtet: »Anfänglich versuchte er das Ausführbare zu tun, doch ließ es sich mit der Zeit nicht umsetzen, hörte er auf. Darum blieb Konfuzius an keinem Hof länger als drei Jahre. Konfuzius diente manchmal an einem Hof, weil er dachte, es gäbe Möglichkeiten zum Umsetzen seiner Grundsätze, manchmal weil der Fürst ihn respektierte, manchmal weil der Fürst dafür bekannt war, nur beispielhafte Männer an seinem Hof zu haben.« (M 10, 4)[31] So war es nur eine Frage der Zeit, bis sich ihm auch die Erfolge in Lu als brüchig erwiesen.

Fassung in der Not

Menzius zufolge quittierte Konfuzius schließlich das Amt des Justizministers, weil er nicht den ihm zustehenden Anteil des Fleischs bei einem rituellen Opfer erhielt. Er habe in Eile, noch mit der rituellen Mütze auf dem Kopf, das Land verlassen. »Jene, die Konfuzius nicht verstanden, glaubten, dass er wegen des nicht erhaltenen Fleisches ging. Jene, die ihn verstanden, wussten, dass er ging, weil die Riten nicht beachtet wurden.« (M XII, 6) Die Episode will zeigen, dass Konfuzius keinen Fürsten unterstützte, der die tradierten Sitten übertrat und seine Pflichten nicht ernst nahm.

Nach weiteren Quellen verließ der Lehrer Lu aus anderen Gründen. Der Fürst von Qi wurde neidisch auf das durch Konfuzius' Wirken blühende Land. Er schickte Song eine Gruppe Tänzerinnen, die den Hof durch frivole Feste von den Staatsge-

schäften abhielten. Deshalb verließ Konfuzius 497 erneut seine
Heimat, um für 13 Jahre mit Schülern unterwegs zu sein. Vergeblich suchte er in einer der Provinzen des Reichs nach Einfluss auf die Regierung. Den Fürsten Ling von Wei wollte er zur
Vorbildhaftigkeit anspornen: »Wer die Menschen liebt, den lieben die Menschen. Wem etwas bei sich selbst gelingt, dem gelingt es bei anderen.« (K XIII) Doch Ling strebte militärisch
nach Ausweitung seiner Macht und verlangte von Konfuzius
strategischen Rat. Sein Fach wären die Sitten, nicht das Heer,
sagte dieser dem Fürsten zum Abschied. (L XV, 1)

Weil seine Ideen keinen Anklang fanden, soll Konfuzius sogar überlegt haben, bei Stämmen im Grenzland zu wirken, die
als unzivilisiert galten (L IX, 14), oder sich einfach mit dem Floß
»aufs Meer treiben lassen«. (L V, 6) Doch siegte letztlich eine
würdige Fassung: »Es stört mich nicht, dass ich kein Amt habe.
Es müsste mich stören, wäre ich ungeeignet dafür. Es stört
mich nicht, unbekannt zu sein. Es geht darum, wert zu sein,
bekannt zu werden.« (L IV, 14)

Nach einer in *Shiji* überlieferten Episode fragte Konfuzius
die Schüler nach ihrer Erklärung für die Erfolglosigkeit seiner
Schule. Einer meinte, es mangele ihnen noch an Menschenliebe
und Weisheit, wenn man nicht auf sie höre. Konfuzius erinnerte darauf an die legendären Brüder Boyi und Shuqi, die trotz
erwiesener Fähigkeit verkannt an Hunger starben: Was man
erreicht, findet nicht zwingend Lohn. Ein anderer regte an, die
Lehre zu vereinfachen, um vielen verständlich zu sein. Dazu
meinte Konfuzius, sogar die Ernte des besten Bauern hinge
letztlich vom Himmel ab: Keiner bestimmt allein, was seine
Mühe bewirkt. Ein dritter Schüler, dem Konfuzius nicht widersprach, sah es allein als Schande der Regierenden, enthielten
diese den Menschen, die den rechten Weg kennen, die ihnen
angemessenen Ämter vor.

Weil ausbleibender Beifall für Konfuzius ebenso wenig zählte wie die Zustimmung der Massen, waren weder Selbstzweifel
noch Zugeständnisse angesagt. Ein durch Bildung gefestigter
Edler gewinnt eine innere Autonomie, die ihn ungeachtet äußerer Faktoren seiner Einsicht folgen lässt. Wie Konfuzius keine

Widrigkeit beirren konnte, soll ein von Sima Qian in *Shiji* berichtetes Ereignis der Wanderzeit demonstrieren:

Dem Lehrer und den Schülern drohte in einer vom Krieg zerstörten Gegend das Verhungern. Einige jammerten über das befürchtete Ende, doch Konfuzius las Lyrik, spielte Instrumente und hielt wie üblich seinen Unterricht: »Gerät der Edle in Not, zeigt er sich gefestigt. Kommt der Gemeine in Not, verliert er die Fassung.« (L XV, 1) Angesichts des Todes hielt er sich an das, was den Menschen für ihn menschlich machte: Dichtung, Musik und das Weitergeben kultureller Werte.

In dieser Hinsicht gilt die Persönlichkeit des Konfuzius seinen Anhängern als unerschütterlich. Trotz des Willens zur aktiven Gestaltung seines Lebens und der Gesellschaft nahm er das Unvermeidliche, wie es kam und ungetrübt von Widerständen. So schrieb Zhu Xi (1130–1200 n. Chr.) in seinem Kommentar zu *Lunyu*, dass Konfuzius frei von einer selbstischen Perspektive war, aus der heraus Menschen die Wirklichkeit nach der Maßgabe der eigenen Begierden gestalten möchten:

»Vorfassende Absicht ist: von etwas wollen, daß es so und so ist. Konfuzius hingegen sah auf die gegebene Ordnung. Was nach ihr geschehen mußte, das tat er, was nach ihr nicht geschehen mußte, tat er nicht. Er sagte nicht im voraus: dieses will ich tun und dieses nicht, denn das schon enthält Ichbezogenheit und ist daher vorfassende Absicht.

Vorfassende Absicht, Vorurteil, Starrheit, Ichbezogenheit gehen ineinander über: zuerst erfindet die vorfassende Absicht, wie es sei – sie enthält Ichbezogenheit. Von einer vorfassenden Absicht kommen wir zu einem Ort des Unbedingt-So-Sein-Müssens: dem Vorurteil; von ihm aus zu einem undurchdringlichen starren Stocken; und dann sind wir wieder bei der Ichbezogenheit.« (VC 12)

Das Ende des Gescheiterten

Um 484 v. Chr. kehrte Konfuzius nach Lu zurück, wo seine Empfehlungen an die Regierung wiederum deutlich ausfielen:

»Wärest du nicht selbst gierig, würde auch dann nichts gestohlen, wenn man es belohnte«, sagte er einem Politiker, der die Kriminalität bekämpfen wollte. (L XII, 18) Als Fürst Ai einen Krieg plante, mahnte Konfuzius: »Folgen der Fürst und sein Hof der Sitte, leben Obere und Untere in Harmonie, ist jedes Volk der Erde euer Volk. Wen müsstet ihr dann angreifen?« (K VII)

Von Konfuzius beraten, verzichtete Ai auf Abgaben, erlaubte jedermann das freie Jagen und Fischen. Nach einer in *Lijing* berichteten Episode sprach Ai mit dem Ratgeber über seine Probleme bei der richtigen Auswahl von Regierungsmitgliedern. Konfuzius empfahl ihm, die Menschen genau zu beobachten:

»Manche sind verträglich, manche achtunggebietend, manche friedlich, manche nachdenkend, manche haben ein gutes Auftreten, manche ein gutes Benehmen, gute Handbewegungen, gute Kopfhaltung, guten Gesichtsausdruck; manche sind still, manche tief, manche harmonisch, manche sorgfältig, manche systematisch, manche ernst, manche groß. Man muß auf den Gesichtsausdruck achten: Wer nicht hört auf einen angenehmen Ton; wer, wenn er unerwartete Dinge und seltsame Befehle vernimmt, seine Gesinnung nicht ändert und seine Redeweise nicht anpaßt: wenn Ihr so einen seht, den müßt Ihr erheben; wenn Ihr ihn bekommen könnt, nehmen; wenn es Arbeit gibt, beschäftigen; wenn er zu tun hat, ihm ein auskömmliches Einkommen geben; wenn er ein Einkommen hat, so darf es mit seiner Stellung nicht in einem Mißverhältnis stehen.« (Li 107)

481 v. Chr. wurde in Qi der legitime Fürst das Opfer eines Putschs. Als Konfuzius um Intervention des Staates Lu bat, lehnte Ai mit Rücksicht auf die Mächtigen in seinem Land ab. Konfuzius erwiderte, als Mann des öffentlichen Lebens zeigte er prinzipiell Vergehen an. (L XIV, 22) Er wollte Unrecht auch benennen, wenn es keine Chance zum Beheben gab.

Auf sein Leben blickte der Greis als einen Prozess der fortschreitenden Erkenntnis zurück: »Mit fünfzehn wollte ich lernen. Mit dreißig war ich gefestigt, mit vierzig von Zweifeln frei. Mit fünfzig verstand ich das Gesetz des Himmels. Mit sechzig war mein Ohr geöffnet. Mit siebzig konnte ich meinen Herzenswünschen folgen, ohne das rechte Maß zu verlieren.« (L II, 4) In seinen letzten Jahren soll Konfuzius den im nächsten Kapitel behandelten klassischen Werken ihre verbindliche Gestalt gegeben haben.

Tragische Verluste verdunkelten diese späte Zeit. Es starben der Sohn Boyu und der Schüler Yan Hui, auf den Konfuzius als Fortsetzer seines Werks gehofft hatte. »Der Himmel verlässt mich«, klagte er. (L XI, 8 u. 9) Hoffnungen setzte er im Alter auch auf Zilu, einen vormals rauen Gesellen, der das Schwert liebte. Bevor Konfuzius ihn dazu anregte, hielt Zilu das Lernen für zwecklos: »Bambus wächst von selber so kräftig, um durch die Haut des Nashorns zu dringen.« Konfuzius entgegnete: »Kerbst du Bambus, bringst Federn wie Spitze an und schleifst ihn, bohrt er dann nicht tiefer?« (K XIX) Zilu trat darauf in die Schule ein und erlangte später ein Amt.

Auf einer Reise durch den von Zilu verwalteten Bezirk rühmte Konfuzius dessen Arbeit: »Jedes Feld war gut gepflügt und unkrautfrei, Rinnen und Abläufe funktionierten. Ich sah, wie er umsichtig und standhaft Vertrauen gewann, weil die Menschen sich anstrengten. Die Umfassungen wie Bauten seiner Stadt waren massiv, und reich standen die Bäume. Dass hier nichts bloß Schein war, zeigte ihn als treu, ehrlich und großmütig. Seine Kanzlei lag friedlich und still, weil jeder seiner Arbeit folgte. Diese ungestörte Führung erwies, dass er Streitigkeiten weise und mit Bedacht entschied.« (K XIV)

Als Zilu 480 v. Chr. bei politischen Wirren ums Leben kam, beweinte Konfuzius »ihn mitten im Hof. Menschen kamen, um ihre Anteilnahme zu bekunden. Vor ihnen verbeugte er sich«. (K XLIII) So erlebte der Lehrer zuletzt, wie sich die politischen Verhältnisse nicht besserten und vielversprechende Schüler vor ihm zu Tode kamen.

Im 72. Lebensjahr sah er sich im Traum zwischen zwei Säulen liegen, was dem Aufbahrungsritus seiner Sippe entsprach. Nach dem Aufstehen sang er ein Lied von der Nichtdauer: Wie der große Berg einmal stürzt und jedes Brett schließlich bricht, findet der Lehrer sein Ende. Dann fragte er »Wer wird meine Lehren befolgen?« und starb nach einer Woche auf dem Krankenlager. (K XL)

Genial oder banal?

Für Konfuzianer bestanden im Rückblick keine Zweifel: »Seit es Menschen gibt, hat es nie jemanden gegeben, der mit Konfuzius vergleichbar wäre.« (M III, 2) »Konfuzius war menschlich, weise und frei von inneren Zwängen.« (X XXI, 5)[32]

Wollte man diese von einer langen Tradition konstruierte Geschichte einer Persönlichkeit buchstäblich nehmen, wer wäre dann dieser unvergleichliche und von jeder Besessenheit freie Weise gewesen? Er erscheint als Mann, der zutiefst traurig über die Gewaltausbrüche, Regelwidrigkeiten und andere Probleme seiner Epoche die Rückkehr zu den Zuständen einer verklärten Vergangenheit, zu besseren Zeiten ersehnte. Er tritt als Pädagoge und Andragoge auf, dem beim Lehren die Verwirklichung von Menschlichkeit und Gerechtigkeit sowie das Bewahren und Weitergeben kultureller Werte am Herzen lagen. Immer wieder wird er als eine Persönlichkeit gezeigt, die alles von ihr als richtig Erkannte umzusetzen versuchte, auch wenn jeder Erfolg aussichtslos schien. Ein Zeitgenosse soll diesbezüglich über Konfuzius geurteilt haben: »Ist das nicht jener, der weiß, dass es nicht geht, und es trotzdem macht?« (L XIV, 38)

Fast wäre jede Erinnerung an Konfuzius durch die Qin-Dynastie (221–206 v. Chr.) durch Bücherverbrennungen und das angebliche lebendige Begraben vieler Konfuzianer ausgetilgt worden. Dass dabei viel ursprüngliches Material verloren ging, erleichterte einen Prozess der zunehmenden Idealisierung und Heroisierung des Lehrers. Diese Entwicklung führte Anfang des 20. Jahrhunderts noch bis zur späten Vergöttlichung des Konfuzius vor dem Ende des Kaiserreichs.

Der Philosophiehistoriker Ernst Sandvoss bedauerte diese Entwicklung als eine Verzerrung der eigentlichen Anliegen des in seinen Augen übermäßig Geehrten: »Konfuzius erhielt einen Tempel und viermal im Jahr Opfer. 195 v. Chr. opferte der Gründer der Han-Dynastie selbst am Grab des großen Weisen. Im Jahre 555 n. Chr. war Konfuzius zum Nationalheiligen und Reichsphilosophen Chinas geworden, und jedes Verwaltungszentrum hatte laut kaiserlicher Verordnung einen Konfuzius-

Tempel. Er wurde zum Schutzpatron der Schulen und Hochschulen. 1906 erhielt er sogar das gleiche Opfer wie Himmel und Erde. Es lässt sich schwer sagen, was Konfuzius betroffener gemacht hätte: sein Scheitern auf Erden oder seine nachträgliche Vergöttlichung. Wahrscheinlich letzteres, denn es gibt nichts Schlimmeres für eine Philosophie, als wenn sie zur staatlich verordneten Ideologie erhoben wird.«[33]

Ob sich der Konfuzianismus tatsächlich als eine »Ideologie« bezeichnen lässt, darf bezweifelt werden. Wie dieses Buch zeigen wird, ist er zu vielfältig und geht zu wenig systematisch vor, um dem allgemein als Ideologie Bezeichneten zu genügen. Fest steht jedoch, dass der überlieferte Konfuzius stets Einfluss auf die Politik erstrebte. Ob aber ein Mann, der den Posten des Justizministers fristlos quittierte, weil nach einem Opfer das Fleisch nicht rechtmäßig verteilt wurde, alles gut geheißen hätte, was im konfuzianisch geprägten Staat über Jahrhunderte mit Bezug auf ihn geschah, darf zurecht bezweifelt werden. Doch ist nicht zu vergessen, dass die überlieferte Gestalt des Konfuzius, so paradox dies klingen mag, weitgehend ein Produkt ihrer eigenen Wirkungsgeschichte ist. Kein echter Konfuzius lässt sich aus den Quellen fassen, sondern eine über Jahrhunderte entstandene Komposition, bei welcher der Erzählung vom Scheitern auf Erden nicht mehr Realität zukommt als die formell 1906 abgeschlossene Vergöttlichung. Die Schöpfer derselben Quellen, die den Verkannten portraitierten, arbeiteten auf seine Verherrlichung hin.

Je nachdem, welche Quellen man heranzieht oder ausgrenzt, lassen sich Konfuzius und seine Folgen sehr unterschiedlich bewerten. Sein wirkungsvoller deutscher Interpret Richard Wilhelm folgte der chinesischen Tradition, die dem alten Lehrer zahlreiche auch später entstandene Werke zuschreibt, wenn er urteilte: »Konfuzius schafft ein System geistiger Kräfte, das imstande ist, die Kultur auf Jahrtausende hinaus zu tragen und zu umschließen. Er ist nicht nur ein kritikloser Überlieferer des Alten, sondern ein Schöpfergeist ganz großen Stils, vielleicht derjenige, der am meisten von seinen Gedanken zu verwirklichen verstanden hat.«[34]

Dem Sinologe Wolfgang Bauer fiel es dagegen im Hinblick auf die Lehre des Konfuzius »schwer, an ihr auf den ersten Blick irgend etwas so Außergewöhnliches zu entdecken, daß ihr eminenter Einfluß über zweieinhalb Jahrtausende verständlich würde«.[35] Bei dieser Aussage hatte er wahrscheinlich vor allem *Lunyu* als älteste Quelle im Auge.

Konfuzius, der geniale Schöpfer einer ganzen Kultur oder der banale Schwätzer ohne außergewöhnliche Aussage, für den ihn Kant und Hegel hielten?

Dass sich bei Konfuzius keine bahnbrechende neue Theorie formuliert findet, hatte nach Ansicht seiner Anhänger Methode. Wie Zhu Xi in seinem Kommentar zu *Lunyu* schrieb, wollte der alte Lehrer gar nichts erklären, sondern durch Praxis zur Erkenntnis führen: »Konfuzius sagt hauptsächlich Allgemeines über die einzelnen Arten des Verhaltens, wie zum Beispiel das ehrerbietige Verhalten gegen diejenigen, mit denen man zusammen wohnt, das achtsame beim Erledigen von Angelegenheiten, das aufrichtige aus innerstem kommende Reden, das ernste und achtsame Verhalten beim Handeln im Allgemeinen. Er sagt noch nicht, diese oder jene Sache muß man so oder so verstehen, sondern er wartet, bis der Lernende sie im Üben selbst durchdringt.« (VC 4–5)

Ob man hier aus der Not, nicht Originelles zu entdecken, eine absichtsvolle Tugend werden ließ, oder ob sich der überlieferte Konfuzius als Gestalter von Neuem ansprechen lässt, danach wird das dritte Kapitel hauptsächlich auf Basis der in *Lunyu* überlieferten Aussprüche und Episoden fragen. Zuvor ist im folgenden Kapitel ein Blick auf das Alte beziehungsweise vermeintlich vorkonfuzianische Erbe zu werfen, jene klassische Überlieferung, aus der Konfuzius der Tradition zufolge Wertvolles auswählte und ordnete, um es zu bewahren.

Anmerkungen

[19] Vgl. das 2. Kapitel »Sima Qian's Confucius« in Stephen W. Durrant: *Tension and Conflict in the Writings of Sima Qian.* Alabany, N. Y. 1995.

[20] Siehe hierzu Kai-wing Chow: »An Alternative Hermeneutics of Truth: Cui Shu's Evidential Scholarship on Confucius.« In: Jingyi Tu: *Interpretation and Intellectual Change: Chinese Hermeneutics in Historical Perspective.* New Brunswick, N. J. 2005, S. 19–31.

[21] Zu den Wandlungen des Bildes von Konfuzius siehe Michael Nylan, Thomas Wilson: *Lives of Confucius. Civilization's Greatest Sage Through the Ages.* New York 2010.

[22] Vgl. Wojciech Jan Simson: *Die Geschichte der Aussprüche des Konfuzius* (Lunyu). Bern 2006, S. 143–144.

[23] Xinzhong Yao: *An Introduction to Confucianism.* Cambridge 2000, S. 23.

[24] Vgl. Shigeki Kaizuka: *Confucius. His Life and Thought.* London und New York 1956, S. 33–34.

[25] Li steht als Abkürzung für die Übersetzung des *Lijing* durch Richard Wilhelm: *Li-gi. Das Buch der Riten, Sitten u. Gebräuche.* Düsseldorf, Köln 1981. Die Ziffern beziehen sich auf die Seitenzahlen dieser Ausgabe.

[26] Zitiert nach Alfred Forke: *Geschichte der neueren chinesischen Philosophie.* Hamburg 1938, S. 533.

[27] Richard Wilhelm: *Kung-Tse. Leben und Werk.* Stuttgart ²1950, S. 162.

[28] K steht als Abkürzung für *Kongzi jiayu.*

[29] *Shijing* 195, zitiert nach der Übersetzung des Victor von Strauß: *Schi-king. Das kanonische Liederbuch der Chinesen.* Heidelberg 1880.

[30] Damit ist die für den Daoismus wesentliche Idee der Inaktivität (*wuwei*) angesprochen, auf die in folgenden Kapiteln näher eingegangen wird.

[31] M steht als Abkürzung für das Buch *Mengzi*.

[32] X steht als Abkürzung für das Buch *Xunzi*.

[33] Ernst R. Sandvoss: *Geschichte der Philosophie*. Band 1. München 1989, S. 158.

[34] Richard Wilhelm: *Der Mensch und das Sein*. Jena 1931, S. 133.

[35] Wolfgang Bauer: *Geschichte der chinesischen Philosophie. Konfuzianismus, Daoismus, Buddhismus*. Hg.: Hans van Ess. München 2001, S. 53.

2. Tradition als Maß

Eine offene Überlieferung

Das Buch *Zhuangzi* aus dem 3. Jahrhundert v. Chr. zitiert Konfuzius, der zu Laozi gesagt habe: »Ich studierte die sechs Klassiker – die *Lieder*, die *Urkunden*, die *Riten*, die *Musik*, die *Wandlungen* und die *Chronik Frühling und Herbst* – für eine lange Zeit, wie mir scheint. Gründlich kenne ich ihre Inhalte und konfrontierte 72 Herrscher damit, um ihnen die Spur des Herzogs der Zhou und des Herzogs Shao zu zeigen. Keiner von ihnen hat mich jemals angestellt. Wie schwierig ist es, Menschen zu überzeugen, wie schwierig, den Weg zu verdeutlichen.«[36]
Es ist nicht verwunderlich, dass der Daoist Laozi in diesem Text den Gedanken des Konfuzius nicht folgen will: Diese Schriften, erwidert er Konfuzius, wären nur alte Fußspuren, aber nicht die Schritte selbst, von denen sie hinterlassen wurden. Trotz derartiger daoistischer Kritik, sich auf diese Weise nur mit einer Art der Wirklichkeit aus zweiter Hand zu beschäftigen, gründete sich die von Anfang an Gelehrsamkeit betonende Bewegung des Konfuzianismus auf diese sechs Klassiker (*liujing*).
Es handelt sich um (1.) die Gedichtsammlung *Buch der Lieder* (*Shijing*), (2.) das *Buch der Urkunden* (*Shujing* oder *Shangshu*) mit historischen Dokumenten, (3.) das *Buch der Riten* (*Liji*) mit Regeln des Verhaltens, (4.) das *Buch der Musik* (*Yuejing*), (5.) den Orakeltext *Buch der Wandlungen* (*Yijing*) sowie (6.) die Chronik *Frühling und Herbst* (*Chunqiu*). Mit der Ausnahme des *Buchs der Musik*, von dem sich Inhalte an hinterlassenen Spuren rekonstruieren lassen, existieren diese Klassiker bis in die Gegenwart.
Über Jahrhunderte herrschte die Vorstellung, Konfuzius habe in diesen Büchern die ältesten Quellen der chinesischen Tradition gesammelt, kritisch gesichtet und mit seinen Kom-

mentaren versehen. So habe der Lehrer den Texten ihre autoritative Gestalt verliehen, um sie dem Unterricht in seiner Schule zugrunde zu legen.

Manches davon wäre in den Verfolgungen während der Qin-Herrschaft verloren gegangen. So berichtet Sima Qian in *Shiji*, im Jahr 213 v. Chr. wären unter dem Herrscher Qin Shihuangdi auf Veranlassung des Kanzlers Li Si (ca. 280–208 v. Chr.) das *Buch der Lieder*, das *Buch der Urkunden* und weitere Werke systematisch verbrannt worden. Von den Verbrennungen verschont blieben Schriften von ökonomischem Nutzen wie solche über Medizin, Land- und Forstwirtschaft. Weil auch das Orakel als nützliche Wissenschaft galt, nahm man das *Buch der Wandlungen* von der Vernichtungsaktion aus. Unter der Han-Dynastie hätten Gelehrte die von der Zerstörung bedrohten Werke rekonstruiert, wobei wesentliche Inhalte und die von Konfuzius geschaffene Grundgestalt erhalten geblieben wären.

In der Verbindung der sechs Schriften mit Konfuzius zeigt sich eine Tendenz, alles Bedeutende der chinesischen Kultur in irgendeiner Weise auf dessen Wirken zurückzuführen. Doch scheint es keine Quelle vor dem ersten Jahrhundert v. Chr. zu geben, die Konfuzius als Sammler, Kommentator oder Autor mit diesen Texten in Verbindung bringt. Auch im obigen Zitat aus *Zhuangzi* heißt es nicht, Konfuzius sei am Zustandekommen des Kanons und seiner Schriften beteiligt gewesen, sondern dass er diese gründlich studiert habe. Sogar wenn Konfuzius etwas mit der Textgeschichte der sechs Bücher zu tun haben sollte, sind Entwicklungen unübersehbar, welche diese Texte in den Epochen nach ihm durchliefen.[37]

Hinweise in *Lunyu* zeigen allerdings, dass Motive dieser Schriften schon zur Entstehungszeit des Konfuzianismus hoch geschätzt waren und frühere Versionen einzelner Werke wie das *Buch der Lieder* zitiert wurden. Dies gibt bei aller Unschärfe im Detail der Idee eine gewisse Berechtigung, diese Schriften respektive die Themen, mit denen sie sich beschäftigen, an den Anfang der konfuzianischen Tradition zu stellen.

Im Lauf der Entwicklung des Konfuzianismus kam diesen Büchern eine kaum zu überschätzende Rolle zu. Nachdem er in

China zur staatstragenden Bewegung wurde, basierte auf ihrem Studium die Ausbildung der Beamten. Spricht man in westlichen Darstellungen vom Kanon des Konfuzianismus, trifft dies insofern zu, als die Tradition diese Texte als beständige Basis betrachtete, auf deren Boden man reflektierte und argumentierte.

Man darf den Begriff des Kanonischen hier nicht im Sinn heiliger Schriften wie der Bibel oder des Koran verstehen, denn die Konfuzianer verstanden ihre Klassiker nicht als irdische Offenbarungen eines Transzendenten, sondern sahen sie als Niederschlag einer Jahrtausende alten Überlieferung in den Werken von Persönlichkeiten, die in ihrer Einsicht und ethischen Verwirklichung weit fortgeschrittenen waren. Die Inhalte wurden als Einladung zur Auseinandersetzung verstanden, wobei keine dogmatisch verbindlichen Auslegungen einzelner Werke oder Passagen bestanden.

Möchte man dem konfuzianischen Denken nahe kommen, tut man wie bei der Biografie des Konfuzius gut daran, wider besseres historisches Wissen die Klassiker so zu betrachten, *als ob* die Autorität des Konfuzius für ihr Kompilieren verantwortlich wäre. Auf Basis dieser Annahme entwickelte sich die konfuzianische Tradition, obwohl es sich um eine Überlieferung handelt, die vieles aus einer Zeit vor Konfuzius enthält und offen für spätere Entwicklungen blieb.

Böse Menschen haben keine Lieder

Volkstümliche und höfische Lyrik aus dem 11. bis zum 7. Jahrhundert v. Chr. vereint das *Buch der Lieder*.[38] Konfuzius soll dieser Anthologie ihre endgültige Form gegeben haben, nachdem er um 484 zuletzt nach Lu zurückkehrte: »Festlieder und Opferlieder kamen an den rechten Ort.« (L IX, 14) Dabei hätte er aus 3000 überlieferten Dichtungen 305 für Lehrzwecke ausgewählt, wobei er mehrfach Gesagtes ebenso strich wie seinen Bildungszielen Abträgliches. Von mehreren Fassungen, in denen das Buch weitergegeben wurde, blieb schließlich jene aus dem Besitz des Gelehrten Mao Heng (3./2. Jahrhundert v. Chr.) erhalten, deren Text auf einen unmittelbaren Schüler des Konfuzius zurückgehen soll.

Das *Buch der Lieder* spiegelt in wichtigen Teilen den Wechsel von der Shang- auf die Zhou-Dynastie um 1046 v. Chr. Waren die Shang anfänglich nicht sesshafte Jäger und Krieger, betrieben die Zhou Ackerbau und siedelten an fixen Orten. Dies führte beim Übergang der Macht zu einem Wandel der Werte, der sich auch im Kult zeigte.

Shangdi, was »höchster Herr« bedeutet, war als Ahnengott der Anführer der Shang unter anderem für das Kriegsglück und das Wetter verantwortlich. Die Gottheit hielt sich von der breiten Bevölkerung weitgehend fern, konnte jedoch vom Herrscher angerufen werden, der über seine Ahnen mit ihr verbunden war. Dieser bat sie bei Dürre um Regen oder um Beistand in anderen Situationen der Not.

Bei ihrem Regierungsantritt entthronten die Zhou nicht diesen obersten Gott des Reichs, obwohl ihnen der Ahnengott der abgelösten Dynastie kultisch unzugänglich blieb. Sie identifizierten ihn vielmehr mit ihrer eigenen obersten Gottheit, dem Himmel (*tian*). Dieser Urheber der Jahreszeiten besaß als Spender von Sonnenlicht und Regen eine besondere Bedeutung für die Landwirtschaft. Die Zhou gingen davon aus, dass der mit Shangdi identifizierte Himmel ihnen den Auftrag zur Ablösung der geschlagenen Shang-Dynastie erteilte. Diese Idee von einem »Mandat des Himmels« (*tianming*), das von einer versagenden Dynastie auf eine neue übergehen kann, spielte in Chinas weiterer Geschichte eine bedeutende Rolle.

Alte Riten des früheren Herrscherhauses wurden beim Übergang von den Shang zu den Zhou im Sinn der Himmelsreligion umgedeutet. Dies erweist z. B. ein Festgesang der Shang, der als 305. Lied im *Shijing* Aufnahme fand, indem statt vom »höchsten Herrn« vom »Willen des Himmels« die Rede ist.

Die rituellen Lieder sangen in der Shang- und frühen Zhou-Zeit Schamanen im Ahnentempel und tanzten vermutlich auch zu deren Rhythmus. Folgende Stelle aus dem 290. Lied zeigt, wie die Zhou den Landbau als Grundlage für die Ahnenverehrung und andere Kulte betrachteten:

Zur Ernte kommen die vielen dann
Türmen die Frucht in den Feldern an
Zehntausend, Hunderttausend, Millionen Garben
Davon Getreidebrände und süße Spirituosen
Als Ahnenopfer für Männer wie Frauen
Und um allerlei Ritualen zu dienen

Vor solchen unmittelbar kultischen Gesängen sind im *Shijing*
Volkslieder aus verschiedenen Regionen Chinas gereiht. Oft
wird in diesen vordergründig von säkularen Themen wie der
Liebe und der Jagd gesprochen. Doch findet sich häufig auch
eine kultische Dimension. So begehrt im 23. Lied eine Frau einen Jäger, der ein Reh für sie schoss. Der Text offenbart, neben
einem erotischen, den rituellen Aspekt, dass vor dem ersten
Geschlechtsakt eines Paares der Mann offenbar ein Tier zu töten hatte:

In der Brache ein erlegtes Wild
Von fahlem Röhricht umhüllt
Das Fräulein denkt an Frühling
Erregt vom attraktiven Mann

Im Wald gedrängt Gesträuch
In der Brache ein erlegtes Reh
Von fahlem Röhricht bedeckt
Das Fräulein wie ein edler Stein

Ach, bloß sanft und behutsam
Greif nicht an meinen Gürtel
Damit der Hund nicht bellt

Derartige Volkslieder wurden wahrscheinlich zuerst bei Festen
im Jahreslauf von tanzenden Mädchen und Jungen im Wech-
selgesang vorgetragen. Zur Zeit des Konfuzius hatten sich viele
alte Bräuche gewandelt oder waren verschwunden, was eine
von ihren anfänglichen Aufgaben gelöste Interpretation der
Lieder erlaubte. Auch bezüglich des Inhalts kultischer Hymnen

des *Shijing* verschoben sich bis zur Zeit des Konfuzius die Bedeutungen. So verband man durch den Niedergang der Zhou
mit dem Begriff des Himmels nicht länger eine persönliche, mit
Shangdi identische Gottheit, sondern das konkrete Firmament,
das im Wechsel der Jahreszeiten Sonne und Regen spendet.

Die größere Freiheit beim Deuten ließ die Lieder für Konfuzianer mehrere Funktionen annehmen. *Lunyu* zufolge regen sie
die Vorstellungskraft an, schärfen den Blick, führen Menschen
zusammen und helfen beim Umgang mit Gefühlen. Zudem er-
muntern sie dazu, sich hilfreich in der Familie und im Staat ein-
zubringen, und vermitteln durch eine Fülle von Tier- und
Pflanzennamen Kenntnisse der Natur. (L VII, 9) Das Studium
der Lyrik besaß somit für Konfuzius einen vielfältigen persönlichen wie auch sozialen Nutzen, der sich nicht aus einer fixier-
ten Methode des Auslegens der Texte ergab, sondern aus selbst-
ständigem Reflektieren und Assoziieren. In der Hauptsache
wurden dabei die Texte des *Shijing* als Antworten auf ethische
Fragen verstanden, wodurch sich auch ein eindeutiges Liebes-
lied auf andere Situationen anwenden ließ, wie die folgende
Episode zeigt. (K VIII)

Konfuzius traf einen anderen Weisen, der ihm zuvor nicht
persönlich bekannt war. Ohne große Umschweife beginnen die
beiden Gelehrten ein intensives Gespräch. Zilu hielt dies für
unschicklich, weil der Sitte gemäß bedeutende Männer einander zunächst formell vorstellt werden müssen, bevor sie zur
vertrauten Konversation übergehen dürfen. Konfuzius, meinte
Zilu, verhalte sich wie ein Mädchen, das ohne die gebotenen
Vorbereitungen unvermittelt heirate. Konfuzius nahm diesen
Vergleich der Verbindung von Frau und Mann auf, indem er
aus dem *Shijing* eine Stelle des 94. Liedes anführte:

> Ein anmutiger Mann
> Schön die Augen und Stirn
> Unverhofft trafen wir zusammen
> Einander zum Wohlgefallen

Das Zitat sollte Zilu lehren, dass traditionelle Regeln des Anstands trotz ihrer Wichtigkeit kein unverrückbares Prinzip darstellen und dann zu relativieren sind, wenn besondere menschliche Konstellationen ins Spiel kommen. Wie in der Liebe etwas ganz Unerwartetes eintreten mag, war die Begegnung zweier Weiser ein unvorhersehbares Geschenk, das Spontaneität verlangte.

Nan Rong, ein Schüler des Konfuzius, rezitierte häufig das 256. Gedicht des *Buchs der Lieder*, worin es heißt:

Volkes und Beamten Werke kröne
Deiner Pflicht als Fürst gewahr
Trotze drohenden Gefahren
Sprich deine Worte mit Bedacht
Bewache achtsam dein Betragen
Stets sanftmütig und aufrecht
Der Fleck im weißen Zepterstein
Sollte abzuschleifen sein
Der Fleck im schon Gesagten
kann niemals verschwinden
Zu keiner Zeit sprich ungezügelt
Sag' nie: Es zählt nicht viel
Kein anderer hütet mir die Zunge
Reden ist nie ungesagt zu machen
Jedes Wort findet die Antwort
Gutes Werk empfängt Belohnung
Wer hochherzig mit Freunden ist
Das Volk wie eigene Kinder schätzt
Wird immer Nachfahren haben
Und alle Völker folgen ihm

Konfuzius soll der Ehe Nan Rongs mit der Tochter seines älteren Bruders gutgeheißen haben, weil sich der Schüler durch dieses Lied wiederholt daran erinnerte, wie man einmal Gesprochenes nicht einfach fortkratzen kann, als wäre es nur ein Fleck. (L XI, 5)

Wer die klassische Lyrik des *Buchs der Lieder* auf die Formung seines Charakters anzuwenden verstand, war für Konfuzius auf dem rechten Weg zur Veredelung, denn – um ein deutsches Sprichwort zu bemühen – böse Menschen hatten für ihn keine Lieder. Entsprechend fasste er den Inhalt der gesamten Gedichtsammlung als »kein übles Denken« zusammen. (L II, 2) Konfuzius ermahnte seinen Sohn, wer die Anfangskapitel des *Shijing* nicht kenne, gleiche einem Menschen, der »mit dem Gesicht vor einer Mauer« steht. (L XVII, 10)

Aus Geschichte lernen

Das *Buch der Urkunden* enthält historische Texte, die vorgeben, originale Dokumente aus der chinesischen Vergangenheit zu sein. So finden sich Ansprachen von Herrschern und Protokolle politischer Konsultationen, die bis lange vor die Zeit des Konfuzius zurückreichen. Wie es heißt, bewahrten Angehörige der Tradition des Konfuzius das Material, bis nahezu alle Exemplare den Bücherverbrennungen der Qin-Dynastie zum Opfer fielen.

Um das Werk in Sicherheit zu bringen, habe beispielsweise der Gelehrte Fu Sheng ein nicht ganz vollständiges Exemplar des Buchs in einer Hauswand verborgen und so Kenntnisse dieses Klassikers in die Han-Zeit gerettet. Später fand sich in einer Mauer des Anwesens der Familie des Konfuzius eine umfassendere ältere Version. Sie wurde am Hof der Han eingeführt, ging jedoch wieder verloren. Erst im 4. Jahrhundert n. Chr. sei dann die älteste Fassung des Buchs aus erneuten Funden rekonstruiert worden. Diese knapp skizzierten Episoden deuten an, wie abenteuerlich die Geschichte dieses Textes war, an dessen Gestaltung durch Wiederherstellungen aus Fragmenten sowie aus dem Gedächtnis über Jahrhunderte verschiedene Personen mit ihren jeweiligen Interessen wirkten.

Mag wohl manches in der Zhou-Zeit oder früher wurzeln, dürften viele Inhalte literarische Erfindungen oder starke Bearbeitungen des originalen Stoffs sein. Schon Menzius, dem eine erheblich frühere als die inzwischen verwendete Fassung vorlag, war sich der großen Probleme dieser Schrift als zuverlässige Quelle für Auskünfte über frühere Ereignisse bewusst: »Würde man sich in jedem Punkt auf das *Buch der Urkunden* verlassen, dann wäre es besser, es gäbe das *Buch der Urkunden* nicht.« (M XIV, 3)

Die Bedeutung dieses kanonischen Klassikers wie auch anderer historischer Dokumente besteht für den Konfuzianismus darin, dass er ein Lernen aus der Geschichte propagiert. In *Lunyu* sagt Konfuzius: »Die Zhou überblickten zwei vorangehende Dynastien. Welch großer Reichtum der Bildung! Wir folgen den Zhou.« (L III, 14)

Das Zitat geht davon aus, die Zhou hätten die Errungenschaften und Fehler der Herrschaft der Xia und Shang analysiert, was Verbesserungen in Staat und Kultur erlaubte. Versuchte er aus dem Studium der Geschichte Korrekturen abzuleiten und Weichen für Entwicklungen zu stellen, kannte Konfuzius neben seiner in der Literatur meist betonten retrospektiven Perspektive des Bewahrens und Reaktivierens als einen Kontrapunkt die Idee des Fortschritts. Zudem zeigt der Ausspruch, wie ihm nicht das Vergangene an sich als dem Gegenwärtigen überlegen galt. Er schätzte mit der Blütezeit der Zhou eine genau bestimmte Epoche, in der er seine Ideale verwirklicht glaubte.

Im *Buch der Urkunden* findet sich manches Ereignis aus Perspektive der Zhou berichtet, das lange vor deren Herrschaft angesiedelt wird. Ein Beispiel ist eine Rede des künftigen ersten Herrschers der Shang-Dynastie, in der dieser seinen Angriff auf die Xia und deren Entthronung rechtfertigt:

»Kommt ihr Vielen des Volkes, um meine Worte zu hören. Nicht ich, ein kleines Kind, plane einen aufständischen Akt. Doch wegen zahlreicher Verbrechen des Herrschers der Xia gab der Himmel den Auftrag, ihn zu vernichten. Nun sagt ihr Vielen: ›Unser Fürst schont uns nicht. Fern von unserer Wirtschaft geht es zum Angriff auf die Xia.‹ Ich hörte diese Worte von euch allen.

Der Herrscher der Xia trägt die Schuld. Weil ich den höchsten Herrn fürchte, wage ich nicht, mich ihm zu widersetzen. Ihr fragt mich nun: ›Was sind uns die Verbrechen der Xia?‹ Der

König der Xia erschöpft die Kraft seines Volkes in jeder Weise, und übt Unterdrückung in den Städten der Xia aus. Seinen Vielen wurde er gleichgültig, sie sind ihm nicht verbunden. Sie sagen: ›Sonne, wann gehst du aus? Wir alle verschwinden mit dir.‹ Weil es so um die Xia steht, muss ich gehen.

Ich bitte euch, helft diesem einen Mann beim Ausführen der Strafe des Himmels. Ich werde euch reich belohnen. Zweifelt auf keinen Fall, ich werde meine Worte nicht zurücknehmen. Gehorcht ihr den euch gesagten Worten nicht, dann finden eure Kinder mit euch den Tod. Es wird euch kein Verzeihen zuteil.«

Ganz im Sinn der Zhou, die im 11. Jahrhundert v. Chr. ihre Ablösung der Shang mit dem Mandat des Himmels erklärten, sollen hier ein halbes Jahrtausend zuvor die Shang selbst die Idee des himmlischen Mandats akzeptiert haben. Es ist kaum zu bezweifeln, dass wir hier eine interessengeleitete Geschichtsschreibung vor uns haben. Als 206 v. Chr. die Han-Dynastie jene der Qin ablöste, war es wiederum in deren Sinn, sich auf den Übergang des himmlischen Mandats zu berufen.

In einem anderen Text des *Buchs der Urkunden* ruft ein Herrscher der Zhou seine Vasallen nach der Befragung eines Orakels zu einem Feldzug auf:[39]

»Ich gebe Euch eine große Verkündigung, Euch meinen Lehnsfürsten und Sachwaltern. Ohne Unterlass und Gnade schickt der Himmel Unheil auf uns herab. Wie immens und zahlreich sind die Aufgaben, die ich trotz meiner jungen Jahre geerbt habe! Ich besitze nicht einmal die Weisheit, das Volk zum Frieden zu führen, wie könnte ich das Mandat des Himmels verstehen? Oh, ich bin nur ein kleines Kind. Soll ich ein tiefes Wasser überqueren, so muss ich einen Ort finden, wo ich übersetzen kann. Ich muss das Reich und das Mandat, das ich von meinen Vorgängern erhalten habe, erweitern; die große Aufgabe werde ich nicht vergessen. Gleichzeitig wage ich es nicht, mich der vom Himmel herabgesandten Gewalt zu verschließen. Ich verwendete die unschätzbare Schildkröte, die mir die seligen Könige hinterlassen haben, um den hellen Willen des Himmels zu übermitteln. Das Ergebnis lautete: ›In den

Westlanden gibt es große Schwierigkeiten und die Menschen dort sind unruhig.‹«

Der Herrscher, der hier sein eigenes Unvermögen betont, beruft sich ganz auf den Willen des Himmels, der durch die rituelle Befragung mit Hilfe des Panzers einer Schildkröte ermittelt wurde: »Nun da die Orakel alle glücksverheißend waren, werde ich mit Euch gen Osten vorrücken. Das Mandat des Himmels ist eindeutig und auch das Orakel bestätigt dies.«

In der Beschäftigung mit historischen Dokumenten des *Buchs der Urkunden* suchten Konfuzianer Präzedenzfälle zur Lösung von Problemen der Gegenwart. Zukunftsvisionen von nie da gewesenen Zuständen waren ihnen suspekt. Statt gänzlich Neues zu ersinnen, wollten sie sich an erprobten Modellen orientieren.

So begründete Konfuzius seine Haltung, dass bereits ein gutes Wirken in der eigenen Familie ein politisches Handeln bedeutet, durch das man ohne öffentliches Amt an der Regierung beteiligt ist, mit einer Stelle des *Buchs der Urkunden*, die sich in den später überlieferten Fassungen des Klassikers nicht mehr findet. (L II, 21)

Das konfuzianische Herangehen an die Geschichte unterscheidet sich erheblich vom heutigen Verständnis historischer Wissenschaftlichkeit. Es geht nicht um das akademische Anliegen einer möglichst genauen Rekonstruktion dessen, was in der Vergangenheit faktisch geschah. Vielmehr soll der Blick auf Berichte aus früheren Zeiten zur Lösung sozialer und persönlicher Probleme der Gegenwart beitragen. Die Konfrontation der augenblicklichen Erfahrungswelt mit alten Überlieferungen strebt nach keiner Erklärung, warum die Gegenwart so wurde, wie sie ist. Vielmehr wird die Episode aus der Vergangenheit zur Metapher, die Erkenntnisse für aktuell anstehende Wandlungen oder Entscheidungen erlaubt. Es handelt sich bei diesem Herangehen mindestens ebenso um ein Lernen aus Geschichten wie aus der Geschichte.

Von Sitten und Riten

Das *Buch der Riten* ist, obwohl es sicher nicht wenige der schon vor und zur Zeit des Konfuzius gültigen zeremoniellen Vorschriften und Verhaltensregeln enthält, in der überlieferten Form ein Produkt der Han-Zeit. Der Gelehrte Dai Sheng stellte das Buch zur Zeit des Kaisers Xuan zusammen, der von 74 bis 49 v. Chr. regierte. Für die Anthologie aus älteren Texten, die sich mit Sitten und Regeln befassen, konnte Dai Sheng sich an die Arbeit seines Onkels Dai De anlehnen, der bereits entsprechende Schriften sammelte. Später wurde Dai Shengs Zusammenstellung von Ma Rong (79–166 n. Chr.) und im 2. Jahrhundert n. Chr. von Lui Zhi bearbeitet.

Häufig schreibt dieser Klassiker Konfuzius Zitate zu. So lässt er den Lehrer über den Sinn der Sitte (*li*) mitteilen, sie habe »ihre Wurzel im Himmel, ihr Wirkungsfeld auf der Erde. Sie herrscht unter Göttern und Geistern und wirkt sich aus in den Bräuchen der Bestattung und des Opfers, des Bogenschießens und Wagenfahrens, der Männerweihe und der Eheschließung, der Hofaudienzen und Gesandtschaften«. Aus diesem Grund hätten die Weisen der Vorzeit die Sitte mitgeteilt, damit »die Welt, der Staat, die Familie in Ordnung gebracht werden« könnten. (Li 58)

Die seit alter Zeit gepflegten Bräuche und Riten erscheinen auf diese Weise als die Reflexe universell herrschender Gesetze in der Sphäre des Menschen. Von der Beachtung dessen, was auch im Himmel und unter Göttern sowie Geistern gilt, hing damit das Gedeihen des privaten und öffentlichen Lebens ab. Der Klassiker enthält Regeln für alle Mitglieder der menschlichen Gesellschaft. All dies basiert auf der folgenden Leitidee: Wenn jeder an seinem Platz das befolgt, was aus frühesten Zeiten als bewährt übermittelt wurde, kommt dies der ganzen menschlichen Gemeinschaft zugute. So findet sich ein Gebet, das der Herrscher zu sprechen hat, um die Fruchtbarkeit der Erde zu gewährleisten:

»O weiter, weiter Boden!
Der du aufnimmst des Himmels Geist,
Erhebe süßen Wind und Regen,
Daß alle Pflanzen und die hundert Körnerfrüchte
Üppig gedeihen mögen
Und alles in Frieden und Ruhe kommt!
Ich, der König N., bete ehrfurchtsvoll an die Seele der
Erde.« (Li 309)

Die sozialen Beziehungen besitzen für die Sitte eine grundlegende Bedeutung, wobei fünf Arten menschlicher Verhältnisse
unterschieden und geregelt werden:
»Fünf Wege gibt es auf Erden, die immer gangbar sind, und
die darauf wandeln, sind von dreierlei Art. Sie heißen Fürst
und Diener [also Vorgesetzter und Untergebener], Vater und
Sohn [ältere und jüngere Generation], Gatte und Gattin, älterer
und jüngerer Bruder und der Verkehr der Freunde: Diese fünf
sind die immer gangbaren Wege auf Erden. Weisheit, Menschlichkeit, Mut: Diese drei sind die immer wirksamen Geistes-
kräfte auf Erden.« (Li 35)
Wie man diese Beziehungen nach dem *Buch der Riten* auf weise, menschliche und mutige Art gestalten könne, sei am Verhältnis von älterer und jüngerer Generation illustriert:
»Ein Sohn soll seinen Eltern also dienen: Beim ersten Hahnenruf steht er auf, wäscht sich, spült den Mund, kämmt sich;
dann windet er das Haar in einen Knoten, umwickelt es mit
einem Seidenband, befestigt es mit einem Haarpfeil und bindet
es fest; dann bürstet er die übrigen Haare hinter die Schläfen,
setzt den Hut auf, bindet ihn unter dem Kinn und läßt die En-
den des Bandes herabhängen. Er zieht ein dunkles Gewand an,
legt Knieschützer an und den großen Gürtel, in den er seine
Notiztafel steckt. Dann hängt er rechts und links die nötigen
Gebrauchsgegenstände an den Gürtel: links ein Tuch zum Ab-
wischen von Gegenständen, ein Handtuch, Messer und Schleifstein, eine kleine Ahle aus Elfenbein, um Knoten zu lösen, einen
metallnen Brennspiegel; rechts den Daumenring und den Arm-
ring für das Bogenspannen, eine Röhre mit Schreibgeräten, ein

Messer in Scheide, eine große Ahle für größere Knoten, einen Feuerbohrer (für trübe Tage, an denen der Brennspiegel nicht brauchbar ist). Dann umwickelt er die Beine bis zum Knie und knüpft die Schuhbänder.

Eine Schwiegertochter soll ihren Schwiegereltern dienen wie ihren eigenen Eltern. Beim ersten Hahnenruf steht sie auf, wäscht sich, spült den Mund aus, kämmt sich; dann flicht sie ihr Haar, befestigt es mit einem Haarpfeil und umwindet es mit einem Seidenband. Sie zieht das Gewand an und gürtet sich. Links am Gürtel hängen: ein Abwischtuch, ein Handtuch, ein Messer und Schleifstein, eine kleine Ahle, ein Brennspiegel; rechts hängen: ein Nadelbüchschen, Faden und Seide in einem gestickten Beutel, eine große Ahle, ein Feuerbohrer, ein Riechkissen. Dann bindet sie die Schnüre ihrer Schuhe und begibt sich in das Zimmer der Schwiegereltern.

Wenn die beiden dort angekommen sind, so fragen sie mit verhaltenem Atem und freundlicher Stimme, ob ihre Kleider warm genug seien, ob ihnen nichts fehle, ob sie nirgends Schmerzen oder Jucken haben, und sie reiben oder kratzen sie in aller Ehrfurcht. Beim Aus- und Eingehen gehen sie ihnen voran oder folgen ihnen und stützen sie in Ehrfurcht. Wenn die Eltern sich waschen, so halten die jüngeren Töchter die Waschschüssel, die älteren das Wasser, sie bitten um Erlaubnis, das Wasser in die Schüssel zu gießen. Sind die Eltern gewaschen, so reichen sie ihnen ein Abtrockentuch, sie fragen sie, was sie wünschen, und bringen es ehrfurchtsvoll herbei mit freundlichen Mienen, um sie zu erfreuen. Sie bringen Grütze und Suppe, Wein und Süßwein, Fleisch- und Gemüsebrühe, Suppe aus Kräutern, Weizen, Mais, Reis, Hirse, Mohrenhirse, klebriger Hirse, kurz alles, was sie wünschen: Datteln, Kastanien, Zucker und Honig, um die Speisen zu versüßen; Petersilie, Sellerie, Ulmensamen, Weißulmensamen, frisch und getrocknet, um sie glatt zu machen; Fett und Speck, um sie fett zu machen. Die Eltern müssen die Speisen gekostet haben, dann erst ziehen sie sich zurück.« (Li 318–319)

Auf diese Weise werden zahlreiche praktische Einzelfragen zu Tod, Bestattung und Ahnenkult im *Buch der Riten* geklärt. Es gibt jeweils festgelegte Zeitspannen und Vorschriften für die Trauer, die sich nach dem Grad der Beziehung zum Verstorbenen richten. So ist um Eltern und Partner besonders zu trauern. Auch Prinzipen für die Ehe sowie ihre Scheidung werden von den *Li* geregelt:

»Es gibt drei Gründe, aus denen eine Frau nicht verstoßen werden darf. Wenn sie nach der Heirat niemand hat, zu dem sie sich flüchten könnte, entläßt man sie nicht. Wenn sie mit ihrem Mann die dreijährige Trauerzeit um Vater oder Mutter zusammen verbracht hat, verstößt er sie nicht. Wenn sie mit ihrem Mann gemeinsam Armut und Niedrigkeit getragen und er reich und vornehm geworden ist, verstößt er sie nicht.« (Li 274)

Anweisungen des *Buchs der Riten* beziehen sich auf das Lernen, das für die Konfuzianer von zentraler Bedeutung ist. Der Edle ist immer mit seinem Stoff beschäftigt und kennt im Grunde keine Pause. Sogar beim »Zurückziehen zur Ruhe ist Verweilen beim Gelernten Erfordernis. Denn wenn man nicht lernt, die Saiten zu rühren, so fühlt man sich nicht sicher im Saitenspiel. Wenn man nicht viele Beispiele gesammelt hat, so fühlt man sich nicht sicher in der Poesie. Wenn man nicht lernt, wie die verschiedenen Gewänder zu tragen sind, so fühlt man sich nicht sicher in der Sitte. Wenn man nicht eine Lust zu den freien Künsten hat, so macht das Lernen keine Freude. Darum verhält sich der Edle beim Lernen so, daß er das Gelernte in sich aufbewahrt, es übt, es zur ruhigen Aneignung und leichten Ausübung bringt.« (Li 169)

Das unausgesetzte Lernen wird jedoch nicht als Selbstzweck betrachtet, sondern soll über die Bildung des eigenen Charakters zu einem Geraderücken der Welt beitragen. Entsprechend schreibt das *Buch der Riten* Konfuzius die Worte zu:

»Liebe zum Lernen führt hin zur Weisheit, kräftiges Handeln führt hin zur Menschlichkeit, sich schämen können führt hin zum Mut. Wer diese drei Dinge weiß, der weiß, wodurch er seine Person zu bilden hat. Wer weiß, wodurch er seine Person zu bilden hat, der weiß, wodurch er die Menschen ordnen kann. Wer weiß, wodurch er die Menschen ordnen kann, der weiß, wodurch er die Welt, den Staat, das Haus ordnen kann.« (Li 35)

Einen Teil des überlieferten *Buchs der Riten* bildet der Text *Das Große Lernen* (*Daxue*), der für die weitere Geschichte von bedeutendem Einfluss war. Im 12. Jahrhundert erklärte ihn der Gelehrte Zhu Xi zu einer der wesentlichen Grundlagen des Konfuzianismus. Den Kern dieses Texts hielt er für von Konfuzius verfasst und von seinem Schüler Zengzi (505–435 v. Chr.) kommentiert.[40]

Im Altertum, heißt es in *Das Große Lernen*, hätte man die Ordnung im Staat angestrebt. Doch um dies zu schaffen, schufen die alten Weisen »zunächst Ordnung in ihrer Familie. Um in ihrer Familie Ordnung schaffen zu können, dazu entwickelten sie zunächst ihre eigene moralische Qualität. Um ihre eigene moralische Qualität entwickeln zu können, richteten sie zunächst ihr Herz korrekt aus. Um ihr Herz korrekt ausrichten zu können, mussten zunächst ihre Absichten echt und rein sein. Um echte und reine Absichten erreichen zu können, mussten sie zunächst Einsicht gewinnen. Das Gewinnen von Einsicht – es besteht darin, dass man den Dingen auf den Grund geht.«

Wenn das Individuum, die Familie und der Staat auf diese Weise durch Einsicht geordnet sind, findet die ganze Welt Ruhe und Frieden. »Die Kraft der Sitte ist es, durch die Himmel und Erde zusammenwirken, durch die die vier Jahreszeiten in Harmonie kommen, durch die Sonne und Mond scheinen, durch die die Sterne ihre Bahnen ziehen, durch die die Ströme fließen, durch die alle Dinge gedeihen, durch die Gut und Böse geschieden werden, durch die Freude und Zorn den rechten Ausdruck finden, durch die die Unteren gehorchen, durch die die Oberen erleuchtet sind, durch die alle Dinge trotz ihrer Veränderungen nicht in Verwirrung kommen. Weicht man von ihr ab, so geht alles zugrunde. Ja wirklich, die Sitte ist doch das Vollkommenste!«

Diese kosmische Dimension der *Li* dürfte in der Frühzeit des Konfuzianismus eher wenig ausgeprägt gewesen sein. Die überlieferten Sitten sah man anfänglich wohl mehr als über viele Generationen in Regeln für ein harmonisches Leben kondensierte Erfahrungen, die einen Einklang mit dem *Dao*, dem rechten Weg, ermöglichen könnten.

Indem der Konfuzianismus zur Gesundung eines Gemeinwesens auf Anleitungen aus der Vergangenheit setzt, zeigt er einerseits eine klare konservative Ausrichtung. Andererseits betrachtete er überlieferte Bräuche unter einer neuen Perspektive ganzheitlicher Menschenbildung, wie bereits die erweiterten Deutungen des Bogenschießens und Wagenlenkens in der Schule des Konfuzius zeigten.

Bei aller Neubewertung war kein Verzicht auf überlieferte Bräuche vorgesehen. Als einer seiner Schüler aus Erwägungen der Sparsamkeit das traditionelle Opfer eines Hammels zum Beginn des Monats abschaffen wollte, soll Konfuzius gesagt haben: »Dir tut es um das Schaf Leid, mir um den Ritus.« (L III, 17) Das Festhalten an der Überlieferung stand für Konfuzianer stets über ökonomischen Überlegungen.

Die Wirkung der Klänge

Musik gehört seit den frühen Zeiten des Konfuzianismus zu dessen wesentlichen Elementen. Gesang und Musizieren helfen zum vollständigen Menschsein. Von Konfuzius heißt es, dass ihn das Hören einer Melodie für »drei Monate den Geschmack des Fleisches vergessen« lassen konnte. (L VII, 13)

Ob es ein *Buch der Musik* tatsächlich als ein eigenes klassisches Werk gab, das während der Bücherverbrennungen der Qin verloren ging, ist ungeklärt. Sollte es diese Schrift gegeben haben, könnten einige ihrer Inhalte in das Kapitel *Yueji* des *Buchs der Riten* eingegangen sein. Auf dessen Basis werden nachfolgend einige konfuzianische Grundgedanken zur Musik dargestellt.

Das Singen gilt nach dieser Quelle als eine verfeinerte und zugleich in ihrer Ausdruckskraft gesteigerte Form der Sprache: »Der Gesang entsteht aus dem Wort, er setzt sich zusammen aus langgezogenen Worten. Wenn der Mensch sich über etwas freut, so spricht er es aus. Wenn das Aussprechen nicht genügt, so redet er in langgezogenen Worten. Wenn die langgezogenen Worte nicht genügen, so fügt er Ausrufe und Seufzer bei. Wenn Ausrufe und Seufzer nicht genügen, so kommt es unvermerkt dazu, daß die Hände schwingen und die Füße tanzen.« (Li 94–95)

Musik bringt also zum Ausdruck, was den Menschen im Innersten berührt. »Darum, wenn das Herz von Trauer bewegt ist, so wird der Laut scharf und ersterbend. Wenn das Herz von Heiterkeit bewegt wird, so wird der Laut langsam und weich. Wenn das Herz von Freude bewegt wird, so wird der Laut stark und zerstreut sich. Wenn das Herz von Zorn bewegt wird, so wird der Laut grob und grausam. Wenn das Herz von Ehrfurcht bewegt wird, so wird der Laut gerade und bescheiden. Wenn das Herz von Liebe bewegt wird, so wird der Laut milde und zart.« (Li 71–71)

Umgekehrt beeinflusst Musik die Menschen. Wenn die fünf Grundtöne rein bleiben, »gibt es keine unharmonischen Töne. Wenn der Grundton unrein ist, so entsteht Not, weil der Fürst hochmütig ist. Wenn die Sekunde unrein ist, so entsteht Verfall, weil die Beamten verdorben sind. Wenn die Terz unrein ist, so entsteht Trauer, weil das Volk grollt. Wenn die Quinte unrein ist, so entsteht Schmerz, weil die Werke zu mühsam sind. Wenn die Sexte unrein ist, so entsteht Gefahr, weil die Güter Mangel zeigen. Wenn alle fünf unrein sind und miteinander disharmonieren, so ist das die allgemeine Auflösung, und wo es so ist, da steht der Untergang des Volkes in allernächster Zeit bevor.« (Li 72)

Die Musik kann dem Menschen einen inneren Rhythmus vermitteln, der ihn dem, was aus der Außenwelt auf ihn zukommt, in einer angemessenen Weise begegnen lässt. Wenn jedoch »die Zuneigungen und Abneigungen des Menschen keinen Rhythmus haben und es kommt ein Außending heran, so wird dadurch der Mensch auch zum Außending verwandelt. Ein Mensch, der zum Außending verwandelt ist, der vernichtet in sich die himmlische Ordnung und ist den menschlichen Trieben und Begierden wehrlos preisgegeben. So entstehen die Gesinnungen des Aufruhrs und des Betrugs und Handlungen der Unzucht und der Verwirrung. Infolge davon werden die Schwachen von den Starken unterdrückt und die Minderheit von der Mehrheit vergewaltigt. Die Toren werden von den Wissenden betrogen, und die Schüchternen werden von den

Dreisten mißhandelt. Die Kranken finden keine Pflege, und Greise und Kinder, Witwen und Waisen finden keine Fürsorge. Das ist der Weg der allgemeinen Verwirrung. Darum schufen die alten Könige Sitte und Musik, um das Menschenleben rhythmisch zu gliedern.« (Li 74)

Sitte (*li*) und Musik ergänzen einander. Sind Menschen durch das Musizieren und im Hören von Musik in einem gemeinsamen Gefühl verbunden, ist in seinem ethischen Bemühen jeder Einzelne auf sich gestellt und in der persönlichen Verantwortung: »Die Musik bewirkt Vereinigung, die Sitten bewirken Trennung. In der Vereinigung lieben die Menschen einander, durch die Trennung achten die Menschen einander. Wenn die Musik überwiegt, so entsteht die Gefahr des Zerfließens. Wenn die Sitte überwiegt, so besteht die Gefahr der Erstarrung. Die Gefühle in Einklang zu bringen und die Äußerungen zur Schönheit zu bringen, das ist die Aufgabe von Sitte und Musik.« (Li 75)

Wohl um der Gefahr des Zerfließens aller Unterschiede zu begegnen, bewirkten die weisen Herrscher der Vorzeit, dass »die Verhältnisse von naher und ferner Verwandtschaft, von vornehm und gering, von Alter und Jugend, von Mann und Frau alle in der Musik ihre sichtbare Gestalt gewannen. Darum heißt es: Bei der Musik muß man auf ihre Tiefe sehen.« (Li 81)

Ein durch Musizieren verfeinertes Gehör lässt die Empfindsamkeit zu tiefem Mitempfinden werden, was eine Erzählung illustriert: Als sie auf der Wanderung ein Heulen und Wehklagen hörten, fragte Konfuzius seinen Schüler Yan Hui, was der Grund sein könne. Dieser erwiderte, dass man wohl nicht nur einen Verstorbenen beweine, sondern gleichfalls über den Abschied von einem Lebenden klage. Einst hätte Yan Hui einen Vogel beobachtet, der traurig sang, als die von ihm ausgebrüteten Jungen schließlich in die Welt flogen. Dieser Gesang zum endgültigen Weggang Lebender hätte ähnlich trübsinnig geklungen wie das gerade gehörte Weinen. In der Folge erfuhren Konfuzius und Yan Hui, wie die Weinenden nicht nur um den toten Vater trauerten, sondern auch um ein Kind, von dem sie sich wegen ihrer Mittellosigkeit zu trennen hatten. Konfuzius rühmte darauf das feine Gehör seines Schülers. (K XVIII)

Ein Sinn für Klänge macht dem *Buch der Riten* zufolge nicht nur für andere Menschen empfindsam, sondern führt zum Einklang mit allem, was ist: »Beim Singen entfaltet man dadurch, daß man sich selbst richtig macht, seine Lebenskräfte. Dadurch, daß man sich selbst bewegt, bringt man Himmel und Erde zur Antwort, die vier Jahreszeiten zur Harmonie, die Sterne in ihre Bahn und alle Dinge zur Entwicklung.« (Li 94)

So führt die Musik den Menschen über sich selbst hinaus: »Wenn man die Musik wirken läßt zur Ordnung der Gesinnung, so wächst eine ruhige, gerade, ehrliche und aufrichtige Gesinnung üppig empor. Wenn eine ruhige, gerade, ehrliche und aufrichtige Gesinnung entsteht, so wird man fröhlich. Durch Fröhlichkeit kommt Friede, durch Friede entsteht Dauer, durch Dauer entsteht himmlisches Wesen, durch himmlisches Wesen entsteht Göttlichkeit.« (Li 92)

Konfuzius soll von einer »Musik ohne Töne« gesprochen haben, wenn ein Mensch selbst zur vollendeten Komposition wurde, um im Einklang mit dem rechten Weg aller Dinge (*dao*) zu handeln. Dann stelle sich ihm nichts mehr entgegen. (K XXVII) »Die Musik führt zur Harmonie, sie erhebt zu den Göttern und folgt dem Himmel.« (Li 78)

Gesetze des Wandels

Das *Buch der Wandlungen* ist ursprünglich ein dem Orakel dienendes Werk.[41] Wie in vielen alten Kulturen kam in jener Chinas dem Versuch, mögliche künftige Entwicklungen zu ermitteln und durch diese Kenntnis vorteilhaft zu beeinflussen, ein hoher Stellenwert zu.

Die Orakelpriester der Shang hatten zu diesem Zweck Fragen in Schildkrötenpanzer geritzt. Diese wurden erhitzt, bis sich in ihnen Sprünge zeigten. Aus deren Linien und Strukturen verstanden die Priester dann Antworten herauszulesen, die oft gleichfalls in die Panzer eingekerbt wurden, um sie festzuhalten. Die Herrscher der Zhou übernahmen das Schildkrötenorakel der Shang, kannten jedoch eine eigene Orakelmethode. Diese will mit Hilfe von Stängeln der Schafgarbe Aufschlüsse über die Zukunft und angemessene Strategien zu ihrer Gestaltung erlangen. Um dieses Verfahren geht es vordergründig im *Buch der Wandlungen*. Doch interessierten sich konfuzianische und andere Denker Chinas im Lauf der Jahrhunderte oft mehr für das in diesem Klassiker zum Ausdruck kommende Welt- und Menschenbild als für die konkrete Orakelpraxis.

Das Werk entstand in einem langen Prozess, während dem es an Umfang zunahm. Traditionell wird sein Beginn dem Fuxi zugeschrieben, einer mythischen Gestalt, welche die chinesische Tradition als Schöpfer und Herrscher an den Anfang der Menschheit und ihrer Zivilisation setzt. Schließlich wurde das Buch nicht nur mit den Ursprüngen des Menschen assoziiert, sondern zudem mit jenen des Universums und des Lebens.

Ein Mythos ungeklärter Herkunft spricht von der anfänglichen Formlosigkeit des Alls, die sich in einem Ei zusammenballte. In diesem entstanden die einander entgegen gesetzten Urprinzipien *Yin* und *Yang*. Diese führten in der Folge zu einer komplementären Welt, die aus Gegensätzen wie Dunkelheit und Licht, Tag und Nacht, Männlichkeit und Weiblichkeit, Begrenztheit und Offenheit gestaltet ist. Zunächst erwachte in diesem Ei ein »Pangu« genanntes Urwesen, erhob sich daraus und wuchs ins Unermessliche. Durch sein Wachsen trennte es den Himmel zu seinem Kopf immer weiter von der Erde unter seinen Füßen. Beim Erreichen einer kolossalen Höhe gab Pangu sein Leben auf. Dabei verwandelte sich sein Körper in die Welt, indem etwa die Augen zu Sonne und Mond, der Kopf zu den Bergen und die Muskeln zum fruchtbaren Land wurden.

Unter den ersten Wesen in dieser Welt fand sich das Geschwisterpaar Fuxi und Nuwa, die als Mann und Frau zu den Schöpfern der Menschheit und ihrer Kultur wurden. Anderen Mythen zufolge sorgten Fuxi und Nuwa nach einer vernichtenden Flut dafür, dass sich die Welt wieder mit Menschen bevölkerte.

Fuxi soll in einer Art Urfassung des *Buchs der Wandlungen* die komplementäre Struktur der Welt, wie sie solche Mythen zum Ausdruck bringen, in den vier Gegensatzpaaren Himmel und Erde, See und Berg, Feuer und Wasser, Donner und Wind erfasst haben. Diese ordnete er in einem dem Orakel dienenden Schema an, bei dem sich die Pole jeweils gegenüberlagen. Mehr als ein Jahrtausend v. Chr. hätte dann der Zhou-Fürst Wen, als er von einem Herrscher der Shang-Dynastie eingesperrt war, die Vorlage des Fuxi weiterentwickelt.

Folgt man Sima Qian in *Shiji*, beschäftigte sich Konfuzius so gründlich mit dem *Buch der Wandlungen*, dass sich der Einband seines Exemplars dreimal abnutzte. Konfuzius wird eine Erklärung des Systems zugeschrieben, welche in die überlieferte Gestalt des Buchs einfloss.

In der praktischen Anwendung erhält man eine Antwort des Orakels durch das rituelle Auszählen von Stängeln der Schafgarbe. In dessen Verlauf ermittelt man ein Zeichen von sechs Linien, deren jede durchgehend oder unterbrochen sein kann, je nachdem, ob man einen ganzen und einen gebrochenen Stängel erhält. Ganze Linien entsprechen dem Yang, gebrochene dem Yin. Insgesamt sind dabei $2^6 = 64$ Zeichen aus Kombinationen gebrochener und durchgehender Linien möglich. Zu jedem dieser Zeichen kennt das *Buch der Wandlungen* einen Orakelspruch. Indem man durchgehende Linien als gebrochene liest und umgekehrt, gelangt man zu einem weiteren Zeichen und Spruch. Damit befindet man sich in der Spannung zwischen einer Ausgangssituation und einem Ziel möglicher Wandlung.

Indem sich jedes ermittelte Zeichen auf ein anderes hin bewegt, ergibt sich die Antwort des Orakels aus dem Reflektieren beider Sprüche und der mit ihnen verbundenen kommentierenden Erläuterungen im *Buch der Wandlungen*. Die Sprüche und Kommentare bieten keine simplen Ratschläge, die sich unmittelbar umsetzen ließen. So lautet das Orakel des 48. Zeichens des *Buchs der Wandlungen*:

> »Der Brunnen.
> Man mag die Stadt wechseln,
> aber kann nicht den Brunnen wechseln.
> Er nimmt nicht ab und nimmt nicht zu.
> Sie kommen und gehen und schöpfen aus dem Brunnen.
> Wenn man beinahe das Brunnenwasser erreicht hat,

aber noch nicht mit dem Seil drunten ist
oder seinen Krug zerbricht, so bringt das Unheil.«[42]

Eine solche Aussage und eine zweite gleichen Stils sollen dem
Fragenden in einem spezifischen Moment der Unklarheit zur
Entscheidung beim Wandel von einer Lebensstation zur nächsten verhelfen. So stützt sich das *Buch der Wandlungen* bei der
Ermittlung des Orakels einerseits auf ein objektives zahlenba-
siertes System und verlangt andererseits das subjektive Dechif-
frieren von Texten angesichts eines konkreten Problems.

Wie sich ein solcher Spruch auf die Gesellschaft sowie das
Individuum beziehen kann, zeigt sich in dem Deutungsversuch
Richard Wilhelms. In China ist die Form des Brunnens »von
uralter Zeit bis auf den heutigen Tag dieselbe geblieben. So ist
der Brunnen ein Bild der gesellschaftlichen Organisation der
Menschheit in ihren primitivsten Lebensnotwendigkeiten, die
von allen politischen Gestaltungen unabhängig ist. Die politischen Gestaltungen, die Nationen wechseln, aber das Leben
der Menschen mit seinen Erfordernissen bleibt ewig dasselbe.
Das läßt sich nicht ändern. Dieses Leben ist auch unerschöpf-
lich. Es wird nicht weniger noch mehr und ist für alle da. Geschlechter kommen und gehen, und sie alle genießen das Leben
in seiner unerschöpflichen Fülle.

Für eine gute staatliche oder gesellschaftliche Organisation
der Menschen ist aber ein Doppeltes nötig. Man muß bis auf die
Grundlagen des Lebens hinuntergehen. Alle Oberflächlichkeit
in der Lebensordnung, die die tiefsten Lebensbedürfnisse un-
befriedigt läßt, ist ebenso unvollkommen, als hätte man gar keinen Versuch zur Ordnung gemacht. Ebenso ist eine Fahrlässig-
keit, durch die der Krug zerbricht, vom Übel. Wenn z. B. der
militärische Schutz eines Staates so übertrieben wird, daß er
Kriege hervorruft, durch die die Macht des Staates vernichtet
wird, so ist das ein Zerbrechen des Krugs. Auch für den einzelnen Menschen kommt das Zeichen in Betracht. So verschieden
die Anlagen und Bildungen der Menschen sind, die menschliche Natur in ihren Grundlagen ist bei jedem dieselbe. Und jeder Mensch kann bei seiner Bildung aus dem unerschöpflichen

Born der göttlichen Natur des Menschenwesens schöpfen. Aber auch hier drohen zwei Gefahren: einmal, daß man in seiner Bildung nicht durchdringt bis zu den eigentlichen Wurzeln des Menschentums, sondern in Konvention steckenbleibt – eine solche Halbbildung ist ebenso schlimm wie Unbildung –, oder daß man plötzlich zusammenbricht und die Bildung seines Wesens vernachlässigt«.[43]

Bei den Sprüchen des Orakels handelt es sich, wie Wolfgang Bauer feststellte, um »bruchstückhafte Anspielungen auf alte Mythen und gelegentlich auch auf alte historische Ereignisse, die sehr kunstvoll gerade ihrer Einmaligkeit (so besonders aller Namen) entkleidet und dadurch gewissermaßen zu archetypischen Situationen abstrahiert wurden«.[44] Damit dient das *Buch der Wandlungen* ähnlich dem *Buch der Urkunden* einem Lernen aus der Geschichte. Allerdings interpretiert man im Zusammenhang mit dem Orakel keine konkreten Ereignisse oder Dokumente der Vergangenheit, sondern in verschiedenen Varianten wiederkehrende grundlegende Konstellationen der Menschheitsentwicklung, welche die Schöpfer des Orakels im aus der Vorzeit Erzählten erkannten. Da sich jedes der 64 Zeichen des Buchs mit jedem der anderen kombinieren lässt, ergeben sich 4096 potenzielle Paare, in denen man die grundlegenden Strukturen allen Daseins erfasst glaubte.

Bei Ausgrabungen in Mawangdui in der Provinz Hunan wurde 1973 das Manuskript *Yao* entdeckt, in dem es heißt: »Konfuzius schätzt das *Buch der Wandlungen*, als er alt wird. Wenn er zu Hause ist, liegt das *Buch der Wandlungen* immer auf seiner Matte; ist er auf Reisen, trägt er es in seiner Tasche mit sich.« Wie es im Text heißt, fragte ein Schüler Konfuzius, warum er im Alter das Orakelbuch so hoch schätze, habe er doch früher gelehrt, man neige eher beim Verlust von Tugend, Weisheit und Nachdenken zum Orakel. Konfuzius antwortete darauf, dass sich von 100 Antworten des Orakels 70 erfüllt hätten. »Doch ich blicke beim *Buch der Wandlungen* hinter das Orakel und suche die tiefere Bedeutung.«[45]

Diese tiefere Bedeutung, welche die Faszination des Buchs für Generationen konfuzianischer und anderer chinesischer

Gelehrter ausmachte, findet sich in der Idee einer der Welt zugrunde liegenden Polarität von *Yin* und *Yang*, die in ihrer jeweiligen unterschiedlichen Gewichtung einen Wandel erzeugen, bei dem wie beim Übergang von Tag zu Nacht oder Licht zu Dunkel unterschiedliche Schattierungen zu beobachten sind. Dieser ständige Wechsel betrifft alles in der Welt und lässt jede Situation in der Natur, im individuellen Leben und in der Geschichte als bloße Übergänge erscheinen. Er vollzieht sich nach dem *Buch der Wandlungen* zufolge allerdings nach einer Gesetzmäßigkeit, der man sich durch das Orakel annähern kann.

Die Konfuzius zugeschriebene Aussage, dass die Antworten des Orakels in 70 von 100 Fällen zuträfen, zeigt, wie die Konfuzianer nicht davon ausgingen, dass für jedes Anliegen automatisch ein zutreffender Spruch ermittelt werde. Auch war noch keine Erkenntnis garantiert, wenn der Spruch theoretisch zu dem anstehenden Problem passte, kam es doch in der Praxis darauf an, wie man den Text interpretierte. Dafür bestand ein weiter Spielraum, wie das oben zitierte Orakel des 48. Zeichens ahnen lässt, wenn es heißt: »Man mag die Stadt wechseln, aber kann nicht den Brunnen wechseln.« Für eine konkrete Frage, etwa ob man einen Acker verkaufen oder den Umgang mit einem Menschen meiden soll, wird aus Antworten dieses Stils kein einfaches »Ja« oder »Nein« deutlich. Es kommt ganz auf die Assoziationen und Erwägungen des Ratsuchenden an, ob er zu einer Entscheidung findet und wie diese ausfällt. Durch das Ermitteln eines Zeichens im Auszählen der Schafgarbenstängel und das Nachdenken über den damit verbundenen Orakeltext nimmt ein Mensch Abstand von seinem akuten Problem, das er dann aus einer anderen Perspektive neu beleuchtet. Führte das wiederholte Nachdenken über Orakelsprüche nicht zur gewünschten subjektiven Klarheit oder zu einer überzeugten Entscheidung, war das Verfahren nicht endlos fortzusetzen, weshalb es im *Buch der Riten* heißt: »Das Orakel soll man in einer Sache nicht mehr als dreimal fragen.« (Li 316)

Dieselbe Quelle lässt Konfuzius lehren, dass das Orakel nicht die wesentlichen Dinge betrifft, die durch die *Li* festgelegt sind: »Wichtige Sachen haben ihre festen Zeiten und Tage; geringe

Sachen haben keine festen Zeiten und Tage, sondern man fragt das Orakel. Für äußere Angelegenheiten verwendet man ungerade Tage, für innere Angelegenheiten verwendet man gerade Tage. Man handelt nicht dem Orakel zuwider.« (Li 193)

Verschlüsselte Botschaften

Bei dem Werk *Frühling und Herbst* (*Chunqiu*) handelt es sich um Annalen des Staates Lu über den Zeitraum von 722 bis 481 v. Chr. Chronologisch finden sich für diese 241 Jahre Eintragungen über besondere Begebenheiten in der Heimatprovinz des Konfuzius.

Vorkommnisse am Fürstenhof wie Rituale, Hochzeiten, Todesfälle, Beerdigungen und rituelle Opfer wurden ebenso verzeichnet wie politische Entwicklungen, etwa die Beziehungen Lus zu anderen Staaten des Zhou-Reichs, und militärische Ereignisse. Dazu kommen Eintragungen über Naturkatastrophen und Zeichen am Himmel wie Sonnen- und Mondfinsternisse.

Das Buch enthält keine ausführlichen Erzählungen, sondern oft nur kurze Notizen von durchschnittlich zehn Schriftzeichen. Die längste Beschreibung bedient sich 47 Zeichen, die kürzesten Eintragungen geben mit einem einzigen Schriftzeichen wieder, dass es eine »Insektenplage« gab. Aufgrund dieser Knappheit wäre es möglich, dass diese Chronik weniger für eine an Geschichte interessierte Nachwelt gedacht war, sondern dass es sich dabei um rituelle Aufzeichnungen für die Geister der Ahnen handelte. So heißt es für ein Ereignis aus der Zeit des Fürsten Yin, der von 722 bis 712 regierte, recht lapidar:

»Herbst, 7. Mond, der Himmelskönig der Zhou schickte Kanzler Xuan zum Hof von Lu mit Pferdewagen als Bestattungsgabe für den verstorbenen Fürsten Hui und Zhongi, die Mutter des künftigen Fürsten Huan.«

Derartige Einträge sind in sich tatsächlich wenig erhellend. Allerdings glaubte man, dass Konfuzius selbst *Frühling und Herbst* geschrieben oder zumindest maßgebend bearbeitet habe, was der Chronik einen unschätzbaren Wert verlieh.

Nach Menzius maß Konfuzius selbst dem von ihm verfassten Werk einen zentralen Stellenwert in seinem Wirken bei: »*Frühling und Herbst* lässt Menschen mich verstehen, und *Frühling und Herbst* lässt Menschen mich verurteilen.« Als Konfuzius das Buch vollendet habe, seien aufrührerische Bürger und undankbare Kinder von Angst gepackt gewesen. (M VI, 9) Für Menzius handelt es sich bei *Frühling und Herbst* um kein geringeres Unternehmen als eine von Konfuzius erstellte Fortsetzung des *Buchs der Lieder*.

Entsprechend war das Werk häufig Gegenstand literarischer Deutung, wobei die Kommentatoren davon ausgingen, Konfuzius habe mit jeder dieser kurzen Notizen besondere Absichten verbunden.

Da der tiefere Sinn des in den Annalen Berichteten nicht unmittelbar zu erkennen war, ging man davon aus, dass Konfuzius das Werk bewusst in Worten verfasste, deren Zweck für jene im Dunklen blieb, die sie nicht zu deuten verstanden. So meinte Sima Qian in *Shiji*: Weil Konfuzius geahnt habe, dass seine Lehre zunächst verkannt werde, habe er unauffällig seine Urteile über richtiges und falsches Regieren und Handeln in das Geschichtswerk eingebaut.

Schon im 2. Jahrhundert v. Chr. entstanden mit *Gongyang zhuan* und *Guliang zhuan* zwei Werke der Interpretation, die den vermeintlichen Absichten des Konfuzius auf den Grund gehen möchten. Diese und spätere Kommentare beschreiten bei der Deutung der Chronik unterschiedliche Wege. So wurden Berichte, was ein Herrscher zu einer bestimmten Zeit unternahm oder unterließ, als verborgener Hinweis auf das Spiegelbild für zeitgemäße und unzeitgemäße Aktionen gelesen.[46] Viel Bedeutung maß man der Wortwahl jedes der knappen Einträge bei, mit der Konfuzius verschlüsselte Botschaften hinterlassen habe. Ob vom »Ermorden« oder »Töten« eines Herrschers die Rede war, wurde als unterschiedliche Wertung der Tat verstanden.

Auch in dem, was Konfuzius weggelassenen zu haben schien, ließen sich Aussagen entdecken. Wenn für das Jahr 722 v. Chr. der Herrscher des Staates Lu nicht mit seinem Fürstentitel, sondern im Hinblick auf seinen jüngeren Bruder lediglich als »älterer Bruder Zheng« bezeichnet wird, ließ sich darin eine indirekte Kritik des Konfuzius an dessen Regierungsweise erkennen.

Weitere interpretierende Werke versuchten, das in den Notizen der Annalen Mitgeteilte, wie Wolfgang Bauer es ausdrückt, »ins Exemplarische zu erweitern und in ihnen eine umfassende Geschichtskritik, ja sogar so etwas wie eine Vision vom Ursprung und Ziel der Geschichte zu entdecken. Konfuzius erschien dadurch plötzlich nicht mehr bloß als ein moralisch-kritischer Geschichtsschreiber, sondern als ein weiser Seher, um nicht zu sagen als ein Messias, der den Sinn der Menschheitsgeschichte durchblicken und eben dadurch auch in seiner Grundrichtung nach einer langen Zeit des Verfalls wieder in eine gute Richtung zu lenken vermochte«.[47]

Bei den sechs – respektive fünf erhaltenen – Klassikern handelt es sich um sehr unterschiedliche Werke, deren jedes in sich eine lange Entwicklungs- und Auslegungsgeschichte aufweist. Spricht man diesbezüglich vom Kanon des Konfuzianismus, handelt es sich zwar um verschiedene Literaturgattungen. Doch haben das *Buch der Lieder*, das *Buch der Urkunden*, das *Buch der Riten*, das Orakelbuch und *Frühling und Herbst* gemeinsam, dass sie der konfuzianischen Tradition dazu dienten, in der Retrospektive Erkenntnisse für eine Gestaltung der Gegenwart zu erlangen.

Anmerkungen

36 Die Lesart des Zitats folgt Mark Edward Lewis: *Writing and Authority in Early China*. Albany, N. Y. 1999, S. 276.

37 Zur Geschichte der Klassiker vgl. Michael Nylan: *The Five »Confucian« Classics*. New Haven, London 2001.

38 Eine instruktive Einführung in das *Buch der Lieder* findet sich bei Wolfgang Kubin: *Die chinesische Dichtkunst. Von den Anfängen bis zur Kaiserzeit*. München 2002, S. 3–15.

39 Zitiert nach der Übersetzung von Philip Clart: *Die Religionen Chinas – Reader*. Göttingen 2009, S. 9–10.

40 Im Folgenden zitiert nach der deutschen Übersetzung des Teams von Ralf Moritz: *Das Große Lernen* (Daxue). Stuttgart 2003.

41 Einen Einblick in Werden und Struktur des *Buchs der Wandlungen* bieten Geoffrey Redmond und Tze-ki Hon: *Teaching the I Ching (Book of Changes)*. Oxford 2014.

42 Zitiert in der Übersetzung von Richard Wilhelm (1924) nach *I Ging. Das Buch der Wandlungen*. München 2005, S. 179.

43 *I Ging. Das Buch der Wandlungen*. München 2005, S. 180.

44 Wolfgang Bauer: *Geschichte der chinesischen Philosophie. Konfuzianismus, Daoismus, Buddhismus*. Hg.: Hans van Ess. München 2001, S. 50.

45 Zhao Jianwei: *Chutu Jianbo Zhouyi Shuzheng*. Taipei 2000, S. 276.

46 Vgl. dazu Q. Edward Wang: »Objectivity, Truth, and Hermeneutics: Re-reading the *Chunqiu*.« In: Chin-I Tu (Hg.): *Classics and Interpretations: The Hermeneutics Traditions in Chinese Culture*. New Brunswick, N. J. 2000, S. 155–172.

47 Wolfgang Bauer: *Geschichte der chinesischen Philosophie. Konfuzianismus, Daoismus, Buddhismus*. Hg.: Hans van Ess. München 2001, S. 121.

3. Vom Neuen im Alten

DIE LEHRE DES KONFUZIUS

Reformator oder Bewahrer?

Ob Konfuzius als Lehrer genial oder banal war, ob er sich als Gestalter oder Entdecker eines Neuen ansprechen lässt oder lediglich als Bewahrer des Alten, der sich wenig von Vorgängern und Zeitgenossen unterscheidet, schwang als Frage am Ende seiner Biografie im ersten Kapitel mit.

In Europa war im späten 18. Jahrhundert die Wertschätzung, mit der einst Jesuiten wie Matteo Ricci dem Konfuzianismus begegneten, negativen Einordnungen gewichen. Lange pflanzte sich nun das Urteil fort, die Konfuzius zugeschriebene Lehre und die Ideen seiner klassischen Interpreten als rückwärtsgewandt zu betrachten. So meinte Johann Gottfried Herder:

»Konfuzius ist mir ein großer Name, ob ich die Fesseln gleich nicht verkenne, die auch er trug und die er mit bestem Willen dem abergläubigen Pöbel und der gesamten sinesischen Staatseinrichtung durch seine politische Moral auf ewige Zeiten aufdrang. Durch sie ist dies Volk, wie so manche andere Nation des Erdkreises, mitten in seiner Erziehung, gleichsam im Knabenalter, stehengeblieben, weil dies mechanische Triebwerk der Sittenlehre den freien Fortgang des Geistes auf immer hemmte und sich im despotischen Reich kein zweiter Konfuzius fand.«[48]

Die Idee einer vom Konfuzianismus bedingten Zurückgebliebenheit Chinas pflanzte sich stereotyp fort. Für Hegel stand die Kultur des Landes still, weil man die *Li* unreflektiert befolgte.[49] Karl Marx schrieb 1853 vom »ererbten Stumpfsinn« des chinesischen Volkes.[50] Auch Max Weber sah die Rückständigkeit der Entwicklung quasi programmiert: »Denn der ganze Konfuzianismus wurde rücksichtslose Kanonisierung des Traditionellen.«[51]

Tatsächlich finden sich in *Lunyu* solche Urteile bestätigende Aussagen, die scheinbar ausschließlich den Blick zurück propagieren: »Ich vermittelte das mir Gelehrte und gestalte nichts. Dem Altertum bin ich treu und liebe es.« (L VII, 1)

Vor diesem Hintergrund bezeichnete der Sinologe Wolfgang Bauer Konfuzius als einen Reformator: »Wie viele andere Reformatoren, so verlieh er seinem Programm dadurch, daß er es gewissermaßen in die Vergangenheit zurückklappte, eine tiefere historische Dimension und zugleich eine schwer anfechtbare Legitimation.«[52]

Konzentriert man sich auf solche Worte des Konfuzius, lässt er sich als Mahner zur Rückkehr in die Antike und Bewahrer der von ihm vorgeblich konservierten Klassiker sehen, zu dem ihn Überlieferungen stilisierten. Doch findet sich bereits in *Lunyu* ein anderer Aspekt der Aufgeschlossenheit gegenüber dem Gegenwärtigen:

»Wer das Alte pflegt und das Neue kennt, der kann Lehrer sein.« (L II, 11) Was hier mit »pflegt« übersetzt wurde, ließe sich wörtlich als »aufwärmt« wiedergeben, in der wahrscheinlichen Bedeutung, dass jener zum Lehrenden taugt, der Hergebrachtes für die Jetztzeit zu aktualisieren vermag.

Entsprechend sah die auf ihn folgende Tradition Konfuzius keineswegs nur als jemanden, der Ererbtes kompilierte, sondern als einzigartigen Entdecker zuvor verborgener Geheimnisse. So heißt es im *Buch der Riten*: »Dem Himmel droben lauschte er seine Zeiten ab und dem Wasser und der Erde drunten ihre Geheimnisse. So ist er gleich wie Himmel und Erde, die alles halten und tragen und alles schirmen und decken, gleich wie die vier Jahreszeiten, die im Wechsel einander folgen, wie Sonne und Mond, deren Licht abwechselnd scheint.« (Li 42)

Sieht man von solchen Formen des Nachruhmes ab, die bereits in die Richtung der Vergöttlichung des Konfuzius zielen, was ließe sich als ursprüngliche Lehre rekonstruieren, folgt man dem in *Lunyu* Überlieferten?

Nach dieser Quelle beschränkte sich Konfuzius keinesfalls auf das Vermitteln klassischer Literatur und zahlreicher ererbter Sitten (*li*). Als ein Schüler meinte, dem Lehrer wäre daran gelegen, dass man ausschließlich studiere und möglichst viel Stoff im Gedächtnis behalte, widersprach Konfuzius: »Nein. Ich habe Eines, an dem ich alles auffädle.« (L XV, 2)

Mit anderen Worten: Konfuzius hatte ein Prinzip vor Augen, das auf alles andere anzuwenden wäre oder an dem sich alles messen lassen konnte. Dieses Prinzip nannte er »Menschlichsein« (*ren*). Als sein Schüler Yan Hui fragte, worum es dabei ginge, antwortete Konfuzius: »Sich selbst überwinden und zu den Riten zurückkehren ist Menschlichsein. Sich einen Tag überwinden und zu den Riten wenden, alle Welt fände so zum Menschlichsein. Bei einem selbst beginnt das Menschlichsein. Wie könnte es bei anderen beginnen?« (L XII, 1)

Konfuzius fasste mit diesen Worten seine wesentlichen Lehren knapp zusammen: Menschlichsein bedeutet, Selbstüberwindung und die Orientierung an den *Li*. Um menschlich zu sein, muss man an der Beherrschung des Egoismus arbeiten, wobei die Wendung zu den alten Riten und Sitten hilft. Auf diese Weise nimmt man heilsamen Einfluss auf alle anderen. Obwohl man so Verantwortung für die ganze Welt trägt, ist man selbst gefordert und darf nichts von anderen verlangen.

In der Folge wird betrachtet, was das Menschlichsein und die Rückkehr zu den Riten in *Lunyu* bedeuten. Erst nach dem Erwägen dieses Grundsätzlichen, an dem sich alles andere auffädeln lässt, kommen weitere Aspekte der Lehre des Konfuzius zur Sprache, die erst vor dem Hintergrund des Menschlichseins verständlich werden.

Menschlichsein als Aufgabe

Immer wieder wird das Menschlichsein als zentrales Erfordernis für den Weg des Edlen bezeichnet. Sei eine Person in den Sitten und Riten (*li*) wie in der Musik vollendet, nutze ihr dies nichts ohne das Menschlichsein. (L III, 3) Wo dieses fehlt, erträgt man auf die Dauer weder Verluste, noch kann man sich an Gewinnen erfreuen. (L IV, 2)

Ren, den hier mit »Menschlichsein« interpretierten chinesi-

schen Begriff, übersetzten europäische Interpreten schon mit
Worten wie »Sittlichkeit« (Richard Wilhelm), »Güte«, »Wohl-
wollen« oder »Liebe«. Gehen solche Begriffe zwar nicht an dem
vorbei, was sie bezeichnen sollen, treffen sie doch nicht dessen
zentralen Inhalt. Das chinesische Schriftzeichen für das Gemeinte ist eine Kombination aus jenem für »Mensch« und dem
für die Zahl 2. Diese Zusammensetzung darf als Hinweis verstanden werden, dass eine Beziehung angesprochen ist, sich
also das Menschlichsein nur in einem Miteinander verwirklicht. Dies schließt Liebe oder Güte zweifellos ein, erschöpft
sich aber nicht darin.

Die Aussprache *Ren* für Menschlichsein ist dieselbe wie beim
bloßen Zeichen für »Mensch«. Doch bedarf wahres Menschsein
im Sinn des Konfuzius der Ergänzung um die 2 als der Hin-
wendung zum anderen. Nach einer Erklärung in *Lunyu* bedeutet Menschlichsein, »die Menschen zu lieben«. (L XII, 22) Mit
einer solchen Haltung steht die Sorge um das Wohl anderer
über den eigenen Interessen, was überlieferte Episoden wie die
folgende verdeutlichen: Von Aufgaben am Fürstenhof zurückgekehrt sah Konfuzius, dass sein Stall niedergebrannt war. »Er
erkundigte sich: Sind Menschen verletzt? Nach den Pferden
fragte er nicht.« (L X, 12)

Beim Edlen, der den Egoismus überwunden hat, zeigt sich
das Menschlichsein derart in seinen spontanen Reaktionen. Für
den noch von Begierden und selbstischen Neigungen Bestimmten bedarf es zunächst des Einübens. Konfuzius zufolge sollte
man sich hierfür im Erwägen den Mitmenschen gleichsetzen.
Er sprach von einer wechselseitigen Beziehung der Rück- und
Nachsicht (*shu*), deren Bewusstsein die Tendenz schwächt, sich
selbst mehr herauszunehmen, als man anderen zubilligt. In diesem Sinn antwortete Konfuzius auf die Frage, ob es eine Regel
gäbe, an die man sich Zeit seines Lebens halten könne: »Wohl
jene der Rücksicht: Was einem selbst nicht erwünscht, tue man
anderen nicht.« (L XV, 23)

Lenkt ein Mensch sein Tun und Lassen durch die Erwägung,
was er von anderen nicht wünscht, reflektiert er das Verhalten
im Hinblick auf soziale Beziehungen. Es handelt sich hier um

eine frühe Formulierung des heute als »Goldene Regel« vertrauten ethischen Grundsatzes: Man soll sich beim Reflektieren des eigenen Verhaltens in die Lage anderer versetzen, um deren Integrität zu achten.

Diese Goldene Regel findet sich später auch in anderen Kulturen. In *Dhammapada*, einer indischen Sammlung mit Aussprüchen des Buddha Gautama, heißt es, man soll andere schonen, weil sie wie man selbst die Pein fürchten. (129–130) In der um 200 v. Chr. entstandenen jüdischen Apokryphe *Tobit* wird eine ähnlich Formulierung wie bei Konfuzius verwendet »Was dir selbst verhasst ist, das mute auch einem anderen nicht zu!« (4, 15).

In den Evangelien nach Lukas (6,31) und Matthäus (7,12) lautet die Goldene Regel: »Was ihr von anderen erwartet, das tut auch ihnen.« Hier besteht gleichfalls eine Wechselseitigkeit zwischen dem Subjekt und den Mitmenschen. Doch werden Hoffnungen, die man für sich selbst hegt, also das von anderen Erwartete, zur Richtschnur, wie man sich ihnen gegenüber verhält. Das Selbst setzt so die Norm, wie anderen zu begegnen ist, indem persönlich für gut Erachtetes ebenfalls für den Nächsten als richtig betrachtet wird. Indem Konfuzius von dem ausgeht, was man sich vom anderen *nicht* wünscht, setzt er in seiner Version der Goldenen Regel statt dem subjektiv Erwünschten stärker die Beziehung zum anderen an den Beginn ethischen Erwägens.

Nach Konfuzius setzt das Menschlichsein mit Rück- und Vorsicht bei der Kommunikation ein. So antwortete er auf die Frage nach dem Wesen des Menschlichseins, es bestehe im behutsamen Reden. Als ein Schüler über diese Antwort staunte, erwiderte Konfuzius: »Wer weiß, wie schwierig die Tat ist, wie kann er anders, als langsam und mit Bedacht seine Worte wählen?« (L XII, 3)

Das mit einem bedächtigen Sprechen anfangende Überwinden seiner selbst, das sich im Tun fortsetzt, galt Konfuzius offenbar als ein Weg, der nie ein absolutes Ende findet. Er weist eine Richtung, ohne ein Ziel zu verkünden, das im Sinn eines Endzustands erreichbar wäre. Er kenne niemanden, sagte Konfuzius, der das Menschlichsein liebe und Unmenschliches verabscheue: »Es mag solche geben, doch ich sah noch keinen.« (L

IV, 6) Von dem Schüler Yan Hui meinte er, dieser habe es geschafft, einmal für drei Monate menschlich zu sein, während andere dies lediglich für einen Tag oder einen Monat erreichten. (L VI, 5)

Menschlichsein lässt sich somit nicht einmal gewinnen und durch alle Wechselfälle festhalten. Dem Edlen gilt es als Leitidee seines Strebens, die er stets neu zu verwirklichen hat. Da es sich nicht um Unverlierbares handelt, sondern um eine nie abgeschlossene Entfaltung, in der sich Menschlichsein stets neu aktualisiert und bewährt, lässt sich im Sinn des Konfuzius von einem immerwährenden Prozess des Menschlich-*Werdens* sprechen.

Mit seinen Gedanken zum Menschlichsein antwortete Konfuzius auf akute Probleme seiner Epoche, in der es zu einer Krise der *Li* kam. Diese hatten – zumindest sah dies in der Retrospektive so aus – einst unterhinterfragt gegolten. Sie waren so etwas wie heilige Pflichten, bezeichnete das Wort *Li* doch ursprünglich die rituelle Ordnung beim Opfer für Götter und Geister. Nachdem das Mandat des Himmels auf die Zhou übergegangen war, dehnte sich die Bedeutung auf viele festliegende Sitten, die sich aus der Begegnung ihrer Traditionen mit den Gepflogenheiten anderer Stämme entwickelten. *Li* umfasste schließlich alles gemeinhin Akzeptierte, was die öffentliche Moral und das Wirken im persönlichen sowie familiären Bereich regelte. Das Spektrum reichte vom höfischen Zeremoniell bis zur Art des Trauerns Einzelner um ihre Verwandten.

Nachdem diese Ordnung über Jahrhunderte galt, kam sie mit dem allmählichen Niedergang des Zhou-Reichs ins Wanken. In einer von ihren Zeitgenossen als chaotisch erlebten Epoche schien sogar der Himmel als oberste göttliche Autorität nicht mehr sicher. Verfügten die machtlosen Herrscher tatsächlich noch über dessen Mandat? Offenbar half er weder länger den Guten noch strafte er die Gewissenlosen. Die *Li*, in denen sich sein Wille spiegelte, verblassten zunehmend in ihrer Wirkung.

Vor diesem Hintergrund hatten Daoisten die Gesellschaft aufgegeben und pflegten Ideale einer inneren Immigration oder eines Lebens abseits der Zivilisation. Andere suchten nach weiteren Möglichkeiten, wieder eine zufriedenstellende Ordnung im Staat herzustellen. Hierzu mussten zu den traditionellen *Li*, mit denen sich die soziale Sphäre nicht mehr regeln ließ, andere Instrumente treten, die den Menschen dazu verhalfen, einander nicht zu schaden und zur heilsamen Entfaltung der Gesellschaft beizutragen.

Einen diesbezüglichen Versuch, gesellschaftliche Abläufe mit einem neuen Mittel zu regeln, unternahm im Staat Zheng der Minister Zichan (ca. 581–520 v. Chr.), indem er ein geschriebenes Recht festlegte, das für das Zuwiderhandeln klare Strafnormen bestimmte. Drohte man Menschen harte Sanktionen für Übertretungen an, so die Überlegung, tun sie aus Furcht das Gebotene und stehen dem Gemeinwohl nicht im Weg. Zichans Neuerung, die viele als erfolgreich werteten, wurde zu einer der Wurzeln des Legalismus.

Ideen dieser Schule des Denkens gehen auf den Minister Guan Zhong zurück, der etwa ein Jahrhundert vor Konfuzius wirkte. Ihm zufolge sollen Herrschende das Volk mittels starker Autorität (*shi*) lenken, denn Gesellschaften gesunden nur durch Angst vor strengen Strafen. Der Staatsmann Shang Yang (ca. 390–338 v. Chr.), ein erbitterter Gegner des Konfuzianismus, wollte später sogar geringste Vergehen mit unerbittlicher Härte bestraft sehen, um Übeltaten nachhaltig verschwinden zu lassen. Mit Han Fei (ca. 280–233 v. Chr.) wurde der Legalismus zur weithin geschätzten Methode, deren Anwenden die öffentliche Sicherheit garantieren sollte. All dem lag die Überlegung zugrunde, dass das Wachstum der Bevölkerung unabwendbar Engpässe in der Versorgung auslöste, wodurch sich jeder benachteiligt fühlt. Darum griffen mit dem Egoismus die Verbrechen aus Habsucht um sich, denen man einzig mit drastischen Zwangsmaßnahmen entgegensteuern könne.

Konfuzius, nach dessen Menschenbild der Einzelne durch Bildung über selbstische Interessen hinauswachsen konnte, dachte in eine völlig andere Richtung. Er fürchtete, fixierte Gesetze hätten genau das Gegenteil der erstrebten Sicherheit zur Folge: »Regiert man durch Vorschriften und ruft durch Strafen zur Ordnung, entzieht sich das Volk diesen und wird schamlos.« Führt man die Menschen dagegen durch die *Li*, entwickeln sie ein natürliches Gefühl für das, was jeweils richtig oder falsch ist. (L II, 3)

Da die *Li* das Zusammenleben nicht mehr von selbst harmonisierten, sollten sie bereichert um den Aspekt des Menschlichseins wieder ins Bewusstsein treten. Sie waren nicht länger Bräuche, denen man unhinterfragt folgte, nur weil sie kollektiv als selbstverständlich galten. Wollte man auf Strafen bei Übertretungen verzichten, musste zur ererbten Sitte das Element der Einsicht treten. Die Menschen sollten subjektiv erkennen, weshalb es gut und richtig war, sich an den überlieferten Werten zu orientieren. Diesen Aspekt des persönlichen Verstehens führte Konfuzius ein, indem er mittels eines durch die Goldene Regel geübten Menschlichseins eine neue Dimension der *Li* eröffnete.

Zurück zu den Riten

Statt Gesetze zu erlassen, wollte Konfuzius bei dem bleiben, was sich in der Geschichte bewährt hat. In den Sitten und Riten schlugen sich die Erfahrungen eines langen Wegs nieder, denn was in den heilen Tagen der Zhou-Herrschaft galt, baute auf Erkenntnissen zweier vorangegangener Dynastien auf. (L III, 14) Der Edle machte sich diese Tradition über die klassischen Texte zu eigen und reflektierte sie im Licht des Menschlichseins. Was in der Vergangenheit unhinterfragt beachtet wurde, sollte jetzt zur absichtsvoll gestalteten Kultur der Persönlichkeit werden.

Als Yan Hui etwas über den Weg des Menschlichseins durch die Rückkehr zu den Riten erfahren wollte, riet Konfuzius: »Was den Li widerspricht, sieh nicht! Was den Li widerspricht, höre nicht! Was den Li widerspricht, sage nicht! Was den Li widerspricht, tue nicht!« (L XII, 1) Die Praxis besitzt derart im Wahrnehmen durch Sehen und Hören einen passiven Aspekt wie mit dem Reden und Tun einen aktiven. Der Schüler war gefordert, alles an den *Li* als die Regeln des rechten Wegs (*dao*) zu prüfen, was er aus der Welt aufnahm und ihr wirkend zurückgab.

Ließ man sich im Altertum selbstverständlich von verbindlichen Sitten leiten, bedurften damit Konfuzius zufolge seine Zeitgenossen eines selektierenden Verstandes. Nicht mehr sicher von den Riten geführt, hatten sie bewusst zu entscheiden, welchen Wahrnehmungen sie sich aussetzten und welche Worte und Handlungen geboten waren. Weder die Riten noch das eigene Denken allein halfen. So lebte der Edle aus der Spannung traditioneller Vorgaben und den Erfordernissen des sich im Spiegel anderer reflektierenden Menschlichseins. Das Menschlichsein mit der Goldenen Regel bildet so die subjektive Variable im objektiven Bezugssystem der *Li*.

Dass Riten und überlieferte Sitte nicht mehr unmittelbar galten, sondern in Beziehung zum Gemeinwohl bedacht wurden, führte dazu, dass Konfuzius zufolge das Menschlichsein ein allzu buchstäbliches Verständnis tradierter Regeln korrigieren konnte.

Dies zeigt das Beispiel zweier Schüler, die bei ihrem Studium historischer Texte das Verhalten des Guan Zhong kritisierten, der im 7. Jahrhundert v. Chr. als Minister im Teilstaat Qi gewirkt hatte. Als sein Fürst Jiu vom eigenen Bruder in einem Machtkampf getötet wurde, beging der Minister nicht Suizid, wie es sich für einen unmittelbaren Mitarbeiter des Fürsten traditionell geziemt hätte. Vielmehr beteiligte sich Guan Zhong sogar an der Regierung des Usurpators. Dies schien den Schülern als ein ungehöriges Abweichen vom Sittengemäßen, wodurch der Minister seine Untreue gegenüber dem ermordeten Herrscher bewies. Konfuzius widersprach dieser Kritik. Der Politiker hätte mit einer Entscheidung für den eigenen Tod unüberlegt und damit unmenschlich gehandelt, weil in der gegebenen Situation niemand außer ihm in der Lage war, einen drohenden Krieg abzuwenden und sein Land zum Besseren zu führen. Darum bewegte er sich trotz seines Missachtens des Schicklichen im Einklang mit dem Menschlichsein. (L IV, 17 u. 18)

Konfuzius öffnete damit eine Tür, Überliefertes nicht starr beim Wort zu nehmen, sondern es bei aller Wertschätzung im Einzelfall differenziert am Menschlichsein im Sinn der Goldenen Regel abzuwägen. Dies führte den Konfuzianismus in seiner Entwicklung zu einer offenen Haltung gegenüber Verbesserungen, die über das Hergebrachte hinausführen, ohne dabei in ein Fortschrittsdenken zu verfallen, das die Tradition aus den Augen verliert.

In diesem Sinn nennt das *Buch der Riten* (Li 41–42) generelle Kriterien zum Feststellen, ob eine Neuerung als angemessen gelten darf: Soll etwas sogar nach 100 Generationen noch von Weisen als recht befunden werden, ist es vierfach zu untersuchen. Erstens überprüft man, ob eine Sache breite Zustimmung findet, ob also ein sozialer Konsens möglich ist. Zweitens forscht man, wie die Angelegenheit während der früheren Dynastien behandelt wurde. Hier kommt die historische Dimension zum Tragen. Drittens beobachtet man, ob sich das Fragliche in die Rhythmen von Himmel und Erde einfügt. Damit wird der Faktor des Natürlichen berücksichtigt. Viertens legt man die Sache im Orakel den Göttern und Geistern vor, wodurch man demjenigen Rechnung trägt, das über das Wahrnehmbare hinausgeht.

Die gesellschaftliche Einhelligkeit in der Gegenwart, die Harmonie mit den Wegen der Menschen der Vergangenheit, der Einklang mit der sichtbaren Natur sowie die Übereinstimmung mit den unsichtbaren Mächten bieten gemeinsam die Gewähr, dass sich etwas Neues gut entwickeln wird.

Es sollte also nicht einfach darum gehen, nur Vergangenes zu imitieren. In diesem Sinn wird Konfuzius von seinem Enkel Zisi zitiert: »Wer in der heutigen Zeit lebt und doch zu den Wegen des Altertums zurückkehren möchte: solche Menschen, die wird das Verderben treffen.« (Li 40)

Konfuzius hatte die menschliche Gemeinschaft im Blick, auch wenn sich seine Ethik zunächst an Einzelne wendete, die sich um die *Li* und um Menschlichsein bemühen. Der edle Mensch trägt, auch wenn er nicht die erwünschten öffentlichen Funktionen einnehmen kann, allein schon durch sein Vorbild zur Gesundung der Gemeinschaft bei. Dabei sah Konfuzius einen Weg vom Kleineren zum Größeren: Zuerst muss ein Einzelner sein Leben durch Menschlichsein und die *Li* ordnen. Dann kann er dazu beitragen, dass die Familie gesundet. Schließlich hilft er der ganzen Gesellschaft zum Besseren. Die Integrität des Einzelnen, der zum Edlen wird, und der Familie bilden die Voraussetzung, dass der Staat den rechten Weg findet.

Der Edle im Sinn des Konfuzius war umfassend gebildet, zuverlässig und höflich. Er stand treu zur Familie, pflegte tiefe Freundschaften und wirkte für das Wohl seines Landes. Galt dies früher als Ideal des Adligen, öffnete Konfuzius auch Angehörigen anderer Schichten diesen Weg, der aus dem Chaos einer vom Egoismus bestimmten Epoche führen sollte. Überwänden einige Edle die Habsucht und den Stolz, folgten nach konfuzianischer Vorstellung bald viele, worauf sich Konkurrenz der Einzelnen, Familien und Staaten in Harmonie verwandelte.

Die Edlen vollzogen damit ihren auf Einsicht beruhenden Rückweg zu den Riten zunächst stellvertretend für alle anderen. Konfuzius verstand sie als eine Vorhut, die durch Aufklärung und praktisches Vorbild alle anderen beim Befolgen der Goldenen Regel förderten und mit sich zogen:

»Für einen Menschlichen nun gilt: Wenn er selbst den Wunsch hat, auf der Welt zu bestehen, dann verhilft er auch anderen dazu. Und wenn er etwas erreichen will (oder: Vollendung begehrt), dann verhilft er auch anderen dazu. Sich darauf zu verstehen, das [einem selbst] Nahe als Beispiel [für sein Verhalten gegenüber anderen] zu nehmen, das kann als Methode der Menschlichkeit gelten.« (L VI, 28)[53]

Zwar konzentrierte sich der Edle im »Kultivieren des Subjekts« (*xiuji*) zunächst auf sich. Er musste sich selbst regieren können, bevor er anderen ein Beispiel gab. Für Konfuzius bestand jedoch kein Widerspruch zwischen Individualismus und sozialer Einstellung. Ohne Kultivierung des Subjekts versagt der Dienst am Gemeinwohl; ohne die Orientierung auf das Ganze mündet Aufmerksamkeit, die man sich selbst gönnt, im Egoismus.

Konfuzius zeigte an vielen Beispielen, worin der Edle sich vom noch Unkultivierten (*xiaoren*) unterscheiden sollte. »Der Edle fordert von sich; der Gewöhnliche fordert von anderen.« (L XV, 20) Edle fragen stets nach dem Angemessenen, während es Durchschnittsmenschen um den Profit geht. (L IV, 16) Die meisten verlieren sich in Kleinigkeiten und versagen, wenn der Blick aufs Ganze nötig wird. Dagegen konzentrieren sich Edle weniger auf die Einzelteile, sondern sehen Zusammenhänge, wodurch sie Schwierigkeiten durch Überblick meistern. (L XV, 33) Ohne aus Befangenheit zuzustimmen oder abzulehnen, fragt der Edle einzig nach dem Richtigen. (L IV, 10)

Pflichtbewusstsein zählt für den Edlen mehr als Mut, macht letzterer doch leicht rebellisch und beutegierig. (L XVII, 23) Der Edle »redet nicht über sein Tun, bevor er tat, worüber er redet«. (L II, 13) Auch ist der Edle »kein Werkzeug«. (L II, 12) Damit meinte Konfuzius, er sollte nie zum Instrument anderer werden, sich nicht benutzen lassen, ohne selbst zu reflektieren, was er tut. Zugleich schwingt in diesen Worten, dass der Edle nicht wie die meisten Werkzeuge zu einem einzigen praktischen Zweck brauchbar ist, sondern aus seinem Überblick vielfältig zu wirken vermag.

Möchte der Edle zwar nach seinem Tod in gutem Andenken bleiben (L XV, 19), leidet er doch nicht, wenn man ihn verkennt: »Den Edlen betrübt der eigene Mangel an Fähigkeiten. Nie betrübt ihn das Unvermögen anderer, ihn anzuerkennen.« (L XV, 18) Damit begegnet uns das bei Konfuzius vertraute Motiv des Scheiterns. Der Edle will höchsten Ansprüchen genügen, fügt sich aber ohne Murren den Tatsachen, gelangt er nicht ans Ziel.

Nach dem integren Einzelnen, dessen Ideal er im Bild des Edlen zeichnete, ist für Konfuzius die intakte Familie bedeutend. Wie eine Familie nicht gesunden kann, wenn es der Einzelne nicht vermag, kann sich im Staat nichts bessern, wenn die Familie nicht funktioniert. Darum gelten die Nach- und Rücksicht, wie sie die *Li*, das Menschlichsein und die Goldene Regel gebieten, zuerst in der Familie. Hier hat nach Konfuzius jeder vorrangig seine Pflichten zu erfüllen und bedingungslosen Zusammenhalt zu gewährleisten.

Wie nach konfuzianischer Sicht die Familie für den Einzelnen vor dem Staat steht, zeigt folgende Episode. Als jemand es ein rechtschaffenes Verhalten nannte, als ein Sohn seinen Vater anzeigte, weil dieser ein Schaf gestohlen hatte, meinte Konfuzius: »Bei uns deckt der Vater den Sohn und der Sohn den Vater.

Das ist Aufrichtigkeit.« (L XIII, 18) Dies sollte nicht den Diebstahl rechtfertigen, sondern demonstrieren, dass sogar angesichts schwerer Verfehlungen die Zusammengehörigkeit der Familie nur ein Mahnen im Inneren, aber kein Denunzieren nach außen und schon gar kein Einschalten der Staatsgewalt erlaubt.

Obwohl sie der Gesellschaft und ihrem Land dienen wollten, pflegten die alten Konfuzianer ein distanziertes Verhältnis gegenüber dem Staat. Dieser schwebte nach ihrem Verständnis stets in Gefahr, sich durch die Unfähigkeit der Regierenden gegen die Menschen zu wenden. Auch neigte er dazu, zum Selbstzweck zu werden. Mehr als auf Verwaltungsmaßnahmen, Gesetze und Verordnungen vertrauten Konfuzianer auf die Vorbildwirkung des Menschlichseins, das auch schwerste Probleme löst. Nur wer es schaffe, sich selbst zu regieren, könne führende Positionen in Regierung und Verwaltung bekleiden. (L XIII, 13) In diesem Sinn hatte Konfuzius einem Politiker, der gegen Kriminelle vorgehen wollte, geraten: »Wärest du nicht selbst gierig, würde auch dann nichts gestohlen, wenn man es belohnte.« (L XII, 18)

Gäbe es mustergültige Menschen in exponierten Stellungen, brauchten diese gar nichts zu bestimmen, weil ihr Beispiel genüge. Konfuzius schätzte in diesem Sinn Shun, einen mythischen Herrscher, der ins 3. Jahrtausend v. Chr. datiert wird. Von ihm heißt es, er regierte durch Inaktivität (*wuwei*), indem er bloß aufrecht auf dem Thron saß. (L XV, 4) Wer durch die Ausstrahlung seiner Persönlichkeit herrschen kann, »gleicht dem Polarstern, der an einem Ort ruht, während andere Sterne ihn umkreisen«. (L II, 1)

Konfuzianer wünschten für das Land eine solche inaktive und gerade dadurch strahlkräftige Mitte im Kaiser. Mit dem Mandat des Himmels ausgestattet, sollte dieser als dessen Sohn im Einklang mit dem *Dao* leben, dem rechten Weg der natürlichen Rhythmen. Dieser Kaiser müsste nichts befehlen, weil jeder seinem Beispiel folgte. Wäre derart alles von oben nach unten wie von unten nach oben gut, erwiese sich das Regieren als ebenso leicht wie überflüssig, ließ man doch einem natürlichen Prozess

seinen Lauf. Das *Buch der Riten* schreibt Konfuzius die Worte zu:
»Im Weg des Menschen liegt es, die Regierung zu schaffen, wie
es im Weg der Erde liegt, Pflanzen zu schaffen.« (Li 34)

In der für Konfuzianer denkbar besten Gesellschaftsform
würden edle Vorbilder vom Kaiser abwärts alles zwanglos ordnen, ohne dass sie tatsächlich Herrschaft ausüben müssten. Insofern lässt sich vorsichtig vom Ideal eines konfuzianischen
Anarchismus sprechen. Freilich war es historisch gesehen ein
Leitstern oder Wunschbild, das nie annähernd zur Wirklichkeit
wurde. Konfuzianer waren in China und anderen Ländern
durch die Jahrtausende maßgebend am Regieren beteiligt und
machten dabei in der Praxis dem Legalismus erhebliche Zugeständnisse.

Schon zur Zeit des Konfuzius war man sich angesichts des
dauernden Scheiterns bewusst, dass Ziele nicht erreichbar wären, wie ein in *Lunyu* überliefertes Wort des Zilu zeigt: »Ein
Edler dient seinem Land, so gut er kann. Dass der Weg (*dao*)
sich nicht durchsetzt, ist ihm bewusst.« (L XVIII, 7)

Der Weg des Lernens

Zum Edlen oder Menschlichen wird man nach Konfuzius
durch das Lernen (*xue*). Dieses bildet die zentrale Praxis des
Konfuzianers, und er verspricht sich von einem Leben, das als
umfassender Lernprozess verstanden wird, die Lösung individueller und gesellschaftlicher Probleme. Dabei ist Lernen
gleichbedeutend mit dem individuellen Aufnehmen des Wissens der Vergangenheit.

Ein Lernen im Sinn des Konfuzius spielt sich nicht im Elfen-
beinturm ab, sondern setzt eine Bewährung in menschlichen
Beziehungen voraus: »Ein junger Mensch soll im Haus ehrfürchtig gegenüber den Eltern sein; in der Welt begegne er den
anderen achtungsvoll und mit Liebe, als wären sie ältere Brüder, und er sei den Menschlichen verbunden. Bleibt ihm dane-
ben noch Kraft, widme er sich der klassischen Bildung.« (L I, 6)

Wenn man sich dem Lernen zuwandte, galt das bloße Sammeln von Wissen als Irrweg. Die Bildung sollte keinen toten Schatz an Kenntnissen anhäufen, sondern den Charakter und das geistige Vermögen des Menschen auf eine Weise ausbilden und gestalten, dass man verantwortlich zu handeln vermag. Wüsste man beispielsweise jedes der Gedichte des *Buchs der Lieder* auswendig, versagte jedoch bei praktischen Aufgaben, bliebe alle Gelehrsamkeit nutzlos. (L XIII, 5) Darum gehört für Konfuzius das ständige Anwenden (*xi*) erworbener Bildung untrennbar zum Lernprozess. (L I, 1) Das Memorieren alter Texte ist kein Gedächtnistraining, vielmehr sollen aus ihren Inhalten Folgerungen für das Leben abgeleitet werden.

Ein Lernen im konfuzianischen Verständnis findet nicht nur beim einsamen Aneignen einer Materie statt, sondern immer wieder auch in sozialen Kontakten. Zum Beherrschen des Stoffs tritt das Erlebnis, wie andere Menschen diesen verwirklichen und damit verkörpern oder ihm nicht entsprechen. Überall befindet sich der Schüler darum in der Situation des Unterrichts: »Bin ich mit drei Menschen zusammen, finde ich sicher einen Lehrer. Gutes suche ich und folge ihm; Schlechtes mache ich besser.« (L VII, 21) Traf Konfuzius jemanden, »der gut sang, ließ er es sich wiederholen, um dann selbst mitzusingen«. (L II, 31)

Nur wer dafür weitgehend auf materielle Ansprüche zu verzichten vermag, wird reif für ein wirkliches Lernen: »Der Edle, dem es nicht um den vollen Bauch und komfortables Wohnen geht, der sorgfältig handelt, sich im Reden zurückhält und zu seiner Besserung jenen folgt, die den Weg kennen, kann als Mensch bezeichnet werden, der das Lernen liebt.« (L I, 14) Zum Bedauern des Konfuzius fanden sich nur wenige bereit, drei Jahre zu studieren, ohne eine einträgliche Laufbahn anzusteuern. (L VIII, 12)

Nur wer weder auf ein Entgelt noch auf Reputation spekuliert, gleicht den Menschen des Altertums, die »für sich selbst lernten; heute lernt man um andere zu beeindrucken«. (L XIV, 25) Dabei war Konfuzius keinesfalls dagegen, dass man Gelerntes in einem Amt umsetzt und dafür seinen Lohn erhält, hatte er selbst doch immer wieder in verschiedenen Staaten derartige Stellungen angestrebt. Allerdings sollte der Akt des Lernens um seiner selbst willen geschehen und frei von Erwartungen bleiben.

Aufschlussreich ist das Verhältnis von Lernen und Denken (*si*) bei Konfuzius: »Lernt man, ohne zu denken, verliert man sich; denkt man, ohne zu lernen, ist man in Gefahr.« (L II, 15) Sicher meint *Lunyu*, ist vom Denken die Rede, kein abstraktes Reflektieren im heutigen Sinn, bei dem Menschen lange Assoziationsketten mehr oder weniger folgerichtig im Geist ablaufen lassen. Es dürfte die Aufmerksamkeit gemeint sein, die man einer Frage widmet, der eigene Beitrag zur Lösung eines Problems im Unterschied zu jenen Impulsen, die aus der Tradition aufgenommen werden.

Folgt man nur der Überlieferung, ist man verloren; verlässt man sich ganz auf das eigene Erwägen, schwebt man in Gefahr. In dieser Idee des Konfuzius zeigt sich, dass das objektive und das subjektive Moment nicht ohneeinander bestehen können. Der Lernprozess des Edlen umfasst die Rückkehr zu den feststehenden Riten ebenso wie die Variable des persönlichen Menschlichseins.

Dabei empfand Konfuzius die Gefahr, sich vom eigenen Gutdünken überschwemmen zu lassen, wohl als problematischer als sich im Vergangenen zu verlieren: »Tag und Nacht habe ich schon nachgedacht, nicht gegessen und nicht geschlafen. Es war vergeblich. Lernen ist besser.« (L XV, 30)

In diesem Prozess, der aus Lernen von der Vergangenheit und Erwägen in der Gegenwart besteht, soll man ein Bewusstsein für sein Wissen und sein Nichtwissen erlangen. Konfuzius erklärte dies seinem Schüler Zilu mit den Worten: »Etwas zu wissen und zu erkennen, dass man es weiß, und etwas nicht zu wissen und zu erkennen, dass man es nicht weiß, das ist Wissen.« (L II, 17)

Derart darf der Edle über seine Kenntnisse nie vergessen, was er noch nicht weiß. Immer bleibt er auf seinem Weg des Menschlichwerdens, der zu keinem Endziel führt und ständige Bewegung wie Wandlung fordert: »Lerne, als folgtest du jemandem, den du nicht erreichen kannst, als wäre es jemand, den du zu verlieren fürchtest.« (L VIII, 17)

Jede Art des Leerlaufs sah Konfuzius als dem Lernprozess abträglich: »Jene, die den ganzen Tag nichts tun, aber sich den Bauch voll stopfen und nie zum Denken kommen, sind schwierig. Gibt es denn keine Brettspiele? Sich damit zu beschäftigen wäre sicher besser, als überhaupt nichts zu tun.« (L XVII, 22) Faulheit unterscheidet sich grundlegend von der Inaktivität (*wuwei*) dessen, der ohne eigene Kalkulation spontan im Einklang mit der Natur wirkt.

Zeng Shen, der in der Schule des Konfuzius lehrte, sagte über die Anforderungen, die sich aus der Lehre seines Meisters ergaben: »Der Lernende braucht ein weites Herz und starke Ausdauer auf dem langen Weg harter Pflicht. Die Pflicht des Menschlichseins, ist sie nicht schwer? Erst im Tod endet dieser Weg, ist er nicht weit?« (L VIII, 7)

Die Worte berichtigen

Erwägungen über die Sprache und das Reden spielten für Konfuzius eine bedeutende Rolle. Zwar musste er sich als Lehrer der Worte bedienen, um Wissen zu vermitteln, doch war die Schweigsamkeit sein Ideal: »Redet denn der Himmel? Vier Jahreszeiten wechseln, Dinge entstehen und werden.« (L XVII, 19) Am besten wäre, alle Dinge geschähen auf ihrem natürlichen Weg (*dao*), ohne dass es der Worte bedürfe. Auch in der Kommunikation bezeugte Konfuzius zufolge eine strahlkräftige Inaktivität (*wuwei*) mehr von der Harmonie mit den Rhythmen des Himmels als jede Beredsamkeit.

Darum hielten sich die Menschen früherer Epochen beim Sprechen zurück, denn sie wussten, dass die Taten meist kaum an die Worte heranreichen. (L IV, 22) Antwortete Konfuzius einem erstaunten Schüler auf die Frage nach dem Wesen des Menschlichseins, es bestünde in einem behutsamen Sprechen, gab er einen wichtigen Hinweis auf sein Verständnis von der Veredelung des Menschen. (L XII, 3) Nur wer still wird und sein Mitteilungsbedürfnis zügelt, kann den anderen wirklich wahrnehmen und im Sinn der Goldenen Regel achten.

Lässt sich zwar die Schweigsamkeit des Himmels nicht unmittelbar verwirklichen, kann man sich ihr annähern, indem man seine Rede knapp hält und mit Bedacht langsam spricht. Die Beschäftigung mit dem Wort geht jedoch bei Konfuzius über ihre Bedeutung für die Veredelung des Einzelnen und dessen Verkehr mit anderen hinaus. Wie stets in seinem Denken besteht ein Bezug zur größeren Gemeinschaft.

Als Zilu Konfuzius nach der Grundlage eines guten Regierens fragte, erklärte der Lehrer, dass ein »Berichtigen der Namen« (*zheng ming*) am Anfang zu stehen habe. »Denn stimmen die Namen nicht, ist die Rede falsch. Ist die Rede falsch, schlägt das Handeln fehl.« (L XIII, 3)

Dieses »Berichtigen der Namen« oder »Richtigstellen der Worte« ist dem Motiv der Rückkehr zu den Riten verwandt: Wie sich für das Handeln in einer als dürftig empfundenen Epoche keine klaren Vorgaben mehr fanden, war auch die Sprache verwirrt. Der Bruch zwischen den Worten und ihren ursprünglichen Bedeutungen, der aus dem sozialen und politischen Verfall seit dem Altertum folgte, machte es unmöglich, Gemeintes angemessen auszudrücken. Wie das Verwirklichen eines gesunden Gemeinwesens die im Menschlichsein reflektierte Rückkehr zu den Riten erforderte, bedurfte es einer Korrektur der Sprache, die Missverständnisse ausschließt.

Einen Hintergrund, dass man das Berichtigen der Namen als notwendig empfand, bildete wahrscheinlich die Zunahme von Gerichtsprozessen zur Zeit des Konfuzius. Hatten sich Menschen auf den Wortlaut eines Vertrags geeinigt, stritten später aber um die Auslegung, erwies dies, wie Worte ihre einstige Verbindlichkeit verlieren können. Indem ihr Gebrauch in der Einschätzung der Konfuzianer oft vom Sinn abwich, den sie vormals besaßen, kam der Sprache die Beziehung zur Realität abhanden. Verbänden alle wieder dasselbe mit den Worten, die sie gebrauchen, bestünde Einigkeit unter den Menschen.

Die Konfuzianer, die dem Streit und der Konkurrenz grundsätzlich abgeneigt waren, beobachteten mit Unbehagen, wie beredsame Advokaten ungeachtet der Sachlage durch geschicktes Jonglieren mit Worten Tatsachen in ihr Gegenteil wenden konnten. Ein Zeitgenosse des Konfuzius, der im Staat Zheng praktizierende Anwalt Deng Xi, war für sein diesbezügliches Können so berüchtigt, das es noch zweieinhalb Jahrhunderte später einen Niederschlag im Buch *Lushi chunqiu* (XVIII, 4) des Lu Buwei fand.

Dengi Xi wird darin als großer Spieler mit Worten geschildert. Als der Minister Zichan eine Verfügung erließ, die den öffentlichen Aushang von Schriftstücken untersagte, hängte Deng Xi wiederum ein Schriftstück aus, indem er das ministerielle Verbot so interpretierte, dass ihm das Anschlagen von Dokumenten doch erlaubt wäre. Als Zichan daraufhin das Interpretieren von Regierungsverfügungen für ungesetzlich erklärte, deutete Deng Xi dies wiederum so, als wäre ihm dies dennoch gestattet. »Hätte es endlos Erlasse gegeben, Deng Xi hätte endlos darauf reagiert. Es gab keinen Unterschied zwischen zulässig und unzulässig.«

Gegen entsprechenden Lohn soll der Anwalt zu allem bereit gewesen sein: »Er wendete falsch zu richtig und richtig zu falsch. Es gab keine Regel für richtig und falsch, was statthaft oder unstatthaft war, änderte sich täglich. Von wem er wollte, dass er gewann, der gewann; wessen Schuldspruch er wollte, der wurde dadurch schuldig.«

Deng Xi hatte auch keine Skrupel, in einer Angelegenheit für beide Seiten tätig zu werden: »Der Wei-Fluss hatte starkes Hochwasser. Ein Angehöriger aus dem Haushalt eines reichen Mannes aus Zheng ertrank. Jemand fand den Körper und forderte, als der reiche Mann um Rückkauf bat, sehr viel Geld. Der reiche Mann berichtete Deng Xi davon. Deng Xi sprach: ›Beruhige dich. Es gibt sicher niemanden sonst, dem er das verkaufen kann.‹ Der Finder des Körpers war beunruhigt und sprach mit Deng Xi darüber. Deng Xi erwiderte ihm: ›Beruhige dich. Sie können das sonst nirgends kaufen.‹«

Da der Anwalt mit solchem Agieren beträchtliche Unruhe verursachte, soll er *Lushi chunqiu* zufolge unter Zichan mit dem Tod bestraft worden sein, worauf in Zheng wieder Ordnung eingekehrte. Folgt man Angaben im Werk *Zuo Zhuan*, das als Kommentar zum Klassiker *Chunqiu* gilt, mag dem historischen

Deng Xi Unrecht geschehen, stilisiert man ihm zum Inbegriff des Wortjongleurs. Doch wurde er zu einer Symbolfigur für das Wirken geschäftstüchtiger Advokaten, die sich die Unbestimmtheit der Worte zunutze machten. Konfuzianer galten diese als Symptom des eigentlichen Problems: Es bedurfte einer neuen Bestimmung zentraler Begriffe, damit Menschen einander eindeutig verstanden und dieselben Werte mit denselben Worten verbanden.

Der Sinologe Heiner Roetz hat dieses Richtigstellen der Namen mit der treffenden Wendung »Sicherung der Bedeutungen« paraphrasiert. Diese impliziert im ethischen Sinn »die Unterwerfung jeder empirischen Herrschaft und Vorrangstellung unter die Forderungen der Moral. Die Begriffe werden in einer Weise expliziert, daß sie zusätzlich zu oder unabhängig von ihrem politisch-sozialen Sinngehalt moralischen Kriterien genügen. In der Folge wird es sogar möglich, einem de facto regierenden König das ideal gemeinte Prädikat ›König‹ (wang) abzusprechen«.[54]

Ein so genannter Fürst, der sein Amt legal erbte oder erwarb, doch dem ethisch bestimmten Begriff eines solchen nicht genügte, war nach konfuzianischer Bestimmung kein Fürst. Man schuldete ihm weder Treue noch Gehorsam, und die klassische konfuzianische Tradition verurteilte das Töten eines seine Abdankung verweigernden Tyrannen nicht. Entsprechend lehrte Menzius, dass es nicht als Fürstenmord zu bezeichnen wäre, wenn ein Regierender getötet wird, der sich nicht an Menschlichkeit und Recht hält. (M II, 8)

Wie bei dieser Frage des legitimen Tyrannenmords hatte die von Konfuzius und seiner Tradition betriebene Bedeutungssicherung wichtiger Worte Konsequenzen in anderen Bereichen. So bezeichnete der Begriff des Edlen (*junzi*) ursprünglich geborene Aristokraten. Konfuzius hatte den Sinn des Wortes nicht zuletzt auf Grundlage älterer Vorstellungen von den Eigenschaften eines vollkommenen Edelmanns bestimmt. Aus der Richtigstellung des Wortes »Edler« ergab sich jedoch, das hochgeborene Adelige, die sich nicht um entsprechende Ideale bemühten, nicht mehr als Edle galten, während Menschen aus unteren Schichten, die dem Bild entsprachen, aus konfuzianischer Perspektive zweifellos Edelleute waren.

Bei der Richtigstellung der Begriffe mag schon für Konfuzius mehr als nur der rationale Aspekt des Definierens von Worten zum Zweck besserer Verständigung mitgeschwungen sein. Richard Wilhelm wollte eine Art magischer Absicht in der Sicherung der Bedeutungen erkennen:

»Man kann das Werdende leiten durch die Magie des sinnerfüllten Worts. Wenn die Namen gefunden werden, die den Bildern des innersten Wesens entsprechen, so läßt sich durch ihre Anwendung die Welt in Ordnung bringen. Wenn ich zum Beispiel die Namen ›Vater‹ und ›Sohn‹ so definiere, daß sie wirklich das Wesentliche, das ihnen zugrunde liegt, ausdrücken, so genügen sie zur Ordnung der dadurch bezeichneten Wirklichkeit. Darum war das Grundbestreben des Konfuzius die Richtigstellung der Namen. Indem ich die Dinge in der Menschenwelt mit den ihnen zukommenden Namen benenne, sind sie gerichtet.«[55]

Ob Worte nur rational oder auch magisch verstanden wurden, eine Rhetorik, wie man sie Deng Xi zuschrieb, hatte als Disziplin in der Schule des Konfuzius keinen Platz. Der Edle Mensch sollte besser ehrlich stammeln, als mit effektvollen Worten etwas schönzureden, das nicht für sich selbst spricht. Sogar bei hochoffiziellen »Reden kommt es einzig darauf an, sich verständlich mitzuteilen«. (L XV, 40)

Redegewandtheit hielt Konfuzius grundsätzlich für verzichtbar. »Jemand sagte: ›Ran Yong ist menschlich, doch er ist ein armseliger Redner.‹ Der Meister sprach: ›Warum sollte er ein guter Redner sein? Jene, die andere mit Geschwätzigkeit niedermachen, sind selten beliebt. Ob er menschlich ist, weiß ich nicht. Aber ich sehe für ihn keinen Nutzen, ein guter Redner zu sein.‹« (L V, 4)

Enthält *Lunyu* nur kurze Sprüche und keine kunstvollen Dialoge, wie Platon sie für Sokrates schrieb oder wie sie von dem Buddha Gautama überliefert wurden, liegt dies wohl auch an den Bücherverbrennungen der Qin-Epoche. Doch passt es zur Forderung des Konfuzius nach einem Zurücknehmen der Sprache und nach einer Wortkargheit, die sich klar bestimmter und verständlicher Begriffe bedient. Seinen Schüler Min Ziqian hatte er mit den Worten gelobt: »Dieser Mensch spricht selten. Doch wenn er spricht, trifft er jedes Mal ins Ziel.« (L XI, 13)

Und das Jenseits?

Das Berichtigen der Worte, die Forderung nach der Rückkehr zu den Riten, die Lehre vom Menschlichsein des Edlen, der zu Verbesserungen in Familie und Staat beiträgt, alles das klingt zweifellos nach einer ausgesprochen diesseitigen Lehre. Doch finden sich schon im frühen Konfuzianismus andere Aspekte, was am Orakel des *Buchs der Wandlungen* sowie an der nicht ablehnenden Erwähnung von Göttern und Geistern deutlich wird. Auch mit dem Ahnenkult, dem sich das sechste Kapitel widmet, liegt eine Dimension vor, deren Motive über bloß Diesseitiges hinausweisen.

Auf das Problem, den Begriff der Religion in diesem Zusammenhang anzuwenden, ging bereits die Einleitung ein. Auch Max Weber, der den Konfuzianismus eine »religiöse (oder wenn man will: irreligiöse) Standesethik«[56] nannte, wies mit der Formulierung »wenn man will« auf die nicht eindeutige Bestimmung des Religionsbegriffs hin. Dieser soll darum hier für den Konfuzianismus ausgeklammert bleiben.

Zunächst geht es um die Frage, ob es für Konfuzius, wie er in *Lunyu* erscheint, eine Sphäre jenseits des normalerweise Wahrnehmbaren gab, und welche Rolle diese in seiner Lehre spielte.

Nach *Lunyu* änderte Konfuzius die Mimik bei »plötzlichem Donnerschlag oder starkem Wind«. (L X, 16) Er achtete damit den Himmel, der den Zhou als Höchstes galt. Durch seine Rhythmen zeigte der Himmel mit der Sonne, dem Mond, den Gestirnen und dem Lauf der Jahreszeiten den rechten Weg (*dao*). Doch war er für Konfuzius noch jene Gottheit, die von den frühen Zhou mit dem höchsten Herrn Shangdi identifiziert wurde? Glaubte Konfuzius überhaupt an einen Gott, oder hielt er aus Achtung vor der Überlieferung an einer Vorstellung fest, die er eher in einem metaphorischen Sinn deutete?

Ob Interpreten Konfuzius in Bezug auf einen Gott als gläubig, indifferent oder skeptisch darstellen, wird oft von ihrer eigenen Haltung geprägt. Dies zeigt das Beispiel Richard Wilhelms (1873–1930), dessen Bild von Konfuzius großen Einfluss gewann. Als protestantischer Missionar nach China gekommen, sah Wilhelm seine Aufgabe bald darin, dem Westen chinesische Traditionen zu vermitteln. Er verwirklichte damit den 1697 von Gottfried Wilhelm Leibniz formulierten Wunsch, dass »man Missionare der Chinesen zu uns schickt, die uns Anwendung und Praxis einer natürlichen Theologie lehren könnten, in gleicher Weise, wie wir ihnen Leute senden, die sie die geoffenbarte Theologie lehren sollen«.[57]

Als Wilhelm 1910 eine Übersetzung des *Lunyu* vorlegte, ging er davon aus, dass Konfuzius ein Monotheist war, der statt des Begriffs »Gott« lieber das Wort »Himmel« verwendete, weil zu seiner Zeit »der Ausdruck Gott oder höchster Herrscher in ziemlich weitgehendem Maß missbraucht worden war«. Konfuzius glaubte nach Wilhelm nicht nur an einen Gott, sondern verstand sich als eine Art Prophet, indem er »ein sehr starkes Bewußtsein seiner göttlichen Berufung« besaß.[58]

Aus dieser Perspektive gab Wilhelm in *Lunyu* und anderen Werken überlieferte Aussagen des Konfuzius in der Sprache des Monotheismus wieder. So übertrug er das chinesische Wort für »Himmel« (*tian*) häufig mit »Gott«: »Gott hat den Geist in mir gezeugt«, sprach Konfuzius nach Wilhelm ganz im Stil eines berufenen Propheten, um Fassung auszudrücken, als man ihm nach dem Leben trachtete. Im chinesischen Text sagt Konfuzius, er fürchte einen Widersacher nicht, weil seine Tugend oder Kraft (*de*) vom Himmel stamme. (L VII, 22) Ob sich darin, wie Wilhelm meinte, »Gottvertrauen« zeigt, ist in Abwesenheit eines klaren Begriffs für Gott fraglich. Der Himmel mag als Metapher für den Einklang mit dem rechten Weg stehen, der einen Menschen sicher und stark macht.

In *Lunyu* findet sich kein eindeutiger Hinweis, dass Konfuzius den Himmel als transzendente Gegebenheit verstand. Der

Begriff lässt sich im Sinn des konkreten Firmaments lesen, das sich über der Welt wölbt und in der Bahn der Himmelskörper, im Fallen des Regens wie im Ziehen der Wolken den natürlichen Weg zeigt, mit dem die Menschen in Harmonie leben sollten. Befand sich das Wirken der Menschen in Einklang mit dem Himmel, schenkte dieser das für Äcker und Felder notwendige Wasser. Verloren sie die Harmonie mit den Rhythmen der Natur, ließ der Regen des Himmels die Flüsse anschwellen und vernichtete durch Stürme die Ernte und die Häuser. Naturphänomene standen mit dem Handeln der Menschen in Beziehung. Kometen, Überschwemmungen und Erdbeben warnten, wurde gegen Regeln verstoßen. Was als Wechselwirkung von Mensch und Himmel verstanden wurde, bedurfte in diesem Verständnis nicht zwingend einer persönlichen transzendenten Instanz.

Veränderte Konfuzius bei Donner und Sturm seine Miene, bekundete er Respekt vor der Ordnung aller Dinge. Es gibt in *Lunyu* keinen sicheren Hinweis, dass er dabei zwischen natürlichen und übernatürlichen Dingen unterschied. Konfuzius nahm den Himmel als höchste Instanz, wie es die Tradition vorgab, enthielt sich jedoch der Spekulation über dessen Wesen. Wie der Schüler Zigong berichtete, war im Unterricht des Konfuzius viel über Bildung und Kultur, doch nichts über »den Weg des Himmels« zu erfahren. (L V, 12) Es dürfte Konfuzius beim Blick zum Himmel wesentlich um ein Lebensgefühl der Geborgenheit gegangen sein, das nicht zur Theologie werden wollte. Reagierte sein Gesicht auf das Brausen des Windes oder ein Gewitter, bekundete er Achtung vor einer letztlich umfassenden Ordnung, deren Geheimnis er nicht erklären wollte. Als eine – wie Richard Wilhelm meinte – »Ehrfurcht« vor der »Stimme des Herrn« muss dies nicht gedeutet werden.[59]

In Wilhelms Interpretation sagte Konfuzius über einen Herrscher: »Er war sparsam in Trank und Speise, aber er war fromm vor Gott.« In wörtlicherer Übersetzung bedeutet diese Stelle in *Lunyu*: »Mäßig beim Essen, bezeugte er höchste Hingabe in seinen Opfern für Götter und Geister.« (L VIII, 21) Dass hier die Opfer für Götter und Geister zu »fromm vor Gott« wurden, ergab sich aus dem monotheistischen Blickwinkel des Übersetzers. Doch lässt sich fragen, wie es Konfuzius mit den erwähnten Göttern und Geistern hielt. Lehrte er ein polytheistisches oder animistisch verstandenes Jenseits?

Als sein Schüler Zilu etwas über die Geister und das Dasein nach dem Tod erfahren wollte, sagte Konfuzius: »Wer den Menschen nicht dienen kann, wie kann er den Geistern dienen? Wer das Leben nicht versteht, wie will er den Tod verstehen?« (L XI, 11) Damit wurde die Frage nach dem Jenseits sogleich ins Diesseits zurückgeführt. Ohne die Existenz der Geister oder eines Totenreichs zu verneinen, hatte Konfuzius nichts Fassbares darüber zu sagen. Die Lebenden sollten sich ihren Nächsten widmen und versuchen, die Gesetze dessen zu begreifen, was sie unmittelbar erfahren.

Damit war der Glaube an Götter und Geister nicht zurückgewiesen, doch ihre Bedeutung für das konkrete Dasein relativiert. An anderer Stelle definierte Konfuzius das Wesen der Weisheit als zweifach: Einmal gilt es, den Menschen zu geben, was sie brauchen, zum anderen soll man »die Geister achten, aber ihnen fern bleiben«. (L VI, 20) »Fern bleiben« lässt sich auch als »fernhalten« lesen. Es ging Konfuzius darum, die Geister nach den überlieferten Riten wertzuschätzen, ihnen aber nicht zu nahe zu kommen. Insofern lässt sich diese Aussage auch als eine Ablehnung des Verkehrs mit anderen Sphären lesen, wie dies bei verbreiteten schamanischen Praktiken der Fall war.

Vielleicht wichtiger als unsichtbare Wesen, die einmal im Zentrum überlieferter Riten standen, nahm Konfuzius das Beachten der entsprechend überlieferten Bräuche, die für ihn eine Art Selbstzweck besaßen. Als er einen Tempel besuchte und sich nach jedem Detail des dort Vollzogenen erkundigte, bezweifelte jemand, dass er tatsächlich ein Kenner der Riten wäre. Konfuzius antwortete, dass genau dieses naive Fragen dem Ritus entspräche. (L III, 15)

Konnte man sich nach den praktischen Details einer rituellen Handlung erkundigen, hielt Konfuzius ihre eigentliche Aussage für unerklärlich. Als man die Bedeutung eines Ahnenopfers von ihm wissen wollte, meinte er, wer dessen Sinn verstehe, dem falle alles so leicht, wie einen Finger auf die Hand zu legen. (L III, 11)

Konfuzius befasste sich also nicht mit einer auf das Jenseits oder ein Transzendentes bezogenen Dimension der Riten, sondern mit ihrer diesseitigen sozialen Relevanz. *Lijing* lässt Konfuzius Einzelheiten zu einem höfischen Opferritus darlegen, wobei deutlich wird, dass es hier weniger um Geisterkunde als die Eintracht von Vater und Sohn, der Geschwister und der Ehegatten geht:

»Man bringt die Opfertiere dar und bereitet die Tiegel und Platten vor, stellt Zithern, Harfen, Flöten, Klingsteine, Glocken und Pauken auf, und durch Gebete und Segensprüche ruft man die oberen Götter herab und die heimgegangenen Ahnen. So kommt das Verhältnis von Fürst und Diener zurecht, Vater und Sohn werden sich in Aufrichtigkeit zugetan, die Brüder wohnen einträchtig beieinander, hoch und nieder kommen in Berührung, Gatte und Gattin haben ihren Platz. Das heißt den Segen des Himmels ererben. Man arbeitet die Gebetsanrufe aus. Der ›dunkle Wein‹ wird gespendet, Blut und Haare werden dargebracht, das rohe Fleisch wird auf Platten dargestellt. Dann wird das Opferfleisch gekocht, rauhe Matten werden ausgebreitet als Unterlage, grobes Linnen wird benützt zum Bedecken der Opfer. Man kleidet sich in farbige Seide. Mehl und Wein werden gespendet, die gebratenen und gerösteten Opferstücke werden dargebracht. Der Fürst und seine Gattin bringen abwechselnd die Opfer dar, um zu erfreuen die Lebensgeister und die Körperseelen. Das heißt die Übereinstimmung mit den Heimgegangenen.

Dann zieht man sich zurück und kocht das übrige. Man zergliedert die Hunde, Schweine, Rinder und Schafe. Man füllt die runden und viereckigen Körbe (für Früchte), die hölzernen und die Bambusplatten sowie die ehernen Kessel für die Brühen. Der Gebetspriester trägt die Worte des ehrfürchtigen Sohnes vor, der Segenspriester antwortet mit den Worten des liebenden Vaters. Das bringt großes Heil.« (Li 59–60)

Zwar stand bei den Riten der Götter und Geister für Konfuzius ein sozialer und kein jenseitiger Aspekt im Mittelpunkt, dennoch sollte sich der Opfernde in einer Weise verhalten, *als ob* der Geist tatsächlich anwesend wäre. Wenn man beim Opfer nicht ganz dabei ist, darf man es gar nicht als solches bezeichnen. (L III, 12)

Wie dabei nicht zwingend eine zeremonielle Steifheit gefordert ist, zeigt eine Episode aus *Kongzi jiayu*, die Konfuzius den Stil beim Opfer an die Geister der Eltern, denen man vertraut verbunden ist, von dem bei der Teilnahme an einem öffentlichen Ritus unterscheiden lässt:

»Als Konfuzius das Herbstopfer für seine Eltern darbrachte, trug er die Opferspenden in ungezwungener Haltung mit rauhen und nicht feierlichen Schritten hinein. Nach dem Opfer fragte Zigong: ›Ihr habt vom Opfer gesagt, man müsse feierlich und gesammelt sein, Meister. Weshalb wart Ihr bei Eurem eigenen Opfer nicht feierlich und gesammelt?‹ Konfuzius sprach: ›Feierlich muss man bei Fernstehendem sein, gesammelt, um sich zu besinnen. Was sollte solch steifes und reserviertes Verhalten, steht man in lebendiger Beziehung zu den Geistern, denen man opfert? Weshalb beim Opfer für liebe Angehörige strenge Feierlichkeit und steife Sammlung zeigen? Bringt dagegen beim staatlichen Opfer der Fürst die Speisen dar, und die Musik schweigt, während man drinnen die Gefäße für das Mahl ordnet, die Sitten wie die Musik regelt und die Beamten aufstellt, wird der Edle sich feierlich und gesammelt zeigen. Ein Wort lässt sich nicht auf alles anwenden. Jedes Ding hat seine besondere Weise.‹« (KW 209)

In seiner Haltung des »als ob« muss offen bleiben, ob und inwieweit Konfuzius die faktische Existenz nicht-sichtbarer Entitäten annahm. Einerseits wollte er diesbezügliche Überlieferung in der Praxis vollständig beachtet sehen, andererseits verweigerte er Aussagen über Jenseitiges und metaphysische Spekulationen. Wiederum nach *Kongzi jiayu* wäre dies in vollem Bewusstsein geschehen. Auf die konkrete Frage, ob die Verstorbenen weiter existierten, hätte Konfuzius geantwortet:

»Wollte ich sagen, die Toten haben Bewusstsein, so wäre zu fürchten, dass ehrfürchtige Söhne und gehorsame Enkel die Lebenden zu kurz kommen ließen, um der Bestattung der Toten willen. Wollte ich sagen, die Toten haben kein Bewusstsein, so wäre zu fürchten, dass ungeratene Söhne ihre Eltern unbestattet liegen ließen. Dein Wunsch zu wissen, ob die Toten Bewusstsein haben, ist zunächst keine dringende Sache. Später wirst du es von selber wissen.« (KW 44)

Indem er sich weder als Aufklärer tradierten Vorstellungen entgegenstellte, noch einen Götter- und Geisterglauben propagierte, sondern schlicht für das Einhalten der Bräuche eintrat, trifft hier die Einschätzung des Menzius zu: »Konfuzius war ein Mensch, der die Extreme mied.« (M VIII, 10)

Konfuzius war nach landläufigen Kriterien weder religiös noch areligiös, wie er kein Philosoph oder Denker war, der eine von Widersprüchen freie Deutung der Welt suchte. Trotz seiner Achtung und Erforschung des Altertums war er auch kein Historiker, dem an einem schlüssigen Bild geschichtlicher Entwicklungen lag. Eine systematische Lehre oder klar definierbare Methode hatte er nicht zu bieten. Um problematische gesellschaftliche Verhältnisse zu überwinden, wollte Konfuzius als Lehrer von der Tradition Vorgegebenes für seine Zeit aktualisieren. Er blieb dabei frei vom Anspruch einer lückenlosen Erklärung der Wirklichkeit und warf die Frage nach letzten Wahrheiten gar nicht erst auf.

Anmerkungen

48 Johann Gottfried Herder: *Ideen zur Philosophie der Geschichte der Menschheit*. Band 3. Riga und Leipzig 1787, Dritter Teil, Elftes Buch.

49 Georg Wilhelm Friedrich Hegel: *Werke in zwanzig Bänden*. XVIII. Frankfurt a. M. 1971, S. 142–143.

50 Karl Marx: »Die Revolution in China und Europa.« Zitiert nach Karl Marx, Friedrich Engels: *Über China*. Berlin 1955, S. 11–20.

51 Max Weber: *Gesammelte Aufsätze zur Religionssoziologie*. Band 1, Tübingen ⁸1986, S. 452.

52 Wolfgang Bauer: *Geschichte der chinesischen Philosophie. Konfuzianismus, Daoismus, Buddhismus*. Hg.: Hans van Ess. München 2001, S. 54.

53 Zitiert nach Heiner Roetz: *Konfuzius*. München 1995, S. 72 (Nach der von Roetz verwendeten Zählung handelt es sich um L VI, 30).

54 Vgl. Heiner Roetz: *Konfuzius*. München 1995, S. 50–56.

55 Richard Wilhelm: *Der Mensch und das Sein*. Jena 1931, S. 133.

56 Max Weber: *Die Wirtschaftsethik der Weltreligionen. Konfuzianismus und Taoismus*. Hg.: Helwig Schmidt-Glintzer und Petra Kolonka. Tübingen 1991, S. 2.

57 Vgl. für die folgenden Zitate das Vorwort in Gottfried Wilhelm Leibniz: *Das Neueste von China* (1697). [*Novissima Sinica*]. Hg., übersetzt und erläutert von Heinz-Günther Nesselrath und Hermann Reinbothe. Köln 1979.

58 Aus der »Einführung« zu Kungfutse: *Gespräche. Lun Yü*. Aus dem Chinesischen übertragen und herausgegeben von Richard Wilhelm. München 1989 (¹1910), S. 26.

59 Kungfutse: *Gespräche. Lun Yü*. Aus dem Chinesischen übertragen und herausgegeben von Richard Wilhelm. München 1989 (¹1910), S. 111.

4. Himmel und Mensch

KLASSISCHE INTERPRETEN DES KONFUZIANISMUS

»Genialität der Beschränkung«

In einer pragmatischen Haltung versuchte Konfuzius, in der Vergangenheit Bewährtes für seine Zeit zu retten, ohne die Einzelheiten zu begründen oder deren Zusammenhänge in einem geschlossenen System darzustellen. Er lehrte die Orientierung an den *Li* aus der Perspektive des Menschlichseins anhand konkreter Beispiele aus der Geschichte und dem Alltag, ohne einen theoretischen Bezugsrahmen zu schaffen, der alle Elemente in einer logischen Ordnung darstellte. Auch beim Studium und bei der Auslegung der Klassiker bestand ein weites Spektrum an Deutungsmöglichkeiten für die Lehrer und die Schüler.

Auf diese Weise gab es keine Glaubenssätze oder Grundanschauungen, die man sich hätte zueigen machen müssen, um im Sinn des Konfuzius zu handeln. Es ging dem frühen Konfuzianismus um eine Orthopraxis, ein rechtes Verhalten. Eine Orthodoxie, also das Annehmen festgelegter Ansichten, die als zutreffend galten, war nicht gefragt. Dass man jeweils das Korrekte tat, erweisen die Ergebnisse, indem sich der Charakter entwickelte und eine Person menschlicher wurde, was sich heilsam auf die Familie und die Gesellschaft auswirkte.

Entsprechend war es für den Zusammenhalt der Nachkommen wichtig, die Geister der Ahnen zu verehren, »als ob« sie anwesend wären. Die Frage, ob sie tatsächlich existierten oder nicht, ließ der Konfuzianismus anfänglich auf sich beruhen. Anagarika Govinda sprach im Hinblick auf Konfuzius von der »Genialität der Beschränkung, die dem Unkundigen als Beschränktheit« vorkommen kann, denn »was auf gewisser Stufe als ›wichtigste Lebensfragen‹ erscheint, kann auf einer höheren Stufe unwesentlich geworden sein«.[60]

Solange der Konfuzianismus an überschaubaren Unterrichts-

stätten gepflegt wurde, ließ sich diese Beschränkung, die nicht
auf alles eine Antwort geben wollte, aufrechterhalten. Doch als
er sich allmählich ausbreitete und sich dabei auch mit Gegnern
konfrontiert sah, denen er sich in der Diskussion zu stellen hatte, wirkte das Schweigen über vieles, was Menschen bewegte,
eher als Mangel statt als Ausdruck überlegener Weisheit. Zunehmend wurden von Konfuzianern schlüssige Erklärungen
zu Problemen erwartet, zu denen ihre Kontrahenten etwas zu
sagen hatten. Wollte man zu verschiedenen Dingen dennoch
lieber nichts sagen, hatte man die Gründe nachvollziehbar dar-
zulegen.

So entwickelte sich ein argumentierender Konfuzianismus
von einer Schule, in der zur Ausbildung künftiger Beamter die
Klassiker unterrichtet wurden, zur Schule des Denkens, die zunehmend Theorien über die Welt und den Menschen ausbildete. Dabei blieb es nicht aus, dass sich zu vielem, was Konfuzius
in der »Genialität der Beschränkung« offen gelassen hatte, unterschiedliche Standpunkte ausprägten. Zu keiner Zeit seiner
weiteren Entwicklungen war der Konfuzianismus darum etwas Einheitliches.

Mit Zisi, Menzius und Xunzi werden nachfolgend drei Lehrer vorgestellt, die bis etwa 200 v. Chr. ihre Gedanken noch in
enger Anlehnung an das von Konfuzius Überlieferte entfalte-
ten. Mit dem anschließend behandelten Dong Zhongshu nimmt
der Konfuzianismus im 2. Jahrhundert v. Chr. die Gestalt eines
die Wirklichkeit erklärenden Systems an. Für spätere Entwicklungen, die voll ausgestaltete Welt- und Menschenbilder prä-
sentieren, findet sich in der westlichen Literatur häufig der Begriff des »Neokonfuzianismus«. In China spricht man von Song
Ming Lixue, was die »Lehre vom Prinzip während der Dynasti-
en der Song und Ming« bedeutet, und von Xinxue, der »Lehre
vom Bewusstsein«, als deren Vertreter in diesem Kapitel Zhu
Xi und Lu Jiuyuan vorgestellt werden.

Zisi: Maß und Mitte

Zisi (ca. 481–402 v. Chr.) war der einzige Enkel des Konfuzius. Er wirkte als Lehrer und Autor, wobei das ihm zugeschriebene Werk *Maß und Mitte* (*Zhongyong*), das Eingang in das *Buch der Riten* fand, besonderen Einfluss auf die konfuzianische Tradition gewann. Zisi lehrt darin einen Weg der Selbstkultivierung, der wesentlich auf den Elementen einer kritischen Selbstbeobachtung sowie der Nach- und Rücksicht gegenüber anderen besteht. Dazu kommt eine Aufrichtigkeit, die eine konsequente Suche nach Wahrheit einschließt:

»Die Wahrheit haben ist des Himmels Weg, die Wahrheit suchen ist der Weg des Menschen.

Wer die Wahrheit hat, trifft das Rechte ohne Mühe, erlangt Erfolg ohne Nachdenken, wandelt mit selbstverständlicher Leichtigkeit auf dem mittleren Weg. Das sind die Heiligen.

Wer die Wahrheit sucht, der wählt das Gute und hält es fest.

Er forscht umfassend danach, er fragt kritisch danach, er denkt sorgfältig darüber nach, er untersucht es klar, er handelt entschlossen danach. Es mag Dinge geben, die er nicht erforscht; aber was er erforscht, davon läßt er nicht ab, bis er es kann. Es mag Dinge geben, nach denen er nicht fragt; aber was er fragt, davon läßt er nicht ab, bis er es weiß. Es mag Dinge geben, über die er nicht nachdenkt; aber worüber er nachdenkt, davon läßt er nicht ab, bis er es gefunden hat. Es mag Dinge geben, die er nicht untersucht; aber was er untersucht, davon läßt er nicht ab, bis es klar ist. Es mag Dinge geben, die er nicht tut; aber was er tut, davon läßt er nicht ab, bis er es beherrscht. Andre können es vielleicht aufs erstemal, ich muß es zehnmal machen; andre können es vielleicht aufs zehntemal, ich muß es tausendmal machen. Wer aber wirklich die Beharrlichkeit besitzt, diesen Weg zu gehen: mag er auch töricht sein, er wird klar werden; mag er auch schwach sein, er wird stark werden.« (Li 37–38)

Drei wichtige Eigenschaften sind auf diesem Weg zu erwerben: »Liebe zum Lernen führt hin zur *Weisheit*, kräftiges Handeln führt hin zur *Menschlichkeit*, sich schämen können führt hin zum *Mut*. Wer diese drei Dinge weiß, der weiß, wodurch er seine Person zu bilden hat. Wer weiß, wodurch er seine Person zu bilden hat, der weiß, wodurch er die Menschen ordnen kann. Wer weiß, wodurch er die Menschen ordnen kann, der weiß, wodurch er die Welt, den Staat, das Haus ordnen kann.« (Li 35)

Wesentlich ist in Zisis Werk dabei die Idee, dass der Weg des Edlen ein solcher der Mitte ist: »Der Edle hält sich an Maß und Mitte, der Gemeine widerstrebt Maß und Mitte. Maß und Mitte des Edlen bestehen darin, daß er ein Edler ist und allezeit in der Mitte weilt. Die Mittelmäßigkeit des Gemeinen besteht darin, daß er ein Gemeiner ist und vor nichts zurückscheut.« (Li 27–28) Schon *Lunyu* lässt Konfuzius die Kraft der Mitte loben, von der nur selten Gebrauch gemacht werde. (L 6, 27) Zisi entwickelt diesen Gedanken zu einem praktischen Weg der Mäßigung, der im Vermeiden von Extremen und Exzessen schließlich in ein Leben im Einklang mit dem Weg des Himmels mündet:

»Der Zustand, da Hoffnung und Zorn, Trauer und Freude sich noch nicht regen, heißt die Mitte. Der Zustand, da sie sich äußern, aber in allem den rechten Rhythmus treffen, heißt Harmonie. Die Mitte ist die große Wurzel aller Wesen auf Erden, die Harmonie ist der zum Ziel führende Weg auf Erden.

Bewirke Harmonie der Mitte, und Himmel und Erde kommen an ihren rechten Platz, und alle Dinge gedeihen.« (Li 27)

Der Edle ermisst dabei »alle Weite und Größe und durchdringt alles Geistige und Geheimnisvolle. Er verfolgt alle Höhen und Klarheiten und schreitet auf dem Weg von Maß und Mitte. Er übt das Alte und erkennt das Neue. Er ist ehrlich und fest und hält die Sitte hoch.

Darum ist der Edle als Oberer nicht stolz und als Unterer nicht aufsässig. Wenn in einem Staat der Weg (der Ordnung) herrscht, so reichen seine Worte hin, ihm Einfluß zu verschaffen. Wenn in einem Staat der Weg verloren ist, so reicht sein Schweigen hin, ihm Duldung zu verschaffen«. (Li 40)

Menzius: Vom Guten im Menschen

Der bedeutendste Schüler des Zisi war Mengzi (ca. 372–289 v. Chr.), der hier mit dem im Westen geläufigeren Namen Menzius genannt wird. Als Schüler des Enkels von Konfuzius fühlte er sich diesem nahe, denn erst nach fünf Generationen erlösche die lebendige Nachwirkung einer Persönlichkeit. »Ich hatte nicht den Vorzug, ein Schüler des Konfuzius zu sein, doch wurde ich auf mittelbarem Weg durch andere von ihm beeinflusst.« (M VIII, 22)

Wie bei Konfuzius gehört vieles in der Biografie des Menzius in den Bereich der Legenden, die bestimmte Lehren illustrieren. Wie Konfuzius wuchs er vaterlos mit der Mutter auf. Doch während die Mutter des Konfuzius das Grab des Vaters vor ihrem Sohn geheim hielt, lebte Menzius mit seiner Mutter direkt neben dem Friedhof. Weil der Sohn dort gewohnheitsmäßig die Trauerzüge imitierte, zog die Mutter mit ihm in die Nähe des Marktes. Hier ahmte das Kind die Rufe der Händler nach und bot spielerisch Ware feil. Wieder entschloss sich die Mutter zum Umzug. Diesmal wählte sie eine Unterkunft in der Nähe einer Schule. Das Kind nahm sich darauf an den Lehrern ein Beispiel und wurde zum bedeutenden Weisen. In dieser Legende zeigt sich die Idee, dass nicht zuletzt die Prägung einen Menschen zu dem macht, was er ist, und dass er sich deshalb in sehr unterschiedliche Richtungen entwickeln kann. Im Chinesischen wurde »Menzius‹ Mutter, drei Umzüge« zu einem geflügelten Wort.

Menzius trug wesentlich dazu bei, dass aus den unzusammenhängenden Aussprüchen des Konfuzius, die viele Fragen offen ließen, umfassende und konsistente Gedankengebäude wachsen konnten.

Er ging mit seinen Überlegungen über Konfuzius hinaus. Dieser hatte sich, legt man *Lunyu* zugrunde, hauptsächlich über die praktische Kultivierung des Menschen geäußert, jedoch kaum über dessen Wesen. Eine der seltenen Stellen könnte sein: »Von Natur nahe beieinander; durch Praxis weit entfernt.« (L XVII, 2) Europäische Übersetzer haben hier eine

Aussage über die anfängliche Gleichheit der Menschen gesehen: »Von Natur stehen (die Menschen) einander nahe, durch Übung entfernen sie sich voneinander.« (Richard Wilhelm)[61] – »Von Natur aus sind die Menschen einander ähnlich. Durch die Erziehung entfernen sie sich voneinander.« (Ralf Moritz)[62]

Sollte Konfuzius von einer prinzipiellen Ähnlichkeit aller Menschen ausgegangen sein, die sich erst durch persönliche Praxis, Einflüsse und Gewohnheiten differenziert, stellt sich die Frage, worin diese gemeinsame Natur besteht. Eine ursprüngliche Gleichartigkeit wollte Menzius, der nach einer Antwort suchte, allein schon in der Ästhetik erkennen: Es bestehe unter den Menschen ein großer Konsens, welche Gerichte als schmackhaft gelten, worin visuelle und akustische Schönheit bestehe und was ein Wohlklang sei. (M III, 6)

Doch gilt dies nur als äußeres Indiz für eine bei allen Menschen ähnlich geartete Natur. Auf einer quasi psychologischen Ebene erweist die Beobachtung, dass die Menschen vier wesentliche Eigenschaften teilen, die für eine Charakterbildung und ein einträgliches Zusammenleben förderlich sind: das Mitleid, das Schamempfinden, die Bescheidenheit oder Ehrfurcht und das Vermögen, Gutes von Schlechtem zu unterscheiden.

Als Beispiel für das jedem innewohnende Mitleid führt Menzius das Verhalten anderer bei unmittelbarer Not eines hilflosen Menschen an: Besteht die Gefahr, dass ein Kind in den Brunnen fällt, wird jeder spontan zur Rettung eilen, ohne zu kalkulieren, dass man dafür später Lob ernten wird. Wie das Mitleid gehören Scham, Bescheidenheit und das Gefühl für Rechtes und Falsches wesenhaft zum Menschsein: »Ein Mensch besitzt diese vier Anlagen, wie er vier Gliedmaßen besitzt. Jeder, der diese vier Anlagen besitzt und sagt, dass er das Notwendige nicht tun kann, erniedrigt sich selber.« (M III, 6)

Wer sich auf den Weg des Edlen begibt, kann das von Natur aus Angelegte weiterentwickeln. Dann entfalten sich das Mitleid zum Menschlichsein (*ren*), das Schamempfinden zur Gerechtigkeit, die Bescheidenheit zur Sittlichkeit, und das Unterscheidungsvermögen zur Weisheit.

Der Mensch darf sich also bei seinem Weg auf in ihm gegenwärtige Keime zum Besseren verlassen, die er zum Wachstum anregen kann. Bildet er seine Anlagen jedoch nicht aus und ergibt sich der Trägheit, kommt es zur Erniedrigung, und er fällt in einen tierähnlichen Zustand: »Im Verlauf des menschlichen Lebens geht es so zu: Wenn die Menschen satt zu essen und warme Kleider haben und bequem wohnen, aber nicht belehrt werden, dann nähern sie sich in ihrem Wesen dem Getier.« Denn was »den Menschen von den Tieren scheidet, ist nur wenig – die Mehrzahl des Volkes wirft es fort, der Edle bewahrt es«. (VC 53–54)

Auf dem praktischen Weg der Veredelung geht man vom unmittelbar im eigenen Wesen gegebenen Guten aus, um dieses auf immer mehr Menschen zu erweitern. So wirkt im Menschen eine natürliche Liebe zu denen, die einem nahe stehen, weiß doch nach den Worten des Menzius »ein Kind, das noch auf den Armen getragen wird, nichts Besseres, als seine Eltern zu lieben.« (VC 46–47) Der Weg des Edlen besteht darin, diese natürliche Liebe zu Nahestehenden auf Fernere auszudehnen, während der Gewöhnliche auch seine nahen Beziehungen schließlich von der Gleichgültigkeit oder Härte bestimmen lässt, mit der er Entfernten zu begegnen pflegt:

»Ein wohlwollender Mensch erweitert seine Liebe von denen, die ihm teuer sind, hin zu denen, die er nicht liebt. Ein grausamer Mensch erweitert seine Grausamkeit von jenen, die ihm nichts bedeuten, zu jenen, die er liebt.« (M XIV, 1)

Wer an der Entfaltung seines Guten arbeitet, muss alles mit vollem Herzen tun, darf jedoch nicht blind für die Notwendigkeiten sein: »Könntest du etwas annehmen oder auch ablehnen, beschädigte das Annehmen deine Redlichkeit. Könntest du etwas geben oder das Geben auch verweigern, beschädigte die Gabe deine Großzügigkeit. Könntest du dein Leben hingeben, ohne dass dies notwendig ist, beschädigte das Opfer deine Tapferkeit.« (M VII, 23)

Alle Widrigkeiten müssen als Chancen zum Wachstum erkannt werden. Denn möchte der Himmel jemandem einen wichtigen Auftrag anvertrauen, prüft er zuvor den Menschen durch Schwierigkeiten, »um sein Herz zu bewegen und dadurch seine Naturanlagen geduldig zu machen, und dadurch wird das Vermögen vermehrt, Dinge zu vollbringen, die er zuvor nicht konnte. Die Menschen müssen zunächst Fehler begehen, dann können sie sie verbessern. Wenn ihr Herz in Not war und ihrem planenden Überlegen alles versperrt war, daraufhin erst vermögen sie es zu schaffen«. (VC 53)

Wie Konfuzius ging Menzius davon aus, dass die beispielhafte Wirkung eines veredelten Menschen auf andere Menschen ausstrahlt und die Welt zum Guten wendet. Er dokumentiert ein »inneres Heitersein, das man ihm am Gesicht ansieht, das sogar auf die Rückansicht wirkt und sich in seinen Bewegungen äußert – seine Glieder bewegen sich auch ohne Worte beispielhaft«. (VC 54)

Darum bedürfte es Menzius zufolge nur eines vorbildlichen Herrschers in der Welt, um diese in Frieden zu vereinen. Dies würde so gesetzmäßig geschehen, wie der Regen das Korn wachsen lässt. Was den vorbildlichen Regierenden auszeichne, wäre die seltene Tugend, dass dieser keine Freude daran habe, Menschen zu töten. »Derzeit ist unter den Führern in der Welt kein einziger, der nicht Freude am Töten von Menschen fände. Gäbe es einen, bei dem es nicht so wäre, alle Menschen in der Welt würden mit gestreckten Hälsen zu ihm aufsehen. Wäre es so, würden die Menschen zu ihm strömen, wie das Wasser unaufhaltsam und schnell abwärts fließt.« (M I, 6)

Menzius fasste den Begriff des Tötens durch Herrschende sehr weit. Die Mächtigen töten nicht nur durch Hinrichtungen, militärische Aktionen und politisch motivierte Morde. Es komme am Ende auf dasselbe hinaus, ob man »einen Menschen mit dem Schwert oder durch schlechtes Regieren« töte. (M I, 4) Darin eingeschlossen sind auch schlechtes Verwalten oder Verschwendung, die zu Hungersnöten führen. Vor diesem Hintergrund konnte Menzius es im Sinn einer Korrektur der Begriffe auch nicht als Mord bezeichnen, wenn man Regierende töte, die sich nicht an die Menschlichkeit und Gerechtigkeit halten. (M II, 8) Nach Menzius wache der Himmel über die Regierenden, um jenen die Macht zu entziehen, die sie missbrauchen.

Xunzi: Wider den Aberglauben

Ein Antipode des Menzius war Xunzi (ca. 312–230 v. Chr.), dessen Denken gleichfalls zum starken Einfluss auf den Konfuzianismus sowie auf die Kultur und Politik Chinas wurde. Über seinen frühen Lebensweg ist nichts Gesichertes bekannt. Unter dem Fürsten Xiang, der von 283 bis 265 v. Chr. in Qi regierte, wirkte er in öffentlichen Ämtern. Später war er im Staat Chu tätig, wo er alle Funktionen aufzugeben hatte, nachdem Minister Chunshen, für den er tätig war, bei politischen Auseinandersetzungen ermordet wurde. Wie Konfuzius und Menzius unterrichtete er Schüler, deren erfolgreichste sich allerdings vom Konfuzianismus abwandten. Li Si (ca. 280–208 v. Chr.) wurde Minister unter der Qin-Dynastie und war maßgebend an der Unterdrückung des Konfuzianismus und den Büchervernichtungen beteiligt, die 213 v. Chr. begannen. Han Feizi wurde zum maßgebenden Vertreter des Legalismus.

Für Menzius war jeder Mensch makellos geboren, weshalb die Größe des Edlen darin bestand, an dem festzuhalten, was er seit Beginn seines Lebens besitzt: »Derjenige ist ein großer Mensch, der sein Herz rein wie das eines neugeborenen Kindes hält.« (M VIII, 12)

Xunzi vertrat genau die gegenteilige Auffassung: »Die menschliche Natur ist schlecht, und alles Gute im Menschen ist durch bewusste Anstrengung erworben.« (X XXIII, 1)

Vor diesem Hintergrund kritisierte er die Position des Menzius: »Menzius behauptete, weil der Mensch lernen kann, wäre seine Natur gut. Ich sage, dass es nicht so ist. Es zeigt, dass Menzius noch kein echtes Verständnis davon erlangte, was die angeborene Natur des Menschen ist, und dass er den Unterschied zwischen angeborenen und erworbenen Dingen nicht untersuchte. Allgemein umfasst die angeborene Natur das, was von Natur aus unvermittelt da ist, was nicht erlernt werden kann und was nicht erfordert, dass man die Anwendung einüben muss. Regeln, Riten und ethische Pflichten wurden von den Weisen geschaffen. Menschen müssen sie studieren, um ihnen folgen zu können, und sie müssen sich nach ihnen richten, bevor sie Gebote erfüllen können. Was man nicht durch Lernen gewinnen und durch Einüben anwenden kann, wird als angeborene Natur bezeichnet.« (X XXIII, 4)

Nach Xunzi bestimmt von Anfang an ein Gewinnstreben das Wesen des Menschen. Darum ist jeder von Natur aus geneigt, seiner Gier und Aggressivität freien Lauf zu lassen.»Menschen werden mit Gefühlen des Neids und des Hasses geboren. Weil man sich diesen Gefühlen hingibt, kommt es zur Gewalt und zu Verbrechen und die Zuverlässigkeit sowie die Vertrauenswürdigkeit verschwinden. Der Mensch ist mit den Begierden der Ohren und Augen geboren.« (X XXIII, 2) Schon in den Sinnesorganen, die mit den Dingen der Welt verbinden, ist angelegt, dass man Gestalten und Töne haben will. So programmiert nach Xunzi bereits die Tatsache, dass man wahrnimmt, ein egoistisches Verhalten.

»Es ist angeboren die Natur des Menschen, dass er etwas zu essen will, wenn er Hunger hat, dass er warme Kleider will, wenn ihm kalt ist, und dass er ausruhen will, wenn er erschöpft ist.« (X XXIII, 6) Dass man für andere auf das freie Ausleben eines dieser Grundbedürfnisse verzichtet oder sich einschränkt, liegt nicht im menschlichen Wesen.»Höflichkeit und anderen den Vortritt zu lassen, widerspricht den wahren Gefühlen, die der angeborenen Natur entsprechen.« (X XXIII, 6)

Um den angeborenen Egoismus aufzugeben und das Gute in sich zu befördern, gilt es, unausgesetzt zu üben. Dazu empfiehlt Xunzi, sich an jenen ein Beispiel zu nehmen, die auf dem richtigen Weg sind. »Für das nachahmende Üben ist nichts erleichternder, als einem Menschen nahezukommen, in dem wir ein Vorbild sehen; für den Verlauf des nachahmenden Übens ist der schnellste Weg, diesen Menschen zu lieben.« Gerade in dem, was ein anderer an Kritik und Widerspruch bereithält, hilft er dabei, dass man sich selbst zum Guten entwickelt:

»Daher ist der, der uns nicht zustimmt, wo er von Rechts wegen nicht zustimmen kann, unser Lehrer, und der, der uns da zustimmt, wo es paßt, unser Freund, und der, der uns schmeichelt, unser Feind.

Um dieses Verhaltens willen verehrt der Edle seinen Lehrer,

liebt er seine Freunde anhänglich, haßt er seine Feinde äußerst. Wer das Zutreffende ohne zu ermüden liebt, Ermahnungen hinnimmt und sie sich zum Gebot macht, wird der nicht unbedingt Fortschritte machen?« (VC 74–75)

Wenn es darum geht, »das Zutreffende ohne zu ermüden« zu lieben, ist die Wahrhaftigkeit ein wesentliches Gebot. Dies betrifft nicht nur, dass man aufrichtig ist und sich der Lüge enthält. Es ist nach Xunzi zudem von höchster Wichtigkeit für den Weg, nichts Unzutreffendes für wahr zu halten. Wie der Mensch, wenn er vorankommen möchte, ein realistisches Bild seiner eigenen Natur braucht, und sich nicht falschen Ideen über sein grundlegendes Gutsein hingeben darf, muss er alle irrigen Ansichten entlarven und überwinden. Man soll die Welt erkennen, wie sie ist, anstatt nicht existierende Gegebenheiten in sie hineinzusehen. Immer wieder wendet sich Xunzi gegen Anschauungen, die ihm als Aberglaube gelten, wozu für ihn auch die Überzeugung vom Wirken der Geister zählt:

»Südlich der Mündung des Xia Flusses lebte ein Mann, der Juan Shuling hieß. Er war ein Narr, der zur Angst neigte. Eines Abends, als der Mond hell schien, während er spazieren ging, schaute er nach unten und sah seinen eigenen Schatten, den er für ein kauerndes Gespenst hielt. Als er seinen Kopf hob, sah er etwas von seinem eigenen Haar und hielt es für ein Ungeheuer, das über ihm stand. Er kehrte dem Schatten den Rücken und rannte davon. Gerade als er sein Haus erreichte, verlor er seine Lebenskraft und starb. Ach, welch ein Jammer. Allgemein lässt sich sagen: Glauben Menschen, dass es Geister gibt, wird sich die Bestätigung sicher in einem Moment einstellen, wenn sie erschrocken oder verwirrt sind. In diesen Momenten nehmen solche Menschen Nichtexistierendes als existierend und Existierendes als nicht existierend, um auf dieser Grundlage eine Lösung zu suchen. Wenn darum ein der Feuchtigkeit ausgesetzter Mensch von Rheuma geplagt wird, schlägt er [rituell] eine Trommel und kocht [als Opfer] ein Ferkel. Das einzige Resultat davon ist, dass er eine Trommel abnützt und ein Schwein verschwendet. Doch wird er nie des Segens der Heilung von seiner Krankheit teilhaftig. Darum gibt es, auch wenn er nicht im Süden der Mündung des Xia wohnt, keinen Unterschied zwischen ihm und dem Mann, der dort lebte.« (X XXI, 14)

Ein Mensch kann demnach nur wirklich ein würdiges Leben führen und wachsen, wenn er von Projektionen auf die Wirklichkeit Abstand nimmt, um diese ganz so zu sehen, wie sie ist. Dabei wird Xunzi nicht zu einem Gegner von Traditionen wie dem Gedenken an die Ahnen, den Opferriten und Orakeln. Doch ist die bereits bei Konfuzius feststellbare Tendenz, all dies zu pflegen, *als ob* es wirksam wäre, bei ihm weiter entwickelt. Hatte Konfuzius Fragen wie jene nach der Wirksamkeit von Opfern oder der tatsächlichen Anwesenheit der Geister beim Ahnenkult offen gelassen, vollzieht man all dies nach Xunzi, *als ob* es wirksam wäre, obwohl man weiß, dass dem nicht so ist:

»Wenn du um Regen betest und der Regen kommt, was hat es damit auf sich? Ich sage, hier gibt es keinen besonderen Zusammenhang. Es ist so, wie wenn du nicht um Regen betest und der Regen kommt. Wenn sich Sonne und Mond verdunkeln, versuchen wir sie zu retten, und schickt der Himmel Dürre, beten wir um Regen. Bevor wir über ein wichtiges Anliegen entscheiden, orakeln wir mit Knochen und Schafgarbe. Wir tun diese Dinge nicht, weil wir glauben, dass solche Riten die von uns erwünschten Ergebnisse bringen, sondern weil wir solche Momente mit dem Ritus bereichern möchten. Darum betrachtet der Edle solche Riten als Bereicherungen, während sie die hundert Sippen für übernatürlich halten. Sie für Bereicherungen zu halten, ist günstig; sie für übernatürlich zu halten, ist ungünstig.« (XVII, 11)

Die überlieferten Bräuche und Rituale wurden von Xunzi derart nicht unter dem Gesichtspunkt einer Funktionalität geschätzt, sondern um ihrer selbst willen. Den strebenden Menschen tragen sie zu einer ästhetischen Aufwertung seines Lebens und formen dadurch seinen Charakter; den Gewöhnlichen halten sie in einem Netz des Irrtums gefangen.

Dong Zhongshu: Den Widerspruch versöhnen

Den Gegensatz, der sich mit den unterschiedlichen Positionen von Menzius und Xunzi im konfuzianischen Denken aufgetan hatte, milderte der Gelehrte und Politiker Dong Zhongshu (179–104 v. Chr.).[63] Zur Zeit seines Wirkens gewann der Konfuzianismus bereits zunehmend Einfluss unter der Han-Dynastie. Doch obwohl Dong Zhongshu in offiziellen Funktionen unter den Kaisern Jing und Wu arbeitete, war seine Position zeitweilig unsicher. Er wurde vorübergehend inhaftiert, weil seine Schriften als gefährlich galten. Wahrscheinlich fühlte man sich von seiner Anschauung bedroht, dass die Han-Dynastie das Mandat des Himmels verlieren könnte.

Eine Versöhnung der Menschenbilder des Menzius und des Xunzi erreichte Dong Zhongshu durch seine Lehre vom zweifachen Wesen des Menschen. Ein überwiegend gieriges Gefühlsbefinden widerstreitet nach dieser Anschauung einer grundlegend guten Natur. So steht jeder zwischen zwei Polen, seinem eigentlichen Gutsein und einem zum Schlechten drängenden Gefühl. Diese Situation verlangt dauernd nach Entscheidungen. Der Edle nimmt durch Bildung vom negativen Gefühlsbefinden Abstand und gelangt in Richtung seiner eigentlichen Natur.

Diese doppelte Natur des Menschen ist bei Dong Zhongshu in eine Kosmologie eingebettet, die auf der Polarität von Yin und Yang beruht, wie sie im *Buch der Wandlungen* vertreten wird. Die zweifache Anlage des Einzelnen stimmt mit Kontrasten in der menschlichen Gesellschaft überein – etwa Mann und Frau, Vater und Sohn, Herrscher und Untertan – sowie mit einer universellen Polarität, in welcher der Himmel dem Yang und die Erde dem Yin entspricht.

Vor diesem Hintergrund sah Dong Zhongshu eine dauernde Wechselwirkung zwischen dem Himmel und dem irdischen Menschen. Dieser reflektiert als Mikrokosmos den himmlischen Makrokosmos. Sein Körper ist den Maßen des Himmels im Kleinen nachgebildet, und im Rhythmus des Atems weht der himmlische Wille. Menschliche Gefühle entsprechen den

warmen und kalten Erscheinungen der vom Himmel hervorge-
brachten Witterung. Im vorbildlichen Verhalten eines Menschen spiegelt sich die vollkommene Ordnung des Himmels.
Derart verkörpert sich der Himmel im Menschen.

Dong Zhongshu beschrieb ein Universum von Entsprechungen und Korrespondenzen, in dem alles miteinander in Beziehung steht und sich deshalb potenziell in Harmonie miteinander befindet. Dabei kam der Zahl *Fünf* eine besondere
Bedeutung zu. Mit den – inklusive der Mitte – fünf Himmelsrichtungen korrespondierten fünf Planeten, fünf Früchte des
Feldes, fünf Nutztiere, fünf Grundnoten der Musik, fünf Minister, aus denen eine Regierung bestehen sollte, und vieles mehr.

Zentral ist in seiner Lehre das »Zusammenwirken von Himmel und Mensch« (*tianren ganying*). Dabei kommt den Herr-
schenden, insbesondere dem Kaiser als »Sohn des Himmels«,
eine besondere Verantwortung zu, den Willen des Himmels auf
der Erde zur Wirkung zu bringen. In seinen Möglichkeiten des
Regierens spiegelt sich der Weg des Himmels, da die vom
Herrscher den Untertanen gezeigte Gnade, von ihm gewährte
Belohnungen, auferlegte Bußen und verhängte Bestrafungen
im Einklang mit den vier Jahreszeiten stehen.

Verhalten sich die Natur und das Wetter den Menschen gegenüber günstig, zeigt der Himmel dadurch seine Zustimmung
zur laufenden Regierung. Kommt es jedoch zu Katastrophen,
weist der Himmel damit auf politische Fehler hin. Bei einem
Erdbeben oder verheerender Dürre soll der Herrscher Gefange-
ne begnadigen und etwa durch Fasten Verzicht üben. Vor allem
ist er zu öffentlicher Selbstkritik verpflichtet, bei der er keine
Fehltritte verschweigen darf.

Ein wesentliches Werk des Dong Zhongshu war *Chunqiu fanlu*, ein Kommentar zum konfuzianischen Klassiker *Frühling und
Herbst*. Er glaubte, dass Konfuzius als Urheber in dieser Chronik Lehren für spätere Herrscher hinterlassen hätte. Eine dieser
Lehren bestand im rhythmischen Verständnis himmlischer Abläufe und machte in Abständen immer wieder einen Wechsel
des himmlischen Mandats notwendig. Wahrscheinlich hatte
diese Idee, auf deren Basis er den baldigen Regierungsantritt

eines Weisen als Herrscher annahm, zu seiner zeitweiligen Inhaftierung geführt.

Das von Dong Zhongshu vertretene universelle Beziehungsgeflecht hatte, wie Wolfgang Bauer feststellte, auch für die Politik große Folgen. »Konnte man nun doch nicht nur aus den Sternen, sondern praktisch fast aus jedem Ereignis Rückschlüsse auch auf die Qualität der Regierung ziehen. Genau dies wurde in der Tat während der Han-Dynastie, aber auch später noch, in reichem Maße getan – nicht selten begreiflicherweise zum argen Mißvergnügen der Herrscher, die ihre Aktionen solchermaßen ständig von Reaktionen des Himmels begleitet sahen, die zu deuten die konfuzianischen Beamten als eine Art neu entstandener Orakelpriester übernommen hatten.«[64]

Zhuo Xinping, Direktor des Instituts zur Erforschung der Weltreligionen in Bejing und chinesischer Parlamentarier, meinte, »dass bei Konfuzius selbst der Konfuzianismus noch nicht zu einer Religion wurde«, und »dass Dong Zhongshu der wirkliche Begründer des Konfuzianismus als einer Religion war«.[65] Auch wenn sich über die Angemessenheit des Religionsbegriffs für seine Lehre der universellen Entsprechungen und des Menschen als Verkörperung des Himmels diskutieren lässt, trat doch zweifellos mit Dong Zhongshu eine metaphysische Dimension in den Konfuzianismus ein, die sich bei Konfuzius, Menzius und Xunzi noch nicht fand.

Beim Formulieren seiner Ideen nahm Dong Zhongshu Impulse daoistischer Denker sowie aus anderen Traditionen seiner Zeit auf. Es mag sein Bestreben gewesen sein, den Konfuzianismus zu einer vollständigen Lehre werden zu lassen, die auf alle wesentlichen Fragen schlüssige Antworten bereithält. Dass er einzig Konfuzianer für berufen hielt, leitende Stellen im Staat einzunehmen, mag dazu beigetragen haben, die Lehre möglichst umfassend zu gestalten und auch gegensätzliche Positionen, wie sie von Menzius und Xunzi vorlagen, zu harmonisieren.

Auch andere versuchten sich an einer Versöhnung der unterschiedlichen Bilder vom Menschen, die sich bei Menzius und Xunzi fanden. Yang Xiong (53 v. Chr.–18 n. Chr.), ein bedeutender Dichter seiner Epoche, wollte den Menschen weder als ausschließlich gut, noch als ursprünglich schlecht betrachten. Wie beim Bogenschießen ist ein Mensch stets gefordert, in die erforderte Richtung zu zielen. Die Lebenskraft ist neutral und wird sich nach dort wenden, wohin der Mensch sie bewusst lenkt:

»Die Pflege des Charakters ist wie das Bogenspannen, das Richtigstellen der Gedanken wie der Pfeil und das Rechttun wie das Ziel. Erst ordnet man alles bei sich, und dann zielt man. Hat man gezielt, dann muß man auch treffen. Die Naturanlagen der Menschen stellen eine Mischung von Gutem und Bösen dar: pflegt man die guten, so wird man als guter Mensch zutreffend handeln; wer seine schlechten Anlagen pflegt, wird auch als schlechter Mensch handeln. Der Lebensodem ist wie ein Pferd, das sich zu dem Zutreffenden wie auch zu dem Schlechten hinbegibt.« (VC 111)

Dong Zhongshus Ideen einer universellen Korrespondenz und der Interaktion von Himmel und Mensch blieben unter den Konfuzianern nicht ohne Widerspruch. So nahm Wang Chong[66] (27–ca. 97 n. Chr.) die nüchterne Haltung wieder auf, die sich bereits bei Xunzi fand, der vor dem Geisterglauben und anderen traditionellen Vorstellungen des Übernatürlichen als irreleitende Projektionen gewarnt hatte. Wang Chong suchte für Phänomene des Wetters wie Regen und Schnee, Blitz und Donner physikalische Erklärungen. So galten ihm Eis und Tau als Gestaltungen des Wasserdampfs oder Wolken als verdunstetes Wasser, das als Regen und Schnee zurück auf die Erde fällt. In all dem vermochte er keine lobenden oder warnenden Zeichen eines göttlichen Himmels an die Irdischen zu erkennen.

In seiner Schrift *Lunheng* versuchte er den konfuzianischen Gelehrten auf eine entsprechend nüchterne Weise zu definieren, wobei er stark vom Bild des Dong Zhongshu abrückt, in dessen Folge der Gebildete zu einer Art Zeichendeuter des Himmels geworden war. Nach Wang Chong zeichnet den Gelehrten auf der Suche nach Wahrheit vor allem ein kritisches Gewahrsein aus. Er sollt zwar eine umfassende Kenntnis der klassischen Texte besitzen, sich dabei jedoch bewusst sein, dass vieles in diesen nicht der Wahrheit entspricht. Dagegen galt ihm vieles in den alten Schriften als Irrtum, Verzerrung und

Skurrilität. Sogar die kanonischen Klassiker galten ihm als mit Mängeln behaftet.

Allem sollte mit einer schonungslosen Wahrheitsliebe begegnet werden, was Wang Chong offenbar auch auf seine ganz persönliche Geschichte anwenden wollte. Dass er in einer autobiografischen Schrift sogar seine eigenen Vorfahren in einem ungünstigen Licht darstellte, brachte ihm einigen Widerspruch aus konfuzianischen Kreisen ein.[67]

Trotz seiner kritischen Haltung gegenüber Entwicklungen im Konfuzianismus blieb Wang Chong der grundlegenden, seit Konfuzius etablierten Auffassung treu, dass ein gewöhnlicher Mensch, der durch einen vorbildlichen Lehrer beim Studium angeleitet wird, durch konsequentes Feilen an seinem eigenen Charakter zum Edlen gebildet werden kann:

»Siebzig Schüler des Konfuzius waren alle geeignet, die Verantwortung eines Ministers zu übernehmen, weil ihnen eben die Erziehung des Konfuzius zuteil wurde und für ihre Bildung und die Entwicklung ihrer Talente im einzelnen gesorgt war. So verzehnfachte sich ihre Erkenntniskraft: das war das Resultat der Unterweisung, durch die ihre in ihnen schlummernden Kräfte allmählich alle beeinflusst wurden. Als sie noch nicht zu den Schülern des Konfuzius gehörten, bevölkerten sie die Gassen als ganz gewöhnliche Menschen, ohne besondere Fähigkeiten.« (VC 112–113)

Zhu Xi: Struktur und Kraft

Einen kaum zu überschätzenden Einfluss auf die Entwicklung des Konfuzianismus übte Zhu Xi (1130–1200 n. Chr.) aus, der im Staatsdienst arbeitete, zahlreiche Ausbildungseinrichtungen gründete und tausende Schüler prägte. Dass er in alter konfuzianischer Tradition nicht mit Kritik an Regierenden sparte, brachte ihm immer wieder Schwierigkeiten ein. Tatsächlich fiel er trotz seines großen Einflusses in seinen letzten Lebensjahren in Ungnade, und seine Lehren wurden zurückgewiesen. Doch nahm nach seinem Tod die Geltung seiner Ideen erheblich zu, er wurde postum rehabilitiert und galt über Jahrhunderte als der wichtigste neuere Gelehrte nach den konfuzianischen Meistern der klassischen Zeit.

Zhu Xi konnte auf der Arbeit bedeutender Vorläufer aufbauen, in deren Geist er geschult wurde. Unter ihnen war Zhou Dunyi[68] (1017–1073 n. Chr.), der in der Tradition des *Buchs der Wandlungen* besonderen Wert auf die Polarität von Yin und Yang legte. Zhou Dunyi hatte sich stark gegenüber Ideen des Daoismus und Buddhismus geöffnet. Unter daoistischem Einfluss dachte er über die vitale Lebenskraft (*qi*) im Menschen nach, deren natürliches Fließen vom Schüler wiederzugewinnen war. Dabei betonte er die Beziehung von Kosmologie und Ethik, indem das menschliche Verhalten mit universellen Gesetzen in Einklang zu bringen war.

Buddhistisch wirkt das von Zhou Dunyi vermittelte Lebensgefühl: »Die erste Forderung ist, daß man ohne Begehren ist. Ohne Begehren ist man ruhig und leer, und man bewegt sich in gerader Weise. Aus der Ruhe erwächst Klarheit, mit Klarheit durchdringt man alle Bewegungen. Aus solcher Geradheit erwächst allgemeine Übersicht.« (VC 118) Von den Buddhisten übernahm Zhou Dunyi auch das Symbol der Lotosblüte: Wie diese sollte der konfuzianische Schüler auf seinem Weg zum Edlen über den Sumpf hinauswachsen, um sich zu entfalten. Seine Schrift *Liebe zum Lotos* (*Ai lian shuo*) dient bis in die Gegenwart als Lektüre in höheren Schulen Taiwans.[69]

Weiteren Einfluss auf Zhu Xi übte Cheng Hao[70] (1032–1085 n. Chr.) aus, der gemeinsam mit seinem Bruder Cheng Yi (1033–1107 n. Chr.) zu den Wurzeln des Konfuzianismus zurückkehren wollte, weshalb besonderer Wert auf das Studium des Konfuzius und des Menzius gelegt wurde. Cheng Hao lehrte eine grundlegende Einheit aller Dinge und Wesen, wonach ursprünglich kein Unterschied zwischen Himmel und Mensch bestand. Auf einem konsequenten Weg der Wahrhaftigkeit lässt sich diese ursprüngliche Einheit wieder erfahren.

Indem er auf diese und andere Vorläufer aufbaute, modifizierte Zhu Xi das Verständnis des konfuzianischen Studiums. Er stellte nicht, wie es häufige Praxis war, das *Buch der Wand-*

lungen ins Zentrum seiner Interpretation. Vielmehr machte er *Das Große Lernen, Lunyu*, das Buch des Menzius sowie Zisis *Maß und Mitte* zu Grundlagen der Schulung. Mit diesen vier Werken war so etwas wie ein neuer Kanon für den Unterricht etabliert, der zwar die alten Klassiker nicht ablöste, doch fortan die Basis bildete, auf der deren Studium aufgebaut war. Bis ins frühe 20. Jahrhundert folgte die konfuzianische Lehre in China Zhu Xis Vorgabe, diese vier Texte zentral zu stellen.

Wirkungsvoll war das Welt- und Menschenbild des Zhu Xi, auch wenn es während der Song-Dynastie (960–1279 n. Chr.), unter der er lebte, zeitweilig als Irrmeinung galt. Nach Zhu Xi gab es zwei Aspekte der Wirklichkeit, durch die alle Dinge zum Entstehen kommen. Statt der sehr konkreten Polarität von Himmel und Erde, die Dong Zhongshu wirksam sah, sind diese beiden Seiten der Wirklichkeit bei ihm abstrakter gefasst: Alles besteht aus der Verbindung eines vitalen Lebens oder einer Energie (*qi*) und eines schöpferischen Strukturprinzips (*li*), in dem sich die höchste Wirklichkeit zeigt. Indem jedes Wesen und Ding eine Struktur aufweisen, haben sie auch Anteil am Höchsten.

Energie und Struktur hängen in ihrem Wirken beim Hervorbringen der konkreten Gegebenheiten voneinander ab. Die Struktur, die als das Ursprüngliche schon vor Himmel und Erde bestand, ist in ständiger Bewegung und bringt immer neue Formen hervor. Aber um sich selbst zu erkennen, bedarf sie einer Verbindung mit der vitalen Energie:

»Die gegebene Ordnung [Struktur] kann sich ihrer nicht bewusst werden: es müssen die gegebene Ordnung und der Lebensodem [Energie] zusammentreffen, dann kann man sich einer Sache bewusst werden. Nehmt zum Beispiel die Flamme dieser Kerze: weil sie soviel Fettzufuhr erhält, deshalb haben wir so starkes Licht.« (VC 123)

Es wäre zu einfach, das Prinzip als Geistiges und die Energie als Materielles zu deuten. Auch ist unklar, ob nach Zhu Xis Auffassung die Struktur vor der Kraft bestand oder ob beide Aspekte der Wirklichkeit schon immer existierten. Das Strukturprinzip im höchsten Sinn wollte Zhu Xi nicht als etwas

Göttliches verstanden wissen, sondern eher im Sinn eines Naturgesetzes oder eines uranfänglich existierenden Ordnungsprinzips, das wie allem anderen auch dem Himmel vorangeht. Das Nachdenken über Übernatürliches wies Zhu Xi zurück. Hier folgte er Xunzis Skepsis gegenüber dem Geisterglauben und dem wunderbaren Wirken von Riten. Den Ahnenkult verstand er entsprechend als einen Akt der Dankbarkeit gegenüber den Vorfahren.

Im Menschenbild des Xunzi sah Zhu Xi jedoch ein unstatthaftes Abweichen von den Lehren des Menzius. Er hielt das höchste schöpferische Prinzip, das im Menschen wirkt, grundsätzlich für gut, weshalb dies auch für die menschliche Natur gelten musste. Handelten Menschen trotzdem schlecht, waren dies Abirrungen der vitalen Energie von einer grundsätzlich guten Ordnung, die allem Existierenden zugrunde liegt.

Darum hält Zhu Xi das Beschreiten des Wegs des Edlen für nicht allzu schwierig. Man muss verstehen, dass es nicht um den Erwerb von etwas Fremdem geht, sondern dass man lediglich in sich weckt, was ohnehin da ist:

»Großer Anstrengungen bedarf es nicht, es gilt nur, das Herz im Erkennen immer wieder wachzurufen. In solchem wachen Zustand wird es von selbst hell in uns, und wir sind gar nicht mehr darauf angewiesen, nach einem Halt zu greifen.« Schafft man einmal den Anfang, geht es wie von selbst weiter: »Wenn wir uns dieses Wachrufen erst zur Gewohnheit gemacht haben, stützen wir uns darauf beim Begegnen von Angelegenheiten, wenn wir uns zu den Dingen in Beziehung setzen, beim Lesen, beim Untersuchen der gegebenen Ordnungen – eben in allem, und es geht dabei zu wie beim Karrenschieben: der erste Anstoß bedarf der Kraft, nachdem der Karren läuft, können wir uns im Vorwärtsgehen auf ihn stützen.« (VC 133–134)

Obwohl Zhu Xi dem Buddhismus kritisch entgegentrat, worauf in einem folgenden Kapitel eingegangen wird, zeigte er sich wie Zhou Dunyi doch von diesem beeinflusst. Er lehrte eine Art der Meditation (*jingzuo*), die stark von buddhistischen Methoden stiller Innenschau inspiriert ist. An Buddhistisches erinnert zudem das Relativieren einer egozentrischen Perspek-

tive, die in einer wachsamen Verfassung reinen Beobachtens
Einsicht ermöglicht:
»Was Achtsamkeit bedeutet, lässt sich nicht durch Worte erfassen: es heißt vielmehr, sie täglich im Handeln zu verkörpern,
um zu erkennen, was sie bewirkt. Wessen Herz beständig nach
dem Rechten und auf das Allgemeine ausgerichtet ist, ohne daß
dabei ichbezogene Absichten aufkommen: der urteilt achtsam.
Wer aber im Urteil nur ein wenig berechnend vergleicht, nur
ein wenig nachlässig wird: der ist nicht mehr achtsam.« (VC 35)
Bedeutend war für Zhu Xi, dass man auf dem Weg des Edlen
zu einer subjektiven Gewissheit seiner Verwirklichung gelangen muss. Keine äußere Instanz kann einem versichern, ob man
etwas erreicht. »Wenn man das Zustimmen des Gewissens an
einem Ort erreicht hat, so daß man, nach oben sehend, sich nicht
schämt, und nach unten sehend, nicht errötet, hat man damit
dort in jedem Zoll die vom Himmel gegebenen Ordnungen. – Es
ist gleichgültig, ob man das Urteil der anderen kennt: wenn man
nur diese Zustimmung hat, so ist das ausreichend.« (VC 140)

Lu Jiuyuan: Alles im Bewusstsein

Seinen Gegenspieler hatte Zhu Xi in Lu Jiuyuan[71] (1139–
1192 n. Chr.), der häufig auch unter dem Gelehrtennamen Lu
Xiangshan zitiert wird. Dieser vereinte in sich gleichfalls die
Funktionen des Lehrers und eines Politikers, wobei er auch
stark an militärischen Fragen interessiert war.

Betonte Zhu Xi das Studium der vier von ihm zentral gestell-
ten Werke und darauf basierend der kanonischen Klassiker
und anderer konfuzianischer Schriften, wollte Lu Jiuyuan die
Lehre nicht im Schwerpunkt auf Texten aufgebaut sehen. Legte
zwar auch er Wert auf Gelehrsamkeit und Studium, missfiel
ihm an Zhu Xi, dass dieser zu einseitig die Autorität der Texte
fokussiere, wodurch die Schüler ihr eigenes Erleben und intui-
tives Erfahren zugunsten äußerer Normen vernachlässigen.

Die hier zutage tretende Differenz zwischen Zhu Xi und Lu
Jiuyuan spiegelt die Auseinandersetzung der beiden Lehrer mit

unterschiedlichen Schulen des Buddhismus wider. War Zhu Xi
von dessen philosophischen Richtungen beeinflusst, die letzte
Prinzipien oder Strukturen der Wirklichkeit lehrten, beschäf-
tigte sich Lu Jiuyuan mit dem *Chan*-Buddhismus, der in Europa
unter seiner japanischen Bezeichnung *Zen* vertrauter ist. Im
Chan wird eine erdachten Konzepten gegenüber skeptische
Haltung gepflegt und ein meditatives Sitzen propagiert, bei
dem man frei von Gedanken und Vorstellungen bleiben soll.
Weil alles über die Welt und das eigene Wesen Erdachte immer
Stückwerk und damit Irrtum bleibt, wird vom Ende mentaler
Aktivitäten in der Meditation eine unmittelbare Einsicht in die
Wirklichkeit erwartet. Ein zentraler Begriff des *Chan* ist darum
das Nichtdenken (*wunien*).

Hatte die von Zhu Xi gelehrte Form der Meditation nicht
zum Ziel, das Denken zur Ruhe kommen zu lassen oder zu
übersteigen, sondern ergänzte und unterstützte sie das Studium, dürfte es Lu Jiuyuan eher um eine unmittelbare Erkenntnis
im Stil des *Chan* gegangen sein. Der Mensch sollte Einsicht in
sein eigenes Herz gewinnen, in dem sich alles authentisch erkennen lässt: »Das Universum ist in meinem eigenen Herzen,
mein Herz ist nichts anderes als das Universum.« Das Zeichen
für »Herz« lässt sich hier im Sinn von »Geist« oder treffender
»Bewusstsein« deuten. Lu Jiuyuan bringt mit diesem Satz also
zum Ausdruck, dass sich alles, was existiert, im eigenen Bewusstsein erkennen lässt. Die Wahrheit findet sich nicht in den
Normen der Bücher, so inspirierend diese zum Gehen des Weges sein mögen, sondern durch die Innenschau.

Wie Zhu Xi erkannte auch Lu Jiuyuan ein universelles Ordnungsprinzip (*li*) an. Doch während Zhu Xi dieses als etwas
Objektives betrachtete, das allen Wesen und Dingen des Universums ihre Struktur verleiht, verstand es Lu Jiuyuan als etwas, das in jedem einzelnen Bewusstsein existiert und wirksam
ist. Das menschliche Bewusstsein stimmt daher mit dem universellen Bewusstsein überein, die allumfassende Ordnung findet ihren Ausdruck im Herzen eines jeden. Damit finden sich
Anklänge an das, was Dong Zhongshu ein Jahrtausend vor Lu
Jiuyuan vertrat, wenn er den Menschen als eine Verkörperung

des Himmels ansprach. Doch besteht ein wesentlicher Unterschied. Dong Zhongshu ergab sich Spekulationen, wie das Maß des Himmels im Menschen wiederkehrt, und stellte vielfältige Korrespondenzen fest, die für die Praxis als äußere Zeichen gedeutet werden mussten. Lu Jiuyuan erstrebte dagegen ein konzeptfreies unmittelbares Erleben seiner eigenen Verbundenheit mit allem.

Eine solche Suche nach der Einheit verstand er als das ursprüngliche Anliegen des Konfuzianismus: »Das Herz ist ein einziges Herz, das Ordnungsprinzip ist ein einziges Ordnungsprinzip. Höchste Sammlung geht zurück auf ein Einziges, feinste Richtigkeit kennt keine Zweiheit. Deswegen bekannte ja auch Konfuzius: ›Mein Weg ist durch ein Einziges zusammengehalten‹, und auch Menzius sagte: ›Der Weg ist Eines und sonst nichts.‹«[72]

Kein Bewusstsein gilt Lu Jiuyuan als in diesem einzigen Herzen von einem anderen getrennt. Alle Menschen erleben und erfahren auf dieselbe Weise, wobei sie zwar oberflächlich betrachtet eine objektive Außenwelt wahrnehmen, eigentlich aber an einer gemeinsamen Innenwelt teilhaben. Jeder, der wirklich tief erkennt, wird dasselbe in seinem Herzen erkennen, nämlich die Essenz alles dessen, was jemals in Raum und Zeit existierte und existieren wird:

»Die vier Himmelsrichtungen und oben und unten nennt man Raum. Die Zeitenfolge vom Altertum bis zur Jetztzeit nennt man Zeit. Raum und Zeit beinhaltet mein Herz, meine Herzensaktivitäten sind an Raum und Zeit gebunden. Wenn vor tausend oder zehntausend Generationen ein heiliger Mensch auftrat, so hatte er mit mir diese selben Herzensaktivitäten und dachte mit diesen selben gegebenen Ordnungen, und wenn einer tausend oder zehntausend Generationen nach mir auftritt, wird er dieselben Herzensaktivitäten haben und im Bereich ebenderselben Ordnungen denken. Und so wird es mit jedem sein, ob er auch jenseits des Ost-, Süd-, West- oder Nordmeers auftreten wird.« (VC 149–150)

Weil jeder alles bereits in sich trägt, ist der Weg zur Veredelung im Grunde nicht so schwierig, wie es zunächst scheint.

Hier ist sich Lu Jiuyuan äußerlich mit Zhu Xi einig, der meinte, es wäre wie bei einem Karren, der einem, wurde er einmal angeschoben, im Weitergehen Halt gewährt. Bei Zhu Xis Karren muss man sich bewegen, um voranzukommen. Praktisch geht es dabei um das Lernen eines vorgegebenen objektiven Stoffs, der die Selbstkultivierung einleitet und den Einzelnen darauf vorbereitet, dass er nach absolvierter Ausbildung als Edler zu handeln vermag. Lu Jiuyuan hat jedoch weniger den objektiven Lehrstoff im Auge. Dieser vermag zwar anzuregen, aber wahrhaft leicht wird der Weg, sobald man sich, ohne dies mit Konzepten zu belasten, einfach nach innen wendet, damit sich das entfaltet, was bereits angelegt ist:

»Die Gaben des Himmels sind rein und still, wenn man nicht durch Zweifel auf Abwege gerät, wenn man nicht durch verschwommenes Reden sich überschatten läßt, was sollte dann den Fortschritt (unserer Anlagen) hindern? Diese Durchgeistigung der Herzensaktivitäten, diese Klarheit der gegebenen Ordnungen, wie sollten sie von außen aufpoliert sein? Wenn man ihren Ursprung und ihr Ende klärt und erkennt, in welcher Reihenfolge man zu handeln hat, wie könnte man etwas hinzufügen oder zerstören.« (VC 151)

Die Lehren Lu Jiuyuans wurden später durch den konfuzianischen Gelehrten, Feldherrn und Politiker Wang Shouren (auch Wan Yangming, 1472–1529 n. Chr.) weiterentwickelt.[73] Dieser arbeitet auf Basis der Überzeugung des Menzius vom ursprünglich guten Wesen des Menschen und der Lehre Lu Jiuyuans vom alles umfassenden Herzen des Menschen die Idee eines »angeborenen Wissens« – wörtlich »guten Wissens« (*liang zhi*) heraus, aus dem sich auch unmittelbare ethische Konsequenzen ergeben:

»Seht her, ursprünglich war mein Herz mit dem Himmel und der Erde und allen Dingen ein Organismus. Welche Not und welcher Kummer lebender Völker würde daher nicht auch mich schmerzen? Und wer solche meine Schmerzen nicht verstände, der hätte auch sein recht urteilendes Herz nicht mehr; dieses urteilende Herz plant nicht und erkennt doch, übt nicht und hat doch sein Fähigsein, und deshalb nenne ich es das ›Bessere Wissen‹ [angeborene Wissen]. Das ›Bessere Wissen‹ aller Menschen, der heiligen wie auch der törichten, wirkt in gleicher Weise allerorts zu allen Zeiten unter diesem Himmel. Jedoch nur die Edlen dieser Welt sehen es als ihre Aufgabe an, zu diesem ›Besseren Wissen‹ hinzugelangen, um dann von selbst allgemeingültig zu urteilen, um in ihrer Liebe und ihrem Hass mit den anderen übereinzustimmen, um die anderen Menschen wie sich selbst zu beurteilen, um den Staat wie eine Familie anzusehen, um eben mit Himmel, Erde und allen Dingen wieder ein Organismus zu werden.« (VC 155–156)

Anmerkungen

60 E[rnst] L[othar] Hoffmann [Anagarika Govinda]: Rezension zu Erich Schmitt: *Konfucius, sein Leben und seine Lehre*. Berlin [1926]. In: *Zeitschrift für Buddhismus und verwandte Gebiete*. Band 7, 1926, S. 436–437, hier S. 437.

61 Kungfutse: *Gespräche. Lun Yü*. Übertragen und hg. von Richard Wilhelm. München 1989 (¹1910), S. 171.

62 Konfuzius: *Gespräche (Lun-yu)*. Aus dem Chinesischen übersetzt von Ralf Moritz. Leipzig ⁵1991.

63 Zu Dong Zhongshu vgl. Michael Loewe: *Dong Zhongshu, a ›Confucian‹ Heritage and the Chunqiu Fanlu*. Leiden 2011.

64 Wolfgang Bauer: *Geschichte der chinesischen Philosophie. Konfuzianismus, Daoismus, Buddhismus*. Hg.: Hans van Ess. München 2001, S. 124.

65 Zhuo Xinping: »Religionen und interreligiöser Dialog in China.« In: Wolfram Wieße: *Theologie im Plural. Eine akademische Herausforderung*. Münster 2009, S. 21–32, hier S. 23.

66 Zu Wang Chong vgl. Thomas Tabrey: »Intelligenz und politische Wirklichkeit: Wang Chongs Kritik an der konfuzianischen Gelehrsamkeit der Han-Zeit.« In: Heiner Roetz (Hg.): *Kritik im alten und modernen China*. Wiesbaden 2006, S. 72–82.

67 Zur Autobiografie Wang Chongs vgl. Reinhard Emmerich: »Wang Chongs ›Fragen an Konfuzius‹ (›Wen Kong‹): Kritik von befreundeter Seite.« In: Michael Friedrich (Hg.): *Han-Zeit. Festschrift für Hans Stumpfeldt aus Anlass seines 65. Geburtstages*. Wiesbaden 2006, S. 169–199.

68 Zu Zhou Dunyi vgl. Tze-ki Hon: »Zhou Dunyi's Philosophy of Supreme Polarity.« In: John Maheham: *Dao Companion to Neo-Confucian Philosophy*. Heidelberg, London, New York 2010, S. 1–16.

69 Zu Zhou Dunyi vgl. Joseph A. Adler: *Reconstructing the Confucian Dao. Zhu Xi's Appropriation of Zhou Dunyi*. Albany, N. Y. 2014.

[70] Zu Cheng Hao vgl. Wong Wai-ying: »The Thesis of Single-Rootedness in the Thought of Cheng Hao.« In: John Maheham: *Dao Companion to Neo-Confucian Philosophy*. Heidelberg, London, New York 2010, S. 89–104.

[71] Zu Lu Jiuyuan vgl. Philip J. Ivenhoe: »Lu Xiangshan's Ethical Philosophy.« In: John Maheham: *Dao Companion to Neo-Confucian Philosophy*. Heidelberg, London, New York 2010, S. 89–266.

[72] Zitiert nach Wolfgang Bauer: *Geschichte der chinesischen Philosophie. Konfuzianismus, Daoismus, Buddhismus*. Hg.: Hans van Ess. München 2001, S. 267.

[73] Zu Wang Yangming vgl. Iso Kern: *Das Wichtigste im Leben. Wang Yangming (1472–1529) und seine Nachfolger über die »Verwirklichung des ursprünglichen Wissens«*. Basel 2010.

5. Vergiftet Konfuzius die Welt?

Kritiker und Gegner

Tun, was nicht geht

Seit seinem historischen Beginn fand sich der Konfuzianismus mit Kritikern konfrontiert, die teilweise auch aus den eigenen Reihen kamen. So erschien es als eine zu überzogene Forderung, dass Menschen einem ethischen Anspruch genügen sollten, der sogar seinem Vertreter als unerreichbar zu gelten schien.[74]

Auch außenstehende Zeitgenossen verstanden, wie sich in *Lunyu* zeigt, den Lehrer kaum, der das Altertum studieren und die Gegenwart gesunden lassen wollte. »Ist das nicht jener, der weiß, dass es nicht geht, und es trotzdem macht?« wird ein Wächter zitiert, als er den Namen des Konfuzius hört. (L XIV, 41) Dabei muss offen bleiben, ob das, was nach einem Kopfschütteln über vergebliches Bemühen klingt, von frühen Konfuzianern nicht als hohes Kompliment umgedeutet und gerade deswegen tradiert wurde: Auch wenn es der Welt sinn- und zwecklos erscheint, geht der Edle unbeirrt seinen Weg, *als ob* er zweifelsfrei ans Ziel gelange.

Im Lauf seiner Entwicklung nahm der Konfuzianismus immer wieder die Einsprüche jener auf, die aus seiner Perspektive Unständige oder Gegner waren, um dadurch Impulse und Wandlungen zu erfahren. Dies gilt nicht nur für die zahlreichen Modifikationen, welche die Lehren erlebten. Auch die Gestalt des Konfuzius gewann nicht zuletzt dadurch ihre heute bekannten Umrisse, dass sie und ihr Wirken heftigen Widerspruch erregten.

Michael Nylan drückt es prägnant aus: »Ohne seine Kritiker wäre Konfuzius nichts.«[75] Wie die Porträtbüste eines Menschen entsteht, indem man einen Stein zurechtstutzt, wäre auch das Bild des Konfuzius dadurch entstanden, dass es Gegner zu schmälern und zu mindern versuchten.

Zudem lässt sich im Spiegel von Gegnern aus unterschiedlichen Richtungen oft Charakteristisches über Kritisiertes erkennen. Vielen Daoisten galt die Lehre des Konfuzius als zu einseitig auf die Belange der Gesellschaft ausgerichtet und der Entwicklung des Einzelnen als abträglich. Die mit Mozi beginnende Schule der Mohisten stufte sie dagegen als zu wenig sozial, übermäßig ästhetisierend und ökonomiefeindlich ein. Anderen, wie dem Denker Li Zhi (1527–1602), galt die Lehre des Meisters schlicht als überflüssig: »Wenn jemand auf die Welt kommt, ist er sich selbst genug und braucht nicht unbedingt von Konfuzius zu lernen – wie hätten sonst die Menschen vor Konfuzius leben sollen?«[76]

Gerade das moderne China wendete sich in mehreren wirkungsvollen Bewegungen gegen Konfuzius und die sich auf ihn beziehenden Traditionen. Dabei war festzustellen, dass Phasen der Distanzierung immer wieder solche der Annäherung folgten. So wurde für die jüngere Entwicklung Chinas festgestellt, es wäre »im Auf und Ab des Konfuzianismus besonders auffällig, daß die konfuzianische Tradition in gesellschaftlich turbulenten Situationen Angriffspunkt und Sündenbock für alle mögliche Kritik wird. In der jeweils darauffolgenden Phase der Ordnungssuche und der Institutionalisierung eines neuen Gleichgewichtes der Kräfte wird sie jedoch als herausragendes chinesisches Erbe wieder hervorgeholt, um die Kräfte des chinesischen Volkes zu einen und in ein – so muß man kritisch sagen – Harmonieideal zu überführen, das dann in der Regel restaurativer und konservativer Natur ist«.[77]

Die verschiedenen Wellen der Kritik, die Konfuzius, seine Lehre und die daraus in zweieinhalb Jahrtausenden hervorgegangene Bewegung trafen, nahmen seit der frühen Zeit immer wieder ähnliche Motive auf, bei denen die Rückständigkeit und der Konservatismus wesentliches Element sind.

Mozi: Wider kostspielige Musiker

Mozi (ca. 470–391 v. Chr.), der wie Konfuzius aus Lu stammte, war der Überlieferung zufolge ein Schreiner, der in den Staatsdienst aufgestiegen war und sich mit Fragen militärischer Befestigungsanlangen beschäftigte. Zuvor hatte er eine Ausbildung im konfuzianischen Sinn erhalten. Wie der ein Jahrzehnt vor seiner Geburt verstorbene Konfuzius soll er schließlich eine Schule eröffnet haben, um künftige Beamte auszubilden.

Von Mozi blieb besonders in Erinnerung, dass er sich um das Vermeiden von Angriffskriegen bemühte. Mehrere Fürsten soll er überzeugt haben, von solchen Vorhaben abzulassen:

»Wenn man statt Angriffskriege zu führen seinen eigenen Staat in Ordnung hält, wird man vielfältigen Erfolg haben. Wenn man die eigenen Ausgaben für das Heer berechnet und mit den ruinösen Anstrengungen anderer Fürsten vergleicht, dann wird man sehen, welchen Vorteil man sich verschafft hat. Wenn man sich korrekt verhält und im Namen der Rechtschaffenheit handelt, wenn man gütig gegen das Volk ist und seinem Heer vertraut, dann gewinnt man die Armeen der anderen Lehnsfürsten und hat im ganzen Reich keine Feinde, und der Nutzen für das Reich ist unermeßlich. Dies ist, was dem Himmel nützt.« (Mo 138)[78]

Zu den ökonomischen Erwägungen, die Eroberungsfeldzüge nach Mozi unsinnig machten, verstieß ein Angriff vor allem gegen das fundamentale Gebot einer allgemeinen Liebe, die zwischen Menschen keinen Unterschied kennen soll. Dies war das zentrale Anliegen der Lehre Mozis. Wie der Himmel, der für alle unter ihm Lebenden die Sonne in gleicher Weise scheinen lässt, sollte sich jeder Mensch allen Mitmenschen gegenüber in gleicher Weise verhalten.

Diese Forderung nach einer undifferenzierten Zuwendung zu allen Menschen widersprach der ausgeprägten Familienorientierung der Konfuzianer, denen ihre Angehörigen näher stehen sollten als andere Menschen. Wenn Konfuzius gelehrt hatte, dass im Zusammenhalt der Familie Vater und Sohn einander auch im Fall eines Verbrechens decken, bestand im Guten wie im Schlechten ein klarer Unterschied zwischen Nahen und Ferneren. (L XIII, 18)

Für Konfuzius waren die Unterschiede bedeutend: Muss man zwar jeden der Sitte gemäß korrekt behandeln, kommt doch der Beziehung zum Partner, zu den Eltern, den Kindern und Geschwistern eine besondere Qualität zu. Eine allgemeine Liebe zu allen führt aus dieser Perspektive eher zur Verflachung menschlicher Verbindungen.

Mozi kritisierte vor diesem Hintergrund die hohe Stellung, die ein Konfuzianer seiner Ehefrau zuerkennen soll: »Wenn sich ein Konfuzianer eine Frau nimmt, dann holt er sie persönlich ab. Dabei trägt er vorschriftsmäßige Kleidung und verhält sich wie sein eigener Diener, indem er die Zügel führt und ihr die Kordel zum Einsteigen in den Wagen reicht, so als geleite er seinen gestrengen Vater.« (Mo 217)

Auch dass die Konfuzianer Hochzeiten als Verbindung von Mann und Frau mit demselben Ernst wie andere wichtige Zeremonien begehen, stieß auf Mozis Argwohn: »Die Trauungszeremonien werden mit einer solchen Steifheit ausgeführt, als handle es sich um das Darbringen des Ahnenopfers. Oben und Unten werden verkehrt und Vater und Mutter geradezu beleidigt; denn sie werden auf die Stufe der Braut herabgesetzt, während die Braut wie die Eltern verehrt wird.« (Mo 217)

Mozi bemängelt auch, dass ein konfuzianischer Mann drei Jahre um seine verstorbene Frau trauert – ebenso lange wie um Vater und Mutter. »Aus Liebe zu ihrer Gattin« vernachlässigen sie andere Pflichten, »um ihren ganz privaten Neigungen zu folgen [...] Ist das nicht der Gipfel der Perversion?« (Mo 218)

Auch die besondere Beziehung von Eltern und Kindern, wie sie für Konfuzianer besteht, stellt für Mozi eine unheilsame Beschränkung dar. Ihm zufolge sollten Erwachsene ausnahmslos alle Kinder wie ihre eigenen lieben. So könnten die Erwachsenen auch auf andere Kinder positiven Einfluss haben und folglich dazu beitragen, dass jedes Kind auf eine bessere Weise heranwächst.

Die Idee eines Auflösens der nächsten menschlichen Beziehungen stieß bei den Konfuzianern auf Unverständnis und Ablehnung. Menzius hielt dem Standpunkt des Mozi entgegen, dass ein besonderes Verhältnis des Kindes zu seinen eigenen Eltern allein schon dadurch gegeben sei, dass der Himmel jedes Wesen nur mit einem Elternpaar ausstatte. (M V, 5)

Mozi waren die materiellen Grundbedürfnisse der Menschen ein besonderes Anliegen. Alle sollten mit ausreichend Nahrung, Kleidung und anderem Notwendigen versorgt werden, was eine effiziente Herstellung von Gütern erforderte. Vor diesem Hintergrund war ein Wirtschaftswachstum geboten, dem Mozi zufolge nichts im Wege stehen dürfe. Unproduktives galt ihm als überflüssig.

Dieser Idee trat Xunzi entgegen: »Die Lehren von Mozi sorgen sich zu eng um das Problem einer Welt, die unter der Not einer unzureichenden Versorgung leidet. Dieses Unzureichende ist nicht wirklich ein Unglück, das die ganze Welt beträfe, sondern lediglich eine Not aus Mozis eigener übertriebener Berechnung.« (X X, 10) In Xunzis Wahrnehmung beging Mozi den Kardinalfehler, einseitig auf materielle Errungenschaften und eine Steigerung der Produktion zu setzen. Indem er die Menschen derart an ihren Bedürfnissen packen möchte, fördert er mit der Gier die schlechten Anlagen, mit denen Xunzi zufolge ein jeder geboren wird. Stattdessen sollte man auf die Methoden der Konfuzianer vertrauen, die primär zur Veredelung des Menschen führen und in weiterer Folge deren Versorgung sicherstellen:

»Sucht man Glück, indem man sich selber belohnen will, ist der Ruin sicher. Wenn sich darum ein Mensch ganz auf das Ritual und ethische Prinzipien konzentriert, dann wird beides befriedigt, das Ritual und die Begierden; doch konzentriert er sich nur auf seine angeborenen Begierden und Gefühle, dann wird beides verloren sein. Darum veranlassen konfuzianische Praktiken einen Menschen, beides zu befriedigen, das Ritual und die Begierden, während mohistische Praktiken verursachen, dass er beides verliert. Dies ist die Unterscheidung zwischen den Konfuzianern (*ru*) und den Mohisten.« (X XIX, 3)

Was für Konfuzianer ein menschliches Leben bedeutete, befand Mozi als nutzlos für die Versorgung. Künstlerisches Schaffen galt ihm ebenso als eine Verschwendung wertvoller Produktivkräfte wie das Herstellen von Musikinstrumenten und Musizieren an sich. Mozi war sicher, dass auf keinen Fall »Musikinstrumente so nützlich wären wie Boote und Wagen«. (Mo 194) Nur was der Produktion von Waren dient, die grundlegende materielle Bedürfnisse stillen, war zu begrüßen. Damit stellte Mozi dem qualitativen Verständnis der Konfuzianer einen quantitativen Anspruch entgegen, der neben dem materiell Messbaren nichts gelten lässt.

Für Konfuzianer galt: »Gerät der Edle in Not, zeigt er sich gefestigt. Kommt der Gemeine in Not, verliert er die Fassung.« (L V, 1) Sie sollten lieber den Gürtel enger schnallen, konnten sie anders ihre Würde nicht wahren. Materiellen Gütern ohne einen kultivierten Lebensstil misstrauten sie. Insofern musste Xunzi feststellen: »Mozi war geblendet vom Nützlichkeitsdenken und war unempfindlich für den Wert der guten Form.« (X XXI, 5)

Mozi hielt die Musik nicht nur für einen verzichtbaren, doch harmlosen Luxus, sondern man kam in seinen Augen »nicht umhin, die Musik, wo sie eine Rolle spielt, zu verbieten und zu unterbinden!« (Mo 199) Entsprechend ist für ihn manches andere, das er dem Konfuzianismus vorwirft, mit der Musik assoziiert. In diesem Sinn führt er das vorgebliche Zitat eines Zeitgenossen des Konfuzius an:

Die Konfuzianer »lieben die Musik und verleiten andere, und sie vermögen nicht, an der Regierung teilzuhaben. Sie behaupten, es gäbe ein Schicksal, sind daher müßig in der Ausführung ihrer Pflichten, und sie können daher kein Amt verwalten. Sie nehmen die Trauer sehr wichtig und dehnen die Trauerzeiten aus, so daß sie nicht angemessen für das Volk sorgen können. Sie tragen sonderbare Tracht und sind unterwürfig in ihrem Gebaren und daher nicht in der Lage, die Massen zu führen. Mit seinem ausgesuchten Gebaren und seinem Hang zu Verfeinerungen vergiftet Konfuzius die Welt. Mit Zitherspiel, Gesang, Trommeln und Pantomimen sucht er Anhänger zu gewinnen«. (Mo 223)

Xunzi konnte die pauschale Ablehnung der Musik durch den Kontrahenten nicht auf sich beruhen lassen: »Musik ist Freude, wesentlicher Teil der menschlichen Gefühlsnatur, als Ausdruck der Freude notwendig und unverzichtbar. Darum können Menschen nicht ohne Musik sein. Wo es Freude gibt, verleiht sie sich in den Klängen der Stimme Ausdruck und zeigt sich in Bewegungen des Körpers. So ist es der Weg des Menschen, dass Gesang und Bewegung als Anregungen der Emotionen nach den Regeln der eingeborenen Natur sich vollends durch Musik ausdrücken. Da es aber für Menschen unmöglich ist, sich nicht zu freuen, wenn es Freude gibt, ist es auch unmöglich, dieser keine wahrnehmbare Form zu geben.« Weil die Musik derart existenziell zum Menschsein gehört, klagt Xunzi: »Dennoch verdammt sie Mozi. Wie lässt sich das aushalten!« (X XX, 1) Wegen seiner Ablehnung der Musik entspricht »Mozis Verständnis des Weges dem eines Blinden, der Schwarz und Weiß unterscheiden will, oder eines Tauben, der tiefe und hohe Töne auseinander halten möchte«, oder eines Menschen, der einen Ort im Süden durch eine Reise nach Norden anziele. (X 20, 4)

Die Mohisten strebten mit ihrer Forderung nach Wirtschaftswachstum einen Fortschritt an. Vor diesem Hintergrund kritisierten sie den rückwärtsgewandten Blick der Konfuzianer. Diese würden behaupten: »›Der Edle muss die Kleider der Alten tragen und ihre Sprache sprechen, um als tugendhaft angesehen werden zu können.‹ Darauf lässt sich erwidern, dass die Sprache und die Kleidung der Alten einst auch einmal neu waren, und die Alten, die so redeten und sich so kleideten, waren demnach auch keine Edlen. Müssen wir also die Kleidung von Leuten tragen, die keine Edlen waren, und ihre Sprache sprechen, um als tugendhaft gelten zu können?« (Mo 219) In einer weiteren Polemik mit derselben Stoßrichtung spielt Mozi auf eine Äußerung des Konfuzius an, er habe nur Empfangenes weitergegeben und nichts von sich aus dazu getan. (L VII, 1) Wenn es edler wäre, einem schon Gegebenen zu folgen, als etwas zu neuern, dann wären die Erschaffer des Bogens, des Wagens und des Boots im Altertum gewöhnlichere Menschen gewesen als die späteren Handwerker, die diese bereits getätigten Erfindungen als etwas Altes nutzten.

Ein Bewusstsein, dass es eine kulturellen Gewinn bringende Entwicklung durch drei Dynastien gab, findet sich schon in

Lunyu (L III, 14), doch betonten die Konfuzianer stets den Wert des Überlieferten vor der Idee des Neuen. Das *Buch der Riten* lässt Konfuzius vielleicht in Reaktion auf mohistische Kritik lehren, dass es durchaus so etwas wie Fortschritt gab, jedoch die Dinge der Frühzeit dem Menschen bereits genügten:
»In der allerältesten Zeit röstete man die Körner auf erhitzten Steinen und zerlegte das Fleisch mit den Fingern. Man höhlte Erdlöcher aus als Töpfe und schöpfte mit den hohlen Händen. Man hatte Trommelschlegel aus Grasstengeln und Trommeln aus Ton. Und doch konnte man auch damit seine Ehrfurcht vor Geistern und Göttern bezeugen.« Doch als später berufene Weise aufgetreten seien, »zähmte man des Feuers Kraft. Man schmolz Metalle und formte Töpferwaren. Man schuf Terrassen, baute baumbestandene Aussichtspunkte, Paläste und Häuser mit Fenstern und Türen. Man röstete, man erhitzte mit Steinen, man briet im Kessel, man briet am Spieß. Man bereitete Met und Sauermilch. Man verwandte Seide und Hanf, um Linnen und Seidenstoffe zu machen zur Pflege der Lebenden, zur Mitgabe an die Toten und zum Dienst der Geister und Götter und des höchsten Herrn. Alle diese Dinge befolgt man noch immer, wie jene sie begonnen«. (Li 59)

Was den Glauben an übernatürliche Wesen betrifft, waren der Mohismus und der frühe Konfuzianismus gleichfalls weit voneinander entfernt. Mozis schöne neue Welt, in der die Menschen einander unterschiedslos lieben, an der wirtschaftlichen Mehrung ihres Landes arbeiten und gemeinsam ihre Kinder erziehen, sollte unter die Aufsicht der Geister gestellt werden:
»Wenn man heute alle Menschen im Reiche dazu veranlassen könnte, zu glauben, daß die Geister in der Lage sind, die Tüchtigen zu belohnen und die Schlechten zu bestrafen, wie könnte es dann im Reiche Unordnung geben?« (Mo 180)

Der Geisterglaube schien Mozi offenbar durch die Zeugnisse der vielen, die entsprechende Kontakte behaupteten, als erwiesen: »Wenn vom Altertum bis zum heutigen Tage, solange es Menschen gibt, die Erscheinungen von Geistern gesehen und die Stimmen von Geistern gehört worden sind, wie kann man dann sagen, daß die Geister nicht existieren?« (Mo 181)

Unsichtbare Wesen als Aufseher der Lebenden, die Lohn und Strafe zuteilen, vertrugen sich nicht mit der diesbezüglichen Haltung eines *als ob* bei Konfuzius, der zum Abstand von Geistern riet. (L VI, 20) Noch weniger konnten sie vor Xunzi bestehen, nach dem ein gesunder Mensch nichts Übernatürliches fürchte. »Glauben Menschen, dass es Geister gibt, wird sich die Bestätigung sicher in einem Moment einstellen, wenn sie erschrocken oder verwirrt sind.« (X XXI, 14)

Der wesentliche Abstand des Konfuzianismus zu Vorstellungen von in das Leben eingreifenden Geistern liegt allerdings in der Autonomie des strebenden Menschen, die auf diese Weise nicht gewährleistet wäre. Konfuzius, Menzius und Xunzi waren einander darin einig, dass der Einzelne aus einer Freiheit heraus den Weg zur Veredelung beschreitet, ohne vom Wunsch nach Belohnung oder von der Furcht vor Strafe getrieben zu sein. Jenseitige Aufpasser hätten diese Eigenständigkeit des Menschen unmöglich werden lassen.

Zhuang Zhou: Konfuzius als armer Schüler

Neben den Mohisten standen viele Daoisten dem Konfuzianismus skeptisch gegenüber. Zhuang Zhou (oft auch Zhuangzi, ca. 369–286 v. Chr.) war nach der Biografie, die Sima Qian von ihm in *Shji* aufzeichnete, ein an der Lehre Laozis orientierter Weiser, der dem Mohismus und dem Konfuzianismus kritisch gegenüberstand: »Durch Andeutungen und Schilderungen verstand er es, die Anhänger des Konfuzius und des Mozi zu verhöhnen, das auch die tüchtigsten Gelehrten seiner Zeit sich seiner nicht erwehren konnten. So ergötzte er sich an seinem prickelnden, fließenden Stil in stolzer Selbstgenügsamkeit. Darum konnten auch Fürsten und Könige und hohe Beamte sich seiner nicht bedienen.«[79]

Das Buch *Zhuangzi*, ein Schlüsselwerk des Daoismus, kann in seinen Kernkapiteln auf den Weisen selbst zurückgehen; weitere Kapitel wurden von seinen Schülern und möglicherweise späteren Bearbeitern hinzugefügt. Viele Aspekte des Daoismus, die in diesem Buch zur Sprache kommen, sind dem frühen Konfuzianismus fremd und häufig entgegengesetzt. So heißt es in einer berühmten Episode:»Einmal träumte Zhuangzi, er wäre ein Schmetterling. Frei und glücklich flatternd, wusste er nichts von Zhuangzi. Plötzlich aufgewacht, war er wieder ganz und echt Zhuangzi. Wie kann man wissen, ob Zhuangzi träumte, er sei der Schmetterling, oder ob der Schmetterling träumte, er wäre Zhuangzi?«

Derartige Zweifel an der Identifizierbarkeit von Wesen oder Dingen war nicht nach dem Geschmack der Konfuzianer der ersten Generationen, die Bedeutungen sichern wollten, um eine klare Verständigung und geregelte Verhältnisse in der Familie wie auch im Staat zu ermöglichen. Spätere Konfuzianer, die wie Lu Jiuyuan einen inneren Bewusstseinsraum erforschen möchten, beschäftigen derartige Fragen jedoch. In der frühen Zeit überwogen gegenseitige Vorbehalte der Daoisten und Konfuzianer.

Entsprechend enthält *Zhuangzi* viele gegen den Konfuzianismus gerichtete Spitzen:»Auswüchse der Moral führen zu nichts weiter, als daß man in willkürlicher Tugendübung die Natur unterbindet, um sich einen Namen zu machen, daß die ganze Welt mit Trommeln und Pfeifen einen als unerreichbares Vorbild rühmt.«[80]

Hier wird das konfuzianische Ideal des Edlen, der durch Rückkehr zu den Riten und Menschlichsein über sich hinauswachsen soll, nicht nur als widernatürlich bezeichnet, sondern auch als heuchlerisch. Sicher mag es der Realität entsprochen haben, dass nicht alle Konfuzianer ihre Veredelung wie einen Selbstzweck anstrebten, sondern viele, die diesen Weg gingen, nach Ämtern und Ansehen schielten.

Auch spart das Buch nicht mit Kritik an Konfuzius, der hier öfter als ein Schüler des Laozi dargestellt wird, der als seinem Meister weit unterlegen erscheint.[81] Im Abschnitt *Tianyun*, was sich mit »Himmelskreislauf« übersetzen lässt, kommt Konfuzius nach 51 Jahren des Umherziehens endlich zu Laozi, dem er bekennt, dass er noch keine wirkliche Ahnung vom *Dao* gewonnen habe. Auch bedauert Konfuzius dem Laozi gegenüber seinen Misserfolg, weil er keinen Fürsten fand, dem er seine Einsichten über die Vorzüge des Altertums vermitteln durfte.

Laozi bezeichnet es als ausgesprochen günstig, dass Konfuzius kein Amt erlangt habe. Wie der Himmel unabänderlich die Jahreszeiten hervorbringe und alle Tiere den Gesetzen ihrer Art folgen, müsse der Mensch mit dem *Dao*, dem natürlichen Weg aller Dinge, in Einklang kommen. So belehrt begibt sich Konfuzius für drei Monate in die Einsamkeit. Als er zurückkommt, erklärt er dem Laozi, dass er sich zuvor dem Wandel aller Dinge entgegengestellt habe, doch nun eins mit diesem geworden sei. Laozi bestätigt ihm darauf, dass er das *Dao* erlangt habe.

In einem anderen Kapitel kritisiert Laozi den Konfuzius aufgrund seiner übermäßigen Ambitionen: »Du bist nicht imstande, die Leiden eines Geschlechts zu tragen, und gibst dich eigensinnig mit den Schmerzen von tausend Geschlechtern ab. Bist du wirklich von Natur so unbegabt, oder hast du deine Fassungskraft verloren, daß du das nicht einsiehst? Durch Wohltaten Menschen überzeugen zu wollen, ist Eigensinn und eine lebenslange Schmach. Auf diese Weise suchen sich gemeine Menschen ihren Weg zu bahnen, indem sie die andern verlocken durch Namen und Titel und sie an sich ketten durch Dinge, die das Licht scheuen.«

Die hier formulierte Kritik soll den Konfuzianismus im Kern treffen: Ein Mensch sei bereits mit der Gegenwart überfordert, was erwarte er vom Erforschen der Vergangenheit? Hinter dem Versuch des Helfens und Besserns stehe keine höhere Erkenntnis, wie sich die Konfuzianer gerne vormachen, sondern letztlich nichts anderes als gewöhnlicher Geltungsdrang.

Der abschließende Rat des Laozi an Konfuzius besteht in einem Ablassen von Reflektionen und Aktionen. »Alles Nachdenken führt nur zum Schaden; alles Handelnwollen führt nur zu Verkehrtheit. Der Berufene läßt sich nur gezwungen auf äußere Handlungen ein; aber was er anfängt, das gelingt. Aber was soll man zu einem Menschen sagen, der sich in solcher Selbstüberhebung befindet?«[82] Nach daoistischer Auffassung reagiert der Weise allenfalls auf die Welt, hat aber keinen Ehrgeiz, durch Taten etwas zu verbessern oder zu verändern. Das Ideal der Inaktivität (*wuwei*) ist für die Konfuzianer ein Ziel, an das der Edle theoretisch im Menschlichsein gelangt, nachdem er sich selbst überwunden hat und zu den Riten zurückgekehrt ist. Im Daoismus jedoch besteht bereits der Weg aus dieser Inaktivität: Man kann nichts anderes tun, um ans Ziel zu gelangen, als einfach im Einklang mit der Natur zu sein. Jedes Streben lenkt davon ab.

Bei einer anderen Gelegenheit versucht Laozi dem Konfuzius zu vermitteln, dass der Eifer, selbstlos zu werden, im Grunde eine Überheblichkeit darstellt. Wer sich in den Lauf der Dinge einmischen will, nimmt sich zu wichtig und verdirbt alles: »Selbstlosigkeit als seine Pflicht ansehen, das beweist ja gerade, daß man selbstsüchtig ist. Wenn Ihr, Meister, den Wunsch habt, daß die Welt nicht ohne Hirten sei, so wißt Ihr ja, daß Himmel und Erde ihre ewigen Ordnungen in sich selbst haben, daß Sonne und Mond ihr Licht in sich selbst haben, daß Sterne und Sternbilder ihre Ordnung in sich selbst haben, daß die Tiere ihren Herdentrieb in sich selbst haben, daß die Pflanzen ihren Standort in sich selbst haben. Wenn Ihr, Meister, in Euren Handlungen diesem Leben nachahmt und mit Euren Schriften diesem Sinne folgt, so seid Ihr ja schon am Ziel. Was braucht Ihr da noch krampfhaft Liebe und Pflicht predigen, wie wenn man die Pauke schlagen wollte, um einen verlorenen Sohn zu suchen? Ei, Meister, Ihr verwirrt der Menschen Wesen!«[83]

So zeigt diese Kritik, bei der Konfuzius stets als eine Art armer Schüler vor Laozi steht, deutlich die Differenz beider Richtungen: Wollten Konfuzianer sich in die Dinge der Welt einmischen, um zu bessern, was ihnen schlecht erschien, gingen Daoisten davon aus, dass sie einzig durch ihren Rückzug, der allem seinen natürlichen Lauf lässt, zu einer Besserung ihrer selbst und der Welt beitragen können.

Freiheit oder Zwang

Von Yang Zhu[84] (ca. 440–360 v. Chr.) sind uns keine originalen Texte erhalten. Er vertrat die Auffassung, dass er auch dann nicht das kleinste Haar seines Körpers opfern werde, wenn er dadurch die Welt retten könne. Yang ging davon aus, es wäre an alle gedacht, dächte jeder vor allem an sich selbst. Man könne nichts Besseres tun, als die eigene Person und ihre Interessen über alles andere zu setzen.

Vor diesem Hintergrund wiesen die Anhänger Yangs nicht nur die konfuzianischen Werte der Sittlichkeit, des Menschlichseins und der Gerechtigkeit zurück, sondern auch die mohistische Idee eines Staates, in dem jeder in gleicher Weise auf alle anderen bezogen ist. Doch ging Yang Zhu davon aus, dass man keinem anderen schade, weil diese Sorge um sich selbst gar nicht gelingen könne, wenn man mit anderen konkurriere.

In Yang Zhus Auffassung wird ein Mensch am glücklichsten, je weniger ihn äußere Zwänge einschränken. Er soll möglichst ganz im eigenen Wesen sein und unmittelbar aus diesem heraus handeln. Diese Autonomie bedeutet keinesfalls, sich eigene Ziele zu setzen und diese zu verfolgen. Damit wäre man wieder stark von Dingen bestimmt, die dem eigenen Wesen fremd sind. Menschen können ihr Leben gar nicht genießen, meint Yang Zhu, wenn sie sich davon antreiben lassen, möglichst lang zu leben, Ruhm zu gewinnen, in soziale Stellungen aufzusteigen oder Besitz zu erwerben. Wer sich noch von diesen Dingen beherrschen lässt, wird zwingend unglücklich, weil ihn die Furcht plagt, etwa vor Geistern, vor anderen Menschen, vor Mächtigen und vor Bestrafung.

Wirkliches Glück komme aus einem spontanen Dasein im Augenblick, das sich weder von Zukunftszielen fremd bestimmen lasse, noch irgendetwas für sich fordere, was nichts mit dem eigenen Wesen zu tun habe. Wer sich nicht sorge, länger zu leben als in diesem Augenblick, wer nicht brauche, was er gerade nicht habe, und wem gleichgültig sei, welcher Ruf ihm bei anderen zukomme, müsse sich vor nichts fürchten und dürfe schlicht glücklich sein.

Die Idee einer Freiheit, die sich nicht um Normen, Vorschriften und Gebote kümmert, mag von daoistischen Vorstellungen inspiriert sein. Ähnlich wie diese beinhaltet sie auch einen zumindest inneren Rückzug von der Gesellschaft.

Eine gegenläufige Tendenz hierzu findet sich bei den Legalisten, die den Einzelnen zum Wohl des Ganzen durch Vorschriften und strikte Strafen lenken wollen. Auch unter den Vertretern des Legalismus fanden die Konfuzianer Kritiker wie Shang Yang (ca. 390–338 v. Chr.), der ein führender Staatsmann in Qin war.

Dieser sah zum Regieren zwei notwendige Prinzipien: Einmal musste das Richtmaß, an das sich jeder zu halten hat, allgemeingültig festliegen. Zum anderen war das Volk als Ganzes zu sehen. Ausnahmslos jeder sollte unmittelbar dem Staat verpflichtet sein und nicht zuerst der Familie, wie dies die Konfuzianer sahen. Shang Yang misstraute der Großfamilie und versuchte diese aufzubrechen, indem er die Menschen ermunterte, möglichst jung zu heiraten, um in einer neuen Kleinfamilie die Bevölkerungszahlen zu steigern.

Qin wurde unter Shang Yangs Mitwirkung straff geführt. Bauern, die ein festgelegtes Plansoll überschritten, wurden dafür belohnt, während jene, die ihm nicht gerecht wurden, in die Sklaverei geführt wurden.

Nicht nur in der Praxis verfolgte Shang Yang ein Programm, das konfuzianischen Idealen widerspricht. In dem ihm zugeschrieben Buch *Shang jun shu* kritisiert er konfuzianische Werte, wenn es z. B. heißt:

»Weises Getue und Gelehrtheit fördern Gesetzlosigkeit; Riten und Musik sind Erscheinungen der Verschwendung und Ausschweifung; Höflichkeit und Menschlichkeit sind die Ammen der Missetaten; Förderung und Gönnerschaft sind Möglichkeiten für die Raffgier der Verdorbenen.«[85]

Als ein Jahrhundert nach Shang Yangs Tod die Qin-Dynastie die Macht über China ausübte, wurde in diesem Geist der Konfuzianismus im ganzen Reich verfolgt.

War Konfuzius, folgt man *Lunyu*, gegen ein Regieren durch Gesetze und Strafen, um stattdessen auf die Kraft des Vorbildes zu setzen, sollte es in späteren Jahrhunderten vielfältige Verbindungen zwischen legalistischen und konfuzianischen Vorstellungen geben. Möglich wurde dies vor allem durch Xunzis Menschenbild. Wird der Einzelne mit schlechten Anlagen geboren und neigt von Natur aus zur Gier, liegt die Akzeptanz eines Zwangs durch Gesetz, Ordnung und Strafe nicht fern. Xunzis Schüler Han Feizi[86] (280–233 v. Chr.) wandelte sich nach seiner konfuzianischen Lehrzeit zum maßgebenden Theoretiker des Legalismus. Dass gelehrte Diskussionen nicht zielführend waren, erwies sich ihm schon darin, dass Konfuzianismus und Mohismus einander gegenseitig widerlegten, also beide falsch waren. Han Feizi glaubte nicht an die konfuzianische Idee eines Führens durch Vorbildhaftigkeit und wollte das Zusammenleben durch strikte Gesetze geregelt sehen, deren Übertreten der Staat ohne Gnade und mit aller Härte ahndet. Die für jeden in gleicher Weise geltenden Gesetze sollten eindeutig formuliert sein und Lohn sowie Strafe des Staates derart substanziell, dass Menschen angespornt und abgeschreckt werden. Auf Vergehen hätten Strafen ohne Abwägungen im Einzelfall für jeden Täter mit absoluter Verlässlichkeit zu erfolgen.

In der frühen Zeit waren vor allem Nachfolger des Yang Zhu und des Mozi starke Kritiker des Konfuzianismus. Nach den Worten des Menzius scheinen die Zahlen ihrer Anhänger jenen des Konfuzius zahlenmäßig weit überlegen gewesen zu sein:

»Die Worte von Yang Zhu und Mozi herrschen in der Welt vor, und die Ansichten der Menschen folgen entweder der Schule des Yang oder der Schule des Mohismus. Yang vertritt die Anschauung ›jeder für sich selbst‹, und dies ist gleichbedeutend damit, seinen Herrscher und sein Land zu verleugnen. Mozi vertritt die Anschauung der Liebe ohne Unterschied, und dies ist gleichbedeutend damit, seinen Vater zu verleugnen. Wer seinen Herrscher und seinen Vater verleugnet, unterscheidet sich nicht von einem Tier.« (M VI, 9)

Menzius sprach sich dafür aus, mit Vertretern der beiden konkurrierenden Lager zu diskutieren, um jene bereitwillig aufzunehmen, die sich dem Konfuzianismus nähern wollen. Offenbar war die Atmosphäre zwischen den Gruppen, die jeweils für sich den rechten Weg zu kennen beanspruchten, aufgeheizt: »Heutzutage benehmen sich manche Leute, die mit Anhängern der Schulen Yangs und des Mohismus debattieren, als würden sie umherirrende Schweine jagen. Sogar wenn sie in den Stall zurückkommen, wollen sie ihnen noch die Beine festbinden.« (M XIV, 26)

Nachdem sich der Konfuzianismus während der Han-Zeit mit dem Staat verband, was sich unter den folgenden Dynastien noch intensivierte, hörten die Konkurrenten auf, eine Gefahr zu sein. Die Lehren Mozis und Yang Zhus versanken in der Vergessenheit. Legalistische Elemente wurden in den Konfuzianismus aufgenommen. Mit Daoisten, die sich vom Eingreifen in den Lauf der Dinge zurückhalten und die Gesellschaft nicht formen wollten, war leicht eine friedliche Koexistenz zu führen. In der Praxis kam es zu vielfältigen Verschmelzungen konfuzianischer und daoistischer Ideen.

Anmerkungen

74 Vgl. hierzu Heiner Roetz: *Die chinesische Ethik der Achsenzeit. Eine Rekonstruktion unter dem Aspekt des Durchbruchs zu postkonventionellem Denken.* Frankfurt a. M. 1992, S. 242.

75 Michael Nylan, Thomas Wilson: *Lives of Confucius. Civilization's Greatest Sage Through the Ages.* New York 2010, S. 276.

76 Zitiert nach Wolfgang Bauer: *Geschichte der chinesischen Philosophie. Konfuzianismus, Daoismus, Buddhismus.* Hg.: Hans van Ess. München 2001, S. 289.

77 Heike Mallm, Kersten Reich: *Zweifeln bis zum Tod der letzten Herrschaft. Chinas Intellektuelle zwischen Demokratie und Despotismus.* Köln 1989, S. 97.

78 Mo bezeichnet Zitate des Mozi nach Mo Ti: *Von der Liebe des Himmels zu den Menschen.* Übersetzt und hg. von Helwig Schmidt-Glintzer. München 1992. Die Ziffer bezieht sich auf die Seitenzahl dieser Ausgabe.

79 Modifiziert zitiert nach der Einleitung von Richard Wilhelm in Dschuang Dsï: *Das wahre Buch vom südlichen Blütenland.* Düsseldorf, Köln 1972, S. 7.

80 Zitiert nach der Übersetzung von Richard Wilhelm in Dschuang Dsï: *Das wahre Buch vom südlichen Blütenland.* Düsseldorf, Köln 1972, S. 104.

81 Vgl. zum Folgenden Volker Olles: »Die Metamorphosen des Meisters. Einige Eindrücke von Bild des Konfuzius im Buch Zhuangzi.« In: Konrad Meisig (Hg.): *Chinesische Religion und Philosophie.* Wiesbaden 2005, S. 69–91.

82 Zitiert nach der Übersetzung von Richard Wilhelm in Dschuang Dsï: *Das wahre Buch vom südlichen Blütenland.* Düsseldorf, Köln 1972, S. 278–279.

83 Zitiert nach der Übersetzung von Richard Wilhelm in Dschuang Dsï: *Das wahre Buch vom südlichen Blütenland.* Düsseldorf, Köln 1972, S. 150–151.

84 Zu Yang Zhu vgl. Vincent Shen: »Yang Zhu (Yang Shu).« In:
    Antonio S. Cua: *Encyclopedia of Chinese Philosophy*. New
    York, N. Y. 2003, S. 840–842.

85 Zitiert nach der Übersetzung von J[an] J[ulius] L[odewijk]
    Duyvendak: *The Book of Lord Shang*. Chicago 1928, S. 109.

86 Han Fei: *Die Kunst der Staatsführung*. Aus dem Chinesischen
    übersetzt, mit einem Vorwort und Kommentar von Wilmar
    Mögling. Köln 2007.

6. Die Gegenwart der Ahnen

Nähe und Ferne der Toten

Unfassbares Geisterreich

Ein integrales Element des Konfuzianismus und charakteristisches Kennzeichen aller von ihm geprägten Kulturen ist der Ahnenkult. Es handelt sich um ein komplexes Phänomen, das in China, Korea, Vietnam und Japan eine Vielzahl regionaler Traditionen und über den Konfuzianismus hinausgehende ältere und jüngere Strömungen wie der Schamanismus und der Buddhismus prägten. Obwohl es daher nicht *die* konfuzianische Ahnenverehrung schlechthin gibt, sorgten doch die Konfuzianer auch über ihren Einfluss auf die Politik der Staaten dafür, dass man den Kult ungeachtet der von Einzelnen und Gruppen mit ihm verbundenen Vorstellungen über Jahrtausende als selbstverständliche Pflicht betrachtete.

Das nachfolgend Beschriebene hatte in China eine über Jahrtausende kontinuierliche Tradition, deren Zukunft ungewiss ist. Im Großraum Shanghai scheint der Ahnenkult zu verschwinden, während er in vielen ländlichen Regionen, aber auch in Städten wie Hongkong und unter Chinesen Singapurs noch stark beachtet wird.[87]

Über die Ursprünge chinesischer Ahnenverehrung lässt sich am ehesten aus archäologischen Funden schließen. Diese gewähren zwar für die frühe Zeit nur eine Ahnung von Vorstellungen der Oberschicht. Doch zeigt die Entwicklung, wie sich diese frühen Bräuche fortpflanzten und in modifizierter Weise schließlich in allen Schichten zu finden waren.

Aus mit Texten versehenen Bronzegefäßen und für Orakelzwecke verwendeten beschriebenen Knochen der Shang-Zeit (1766–1122 v. Chr.) geht hervor, dass man von einer Art der Existenz der Toten und Kontaktmöglichkeiten zu ihnen ausging. Die Toten der Shang wurden in Grabhöhlen bestattet, wobei man ihnen persönliche Besitztümer wie Pferde, Wagen und Personal mit ins Grab gab. Offenbar stellte man sich Tote mit denselben Bedürfnissen wie Lebende vor. Vollzog man in der Shang-Zeit noch Menschenopfer für die Ahnen, wurden unter den Zhou sowohl Gebrauchsgegenstände als auch Diener, die man den Toten gab, durch tönerne oder hölzerne Nachbildungen ersetzt.

Einerseits waren Tote abhängig von Hinterbliebenen, die sie mit Nahrung und Dingen versorgten. Andererseits gewannen sie in der Vorstellung der Lebenden in ihrer unsichtbaren Sphäre an Stärke und Möglichkeiten, Einfluss auf die Wirklichkeit zu nehmen. Indem man sich um die Ahnen kümmerte und sie mit allem versorgte, was sie benötigen, versicherte man sich ihrer Gunst und durfte sie durch Gebete, mediale Befragung und Orakel um Rat und Hilfe bitten. Vernachlässigte man sie jedoch, konnten sie den Hinterbliebenen schaden. Schon in der Shang-Zeit schrieb man Krankheit und Unglück einer Verstimmung der Ahnen zu, die ihre Nachkommen verfluchten.

Die Ansicht der Wechselbeziehungen zwischen Ahnen und lebender Familie hat bis in die jüngste Zeit Bestand, wie überhaupt der Totenkult in vielem kontinuierlich blieb. Inzwischen werden als Opfer an die Ahnen keine Pferde und Wagen mehr dargebracht, sondern ein spezielles Papiergeld und aus Papiermaché geformte Autos und Elektrogeräte. All dieses wird verbrannt, damit es sich in der Sphäre der Toten zu verwendbaren Objekten verwandelt.

Es ist unklar, ob in der Frühzeit genauere Vorstellungen über das Wesen der Geister Toter bestanden. Der Ahnenkult mag ursprünglich gerade ein Mittel gewesen sein, ihre Existenz durch Versorgung zu sichern. Ob man anfänglich etwas über den Werdegang von Geistern dachte, die von keinen Nachkommen versorgt wurden, ist nicht bekannt. Die Toten scheinen hauptsächlich in Bezug auf die Lebenden von Interesse und kein Gegenstand eigener Spekulation gewesen zu sein. Darum bieten älteste Quellen kein eindeutiges Bild vom Weiterleben der Ahnen.

Doch prägten sich mit der Zeit Vorstellungen über etwas u. a. mit den Worten *shen*, *hun* und *po* Bezeichnetes aus, das den Tod

überdauert. Wird dies nachfolgend mit dem Wort »Seele« bezeichnet, darf dieses nicht als unsterbliche Seele im Sinn Pla-
tons oder religiöser Ideen im Abendland begriffen werden. Das
Nichtstoffliche am Menschen für eine ewige Entität zu halten,
war der frühen chinesischen Tradition wohl fremd und wurde
von Konfuzianern auch später zurückweisen. Als unter dem
Einfluss des Buddhismus entsprechende Spekulationen aufka-
men, wies der Gelehrte Fan Zhen (ca. 450–510 n. Chr.) sie in
dem Traktat *Die Sterblichkeit der Seele (Shenmielun)* zurück.

Dem *Buch der Riten* zufolge schien der Mensch auf zweierlei
Weise beseelt: Einmal gab es eine an den Körper gebundene
Lebenskraft oder Seele (*po*), die nach dem Tod mit dem Leib
wieder in die Erde einging. Andererseits stieg eine eher imma-
teriell verstandene Seele (*hun*) zum Himmel auf. (*Liying* IX, III,
17) Entsprechend heißt es: »Knochen und Erde ist gewiss, in die
Erde zurückzukehren; doch die immaterielle Seele (*hun*) kann
nach überall gehen.« (*Liying* II, II, III, 13)

Was zum Himmel aufstieg, sah man in der frühen Zeit in der
Regel in keiner direkten Beziehung zur höchsten Gottheit. Nur
als Ausnahme findet sich solches erwähnt, so von Wen, jenem
Fürsten der Zhou, mit dessen Sohn Wu die Regentschaft der
Dynastie begann. Das 235. Lied des *Shijing* sagt, dass Wen
»hoch im Himmel strahlt« und rechts und links des Gottes
Shangdi auf- und absteigt. Wen, der maßgebend zum *Buch der
Wandlungen* beigetragen haben soll, genießt hier eine Sonder-
stellung, die man vielleicht weiteren herausragenden Persön-
lichkeiten zugestand.

In der Regel lebten und agierten Ahnen unabhängig vom
höchsten Gott. Sie nahmen keine Mittlerrolle zwischen diesem
und den Lebenden ein, und was sie den Nachkommen schenkten, entstammte ihrem eigenen Vermögen. Doch war sogar die
Macht hoch stehender Ahnen beschränkt, wie das 258. Lied des
Shijing nahelegt. Hier klagt ein Herrscher über schwere Dürre,
die Verderben und Tod bringt. Sein Ahnherr, sagt er, wäre der
Situation nicht gewachsen, und der höchste Gott wäre nicht
zum Helfen gewillt.

Über die genaue Beschaffenheit der Sphäre der Toten gab es,

obwohl diese angesichts der gleichartigen Bedürfnisse der Geister wie ein Spiegel der Welt der Lebenden erscheint, keine festen Vorstellungen. Noch zur Zeit des Konfuzius bestanden solche offenbar nicht und dieser wollte nach allem, was *Lunyu* darüber berichtet, gleichfalls nichts Verbindliches darüber aussagen: »Wer den Menschen nicht dienen kann, wie kann er den Geistern dienen? Wer das Leben nicht versteht, wie will er den Tod verstehen?« (L XI, 11)

Elias Canetti, den die Frage des Wissens um die Unausweichlichkeit des Todes besonders beschäftigte, kommentierte diesen Widerstand gegen eine eindeutige Aussage: »Ich kenne keinen Weisen, der den Tod so ernst nahm wie Konfuzius. Auf Fragen nach dem Tod verweigert er die Antwort. ›Wenn man noch nicht das Leben kennt, wie sollte man den Tod kennen.‹ Ein Satz, der angemessener wäre, ist über diesen Gegenstand nie ausgesprochen worden. Er weiß sehr wohl, daß alle solche Fragen einer Zeit *nach* dem Tode gelten. Jede Antwort darauf setzt sich mit einem Sprung über den Tod hinweg, und er selber wie seine Unbegreiflichkeit werden dadurch eskamotiert. Wenn nachher etwas ist, so wie vorher etwas war, verliert der Tod als solcher sein Gewicht. Zu diesem unwürdigsten aller Taschenspielerstücke gibt Konfuzius sich nicht her. Er sagt nicht, dass nachher nichts ist, er kann es nicht wissen. Aber man hat den Eindruck, daß ihm gar nicht daran läge, es in Erfahrung zu bringen, selbst wenn es möglich wäre.« Darum »bleibt das Leben ganz, was es ist, und auch der Tod bleibt intakt, sie sind nicht austauschbar, nicht vergleichbar, sie mischen sich nicht, sie bleiben verschieden«.[88]

Entsprechend bleiben viele Aussagen konfuzianischer Autoren in der Schwebe, wenn es um den Status der Verstorbenen geht. Das *Kongzi jiayu* schreibt Konfuzius die Worte zu: »Wenn man die Toten so versorgt, als ob sie völlig tot wären, so ist das nicht menschlich, und man darf es nicht tun. Wollte man die Toten so versorgen, als ob sie noch lebten, so ist das nicht weise, und man darf es nicht tun. Darum sind die Grabbeigaben so beschaffen, dass die Bambuskörbe nicht gefüllt werden können, dass die Tongefäße nicht glasiert sind, die Holzgeräte

nicht geschnitzt sind, die Zithern und Harfen zwar Saiten haben, aber nicht gestimmt werden, die Flöten und Pfeifen zwar
vollständig sind, aber nicht harmonieren. Man hat Glocken und
Klingsteine, aber keine Ständer, sie aufzuhängen. Das nennt
man Geistergeräte.« (KW 207)

Auch wenn es nach konfuzianischer Sicht nicht bedeutend
ist, was beim Ahnenkult jenseits der sichtbaren Handlung geschieht, ist der Vollzug wichtig, *als ob* die Ahnen anwesend wären. Dafür soll jede Familie ihren besonderen Ort haben, Angehörige der Oberschicht ein eigenes Gebäude, Menschen aus
dem Volk einen Platz in ihren Wohnungen. Entsprechend heißt
es im *Buch der Riten*: »Wer den Erdkreis besitzt [der Kaiser], hat
Ahnentempel für sieben Generationen; wer einen Staat besitzt,
opfert fünf Generationen; wer einen Besitz von einem Land hat,
das fünf Kriegswagen stellt, opfert drei Generationen; wer einen Grundbesitz hat, der drei Kriegswagen stellt, opfert zwei
Generationen; wer von seiner Hände Arbeit lebt, darf keinen
besonderen Ahnentempel errichten.« (Li 203)

Als eine Angelegenheit der Familie garantiert der Ahnenkult
deren Fortbestand. Dies kann als ein konkretes Weiterexistie-
ren in einem Jenseits verstanden werden, aus dem die Toten
auf geheimnisvolle Weise in das Dasein der Lebenden hinein
wirken. Andererseits kann die Ahnenverehrung als reiner Akt
der Dankbarkeit ohne eine Verbindung mit bestimmten Entitäten gedacht werden. Xunzi schreibt, dass der Edle die rituellen
Handlungen beim Ahnenkult als Teil seines Wegs als Mensch
begreift, während die Masse glaube, es ginge darum, die Geister der Verstorbenen zu bedienen. (X XIX, 22)

Konfuzianer widmeten sich dem Ahnenkult ursprünglich
nicht aus dem Wissen um eine Wahrheit über die Jenseitigen
heraus, sondern folgten Riten, die sich schon lange für die eigene Veredelung und die heilsame soziale Interaktion bewährten.
Dass die Frage über die tatsächliche Gegenwart der Geister
dennoch diskutiert wurde, zeigt eine Passage in *Kongzi jiayu*.
Ein Schüler spekuliert über Unterschiede des Ahnenkults im
Lauf der drei Dynastien:

»Die Volksherren von Xia benützten als Grabbeigaben Geistergeräte, um den Leuten zu zeigen, dass die Toten kein Bewusstsein haben. Die Männer von Yin [= Shang] benützen Opfergeräte, um den Leuten zu zeigen, dass die Toten Bewusstsein haben. Die Männer von Zhou benützen beide Arten von Grabbeigaben, um die Leute im Zweifel zu halten.«

Ein anderer widersprach:

»Das ist nicht so! Die Geistergeräte sind Geräte für die abgeschiedenen Geister (*gui*), die Opfergeräte sind Geräte für die Menschen. Wie sollten die Männer des Altertums ihre Eltern für tot gehalten haben!« (KW 207)

Tod und Bestattung

Das Bewusstsein des Todes war im traditionellen China stark ins Leben integriert. So gab es den Brauch, dass Kinder ihren Eltern in deren 59. Lebensjahr einen Sarg bereitstellten und ihnen die Kleider schenkten, in denen sie einst bestattet würden. Der sichere Tod sollte nicht aus dem Bewusstsein verbannt werden.

Sobald ein Mensch gestorben war, sahen die Riten vor, dass man die immaterielle Seele (*hun*), die fortgehen wollte, zurückzurufen versuchte. Dabei sollte man auf das Dach des Hauses steigen, um die Seele des Toten mit ihrem Namen zu rufen und zur Rückkehr aufzufordern. Dann legte man der Leiche Reis in den Mund und spendete ihr Fleisch. Das *Buch der Riten* lässt Konfuzius dies als einen sehr alten Brauch bezeichnen:

»Trat ein Todesfall ein, so stieg man auf das Dach und rief: ›Oh, N. N., komm zurück!‹ und darauf gab man dem Toten Reis in den Mund und legte ein Bündel von Fleisch an seine Seite. So blickte man zum Himmel empor und bettete ihn in die Erde; denn Körper und Körperseele sinken nach abwärts, das Bewußtsein aber und die Atemseele steigen nach oben. Darum richtete man des Toten Haupt nach Norden, während der Lebende nach Süden blickt.« (Li 58–59)

Das Zurückrufen galt für den Kaiser wie den Untertan, für Frauen wie Männer. (*Lijing* XIII, II, 7) Man zeigte jedem verstorbenen Angehörigen mit dem vergeblichen Zurückrufen seine Wertschätzung und Anhänglichkeit. Nach dem Rückruf wurde die Leiche gewaschen, gekleidet und aufgebahrt, bevor man sie in den Sarg legte und zur Bestattung schritt.

»In den Riten der Bestattung verwendet man Objekte der Lebenden, um die Toten zu zieren und schickt sie in einer Weise ins Grab, die dem Weg der Lebenden ähnelt. So behandelt man die Toten wie die Lebenden, und man behandelt ihre Abwesenheit genau so, als wären sie noch gegenwärtig, wodurch Ende und Anfang wie Eines sind. Wenn der Mensch gerade gestorben ist, wird sein Haar gewaschen, sein Körper gebadet, das Haar geknotet, die Nägel geschnitten, und man gibt ihm Nahrung in den Mund, wobei man nachahmt, was man für ihn tat, als er noch lebte.« (X XIX, 16)

Je nach dem sozialen Stand des Toten gab es unterschiedliche Zeiten zwischen der Aufbahrung und dem Einsargen sowie dem Einsargen und der Beerdigung. Beim Herrscher als dem Sohn des Himmels lagen sieben Monate zwischen Einsargen und Bestattung, bei einem Offizier drei. (*Lijing* III, III, 1)

Vor der Bestattung wurden in einem Opfer Nahrungsmittel dargebracht. (*Lijing* II, I, II, 4) Dieses Ritual war offen für dem Verstorbenen nahestehende Menschen, die nicht der Familie angehörten, doch auf diese Weise ihr Beileid kundgeben und Opfer spenden konnten. Nach der Bestattung gab es einen weiteren Opferritus, der sich erstmals an den Beigesetzten als Toten richtete. Vor der Bestattung galt er nicht als vollends gegangen.

Waren die Bestattungs- und Trauerbräuche für alle Verstorbenen ähnlich, konnte doch nicht jeder Tote zum Ahnen werden. Hierzu war es notwendig, dass der Nachkomme sich an die vorgeschriebene Trauerzeit mit den geltenden Vorschriften hielt. Im Falle des Todes von Vater oder Mutter handelte es sich um drei Jahre. Das Verhältnis zu den Eltern überdauerte derart den Tod. Der Sohn sollte nach der Lehre des Konfuzius während der drei Trauerjahre nicht von der Linie des verstorbenen Vaters abweichen. Erst nach deren Ablauf mochte er Änderungen erwägen. (L IV, 20) Generell war geboten, sich möglichst weiter am Weg des Verstorbenen zu orientieren: »Lebt der Vater, richte man sich nach seinem Wunsch. Ging er dahin, folge man seinem Tun.« (L I, 11)

Ein Schüler fragte Konfuzius, ob nicht ein einziges Trauerjahr für die Eltern genüge. Er begründete dies damit, dass er im Musizieren schlechter werde, spiele er drei Jahre keinen freudigen Klang. Konfuzius fragte, ob der Schüler innere Ruhe finde, wenn er ein Jahr nach dem Tod der Eltern gutes Essen und fröhliche Musik genieße. Als dieser die Frage bejahte, erwiderte der Konfuzius, er möge handeln, wie er mag, doch sei dies kein Weg des Edlen. Als der Schüler gegangen war, bezeichnete ihn Konfuzius als lieblos: »Ein Kind wird drei Jahre alt, ehe es nicht mehr von den Eltern getragen wird.« (L XVII, 21) Diese drei Jahre schulde man nach Konfuzius der Trauer um die Eltern. Ursprünglich dürfte die dreijährige Trauer auf die Vorstellung zurückgehen, dass die mit dem Körper verbundene Seele (*po*) genau diese Zeitspanne braucht, um sich vollständig aufzulösen, weshalb der Tote während dieser Periode besonderer Achtung bedarf, um sich nicht gegen die Lebenden zu wenden.

Nach der Trauerzeit wurde ein Opfermahl dargebracht. Die Beschreibung einer solchen Zeremonie findet sich im 209. Lied des *Shijing*: Die Ahnen werden zum großen Festmahl geladen und mit Fleisch und Spirituosen bewirtet, von denen auch die Lebenden genießen. Die Ahnen gewähren ihnen darauf ihre Hilfe.

Bei diesem rituellen Mahl konnte der verstorbene Ahne durch seinen anwesenden Enkel verkörpert werden. So war der Tote in den Augen der Teilnehmer durch seinen Vertreter anwesend. Der Sohn durfte diese Aufgabe nicht übernehmen. Zum einen kamen ihm andere rituelle Aufgaben zu, zum anderen schuldete er dem Vater zu große Verehrung, als dass er ihn selbst verkörpern könnte. Das *Lijing* schreibt Konfuzius die Lehre zu, dass der Tote durch einen Enkel ersetzt werden müsse, der notfalls zu tragen sei, falls er noch zu klein ist. Andernfalls sollte man einen Stellvertreter gleichen Familiennamens wählen, also einen Menschen derselben Sippe. (*Lijing* V, II, 20)

Später ersetzte man den lebendigen Vertreter des Verstorbenen durch eine Holztafel, auf welcher sein Name stand, ein

Brauch, der sich über China hinaus bis heute in ganz Ostasien findet.

Nach diesem Mahl zur Beendigung der Trauerzeit konnte der Sohn regelmäßig das Ahnenopfer darbringen. Hierfür macht das *Buch der Riten* detaillierte Vorgaben, die sich nicht nur auf die äußeren Handlungen beziehen, sondern auch das angemessene innere Erleben vorgeben:

»Zum strengen Fasten ging man in die innere Abteilung des Hauses, zum vorbereitenden Fasten war man in der äußeren Abteilung. Am Tag des Opfers dachte der Sohn an seine Eltern, er vergegenwärtigte sich ihre Wohnung, ihr Lächeln, den Ton ihrer Stimme, ihre Gesinnung; er dachte an das, worüber sie sich freuten, und an das, was sie gerne aßen. Wenn er drei Tage auf diese Weise gefastet und meditiert hatte, so erblickte er die, für die er fastete.

Am Tag des Opfers, wenn er in den Ahnenraum eintrat, war er gespannt darauf, daß er sie sicher an ihrem Ahnensitz erblicken werde; beim Umhergehen, Aus- und Eingehen war er ernst, als werde er sicher hören, wie sie sich bewegen oder reden; wenn er zur Tür hinausging, lauschte er mit verhaltenem Atem, als hörte er sie seufzen.« (Li 275–276)

Die beständige Familie

Obwohl sich der Ahnenkult formal an die Verstorbenen richtet, dient er im konkreten konfuzianischen Kontext mehr den Lebenden als den Toten. Zwar basieren die Kulthandlungen selbst auf überlieferten Vorstellungen von einer Fortexistenz als Geist (*gui*), und Konfuzianer forderten beim Ahnendienst ein Bewusstsein, *als ob* jene, für die man Opfer vollzieht, tatsächlich anwesend wären. Doch erzielt die rituell korrekte Behandlung der Toten unmittelbare diesseitige Ergebnisse:

»Lieblosigkeit entsteht daraus, daß die Beerdigungs- und Opfersitten nicht klar sind. Die Beerdigungs- und Opfersitten sind das Mittel, liebevolle Gesinnung zu lehren. Wer Liebe bewirkt, bewirkt, daß man das Totenopfer richtig darbringt. Wenn im

Frühling und Herbst die Opfer für die Heimgegangenen nicht unterbrochen werden, so bewirkt das eine Gesinnung der Ehrerbietung. Das Opfer bewirkt den Weg zur Ernährung und Pflege der Eltern. Denn wenn man den Toten gegenüber noch eine ehrerbietige Gesinnung zeigt und sie pflegt und nährt, wieviel mehr gegenüber den Lebenden, die noch da sind!« (Li 241)

Neben diesen heilsamen Auswirkungen für den Zusammenhalt der Lebenden sichert der Ahnenkult die Kontinuität der Familie über das Sterben jedes Einzelnen hinaus. So setzt sich nach dem *Buch der Riten* die Liebe zu den lebenden Eltern über den Tod hinaus durch die Opfer fort: »So verhält sich der ehrfürchtige Sohn zu seinen Eltern: Zu ihren Lebzeiten tut er seine Pflicht, um sie zu stützen; nach ihrem Tode naht er ihnen mit Trauer; bei den Opfern naht er ihnen mit Ehrfurcht. Auf diese Weise vollendet er die Kindesehrfurcht.« (Li 143)

Die Zuwendung zu Lebzeiten, die Trauer nach dem Sterben und die Verehrung des Ahnen bringen somit in verschiedenen Stadien denselben Bezug zu vorangegangenen Vertretern der Familienlinie zum Ausdruck, der nicht aufhört, wenn diese nicht mehr am Leben sind. Die Ahnen werden zum ruhenden Bezugspunkt für die Welt der Lebenden mit ihrem unausgesetzten Geborenwerden und Sterben. Die Familie wurzelt in der Reihe der Ahnen, deren Wirklichkeit davon abhängt, dass auch die Reihe der Nachkommen nicht abreißt. Eine häufige Inschrift auf Kultgefäßen lautet: »Mögen meine Söhne und Enkel für immer dieses Gefäß ehren und verwenden.«[89]

Dieses Verständnis von Familie ist einerseits horizontal, indem es in der Gegenwart die lebenden Verwandten umfasst. Zum anderen bezieht es eine vertikale Zeitachse ein, indem es nach unten die Ahnen einschließt, in deren Leben man wurzelt, und nach oben die für alle Zukunft erwünschten Nachkommen. Nur in der Einbettung in eine familiäre Vergangenheit, Gegenwart und Zukunft gilt der Mensch als vollständig. Ohne Kinder und Kindeskinder wird die eigene Existenz sinnlos und vergeblich. Auch aus diesem Grund war den Konfuzianern der Buddhismus höchst suspekt, als er aus Indien nach China kam. Ein zölibatärer Orden von Männern ohne Nachkommen widersprach ihrem auf dem Wert der Familie und deren Beständig-keit basierenden Menschenbild.

Um die Kontinuität des Ahnenkults zu gewährleisten, wird es zur wesentlichen Pflicht jedes Menschen, Nachkommen zu haben. Nach Menzius ist es das schlimmste Vergehen, das man gegenüber seinen Eltern begehen kann, keine Kinder zu wollen. Er führt das Beispiel eines Mannes an, der zwar entgegen den guten Sitten seine Eltern nicht über seine geplante Ehe informierte. Doch weil dies aus Furcht geschah, diese könnten dagegen sein und somit ohne Nachkommen bleiben, galt sein regelwidriges Verhalten doch als sittlich. (M VII, 26)

Wegen ihrer Bedeutung für die Fortsetzung der Linie durch Nachkommen besitzt die Ehe im Konfuzianismus einen denk-bar hohen Stellenwert. Das *Buch der Riten* lässt Konfuzius fest-stellen: »Die feierliche Eheschließung ist das Höchste. Da nun die feierliche Eheschließung das Höchste ist, so holt der Gatte die Braut mit Feierkleidung angetan in eigener Person ab. Daß er in eigener Person sie abholt, zeigt seine Ehrfurcht vor ihr.« (Li 230) Einem Fürsten, der Bedenken gegen allzu festliche Hochzeitsbräuche äußerte, antwortete Konfuzius nach dersel-ben Quelle: »Wenn Himmel und Erde sich nicht vereinigen, werden alle Wesen nicht erzeugt. Die feierliche Eheschließung erzeugt Erben aller vergangenen Geschlechter. Wie könnt Ihr da denken, Fürst, jener Brauch sei allzu feierlich?« (Li 230–231)

Zur korrekten Ausführung der Ahnenopfer bedarf es eines männlichen Nachkommen. Deshalb konnte, obwohl die Einehe konfuzianischer Regelfall war, eine Konkubine in die Familie aufgenommen werden, gebar die Ehefrau keinen männlichen Nachkommen. Dies wird vom Vater des Konfuzius berichtet, der mit einer erheblich jüngeren Frau einen gesunden männlichen Erben zeugen wollte. Rechtlich galten die Kinder der Konkubine als jene der Ehefrau. Falls die erste Frau starb, war eine zweite Ehe unschicklich, wenn es mit der ersten Frau bereits Nachkom-men gab, die den Ahnenkult sichern konnten. Stellte sich trotz Ehefrau und Konkubine kein männlicher Nachkomme ein, war die Adoption eines Mannes aus demselben Stamm möglich.

Der Status einer Frau stieg mit ihrer Heirat und nochmals,

wenn sie einen männlichen Nachkommen gebar, und erneut, wenn sie Großmutter wurde. Mit der Heirat trat sie aus der Linie ihrer leiblichen Vorfahren in jene des Mannes, dem sie beim Ahnenkult assistierte.

Den Ahnendienst verstand man nicht auf das Ritual beschränkt. Im Prinzip wurde alles als Dienst an den Ahnen verstanden, was die Familie stärkte. Nahm deren Reichtum, Einfluss und Ansehen zu, war damit auch den Ahnen gedient. Die Kehrseite dessen war, dass wer der lebenden Familie schadete, sich zugleich an den Ahnen verging. Wer seiner Familie diente, erhielt einen würdigen Platz unter den Ahnen. Wer sie hingegen schädigte, fand nach einem verbreiteten Glauben auch als Toter keine Ruhe, weil er weder unter den Menschen noch unter den Geistern Freunde finde.

Aller Besitz einer Familie gehörte nach traditioneller Vorstellung den Ahnen und sollte, um diese nicht zu verärgern, möglichst zusammengehalten und vermehrt werden. Traditionell hielt man Krankheiten oder Unfälle für Warnungen der Ahnen, die damit z. B. Einwände gegen die Veräußerung von Grundstücken zum Ausdruck brachten.

Der eigene Ahnentempel bei Höhergestellten und der einfachere Ahnenraum oder Ahnenschrein dienten dem Gedächtnis oder Verkehr mit den Vorfahren, während man anderen Geistern oder Göttern unter freiem Himmel opferte. Der Ort der Ahnenverehrung brachte die Einheit der Familie zum Ausdruck, deren lebende Mitglieder sich hier versammelten, um den Ahnen Gaben zu spenden und von ihnen Orakel zu erhalten. Die Ahnen nehmen am Leben ihrer Nachkommen teil. Im *Buch der Urkunden* heißt es, dass sie sich zum Klang der Musik hinzugesellen. (II, 4)

Vom Trauern

Die *Li* regeln im Detail, wie und in welchem Zeitrahmen um Familienangehörige verschiedenen Grades zu trauern ist. Dabei gelten Kleidervorschriften, der Verzicht auf Nahrung, Musik und andere Freuden ebenso wie in dem Maß zu weinen, wie es dem Verlust angemessen ist. Diese ritualisierten Formen des Klagens sollen den Ausdruck der Trauer auf ein rechtes Maß bringen. Den von Kummer Überwältigten bewahren sie vor einem übermäßigen Jammern. Wer keine Trauer fühlt, die dem Todesfall zukommt, wird durch die vorgesehenen Formen in eine Stimmung versetzt, die dem Verlust entspricht. Der Anblick Trauernder, bei denen der Ausdruck ihrer Klage nicht mit ihrer inneren Haltung harmonierte, galt Konfuzius als unerträglich. (L III, 26)

Die Trauer um Tote gehörte für Konfuzianer zu den bedeutungsvollsten Angelegenheiten des Lebens. Es war keine nur private Angelegenheit, sondern betraf über die Familie hinaus jeden, der mit einem Menschen Umgang hatte, der einen Verlust erlitt. »Neben einem Trauernden aß der Meister sich niemals satt. Hatte der Meister an einem Tag geweint, sang er am selben nicht mehr.« (L VII, 9) Erblickte Konfuzius einen Menschen in Trauerkleidung, stand er stets ehrfürchtig auf. (L X, 9)

Er legte diesen großen Wert auf Einhaltung aller mit der Zeit nach einem Todesfall verbundenen Bräuche, weil die Trauerzeit jenen Gelegenheit zum Reifen bietet, die ihren Weg noch nicht fanden. Dies trifft besonders auf die dreijährige Phase nach dem Tod der Eltern zu. (L XIX, 17)

Wer sich drei Jahre zurücknimmt, seinen Verlust und die Relativität des eigenen Daseins reflektiert, war durch diese innere Einkehr weniger gefährdet, seinem eigenen Gutdünken freien Lauf zu lassen. Als ein Schüler fragte, warum dem *Buch der Urkunden* zufolge Gaozong, ein Herrscher des Altertums, während der Trauer um seinen Vorgänger drei Jahre im Trauerzelt kein Wort sprach, antwortete Konfuzius: »Warum fragst du nach Gaozong? Die Alten hielten es alle so. War der Herrscher tot, folgten die Beamten drei Jahre lang ihren Pflichten nach den Anweisungen des leitenden Ministers.« (L XIV, 43)

Konfuzius ging es gerade beim Trauern um das genaue Einhalten der überlieferten Form, damit man das rechte Maß nicht verfehlt: »Beim Trauern übertreibe man sein Leid nicht.«

(L XIX, 14) Als für den Schüler Zilu die vorgeschriebene Trauerzeit für seine Schwester vorüber war, wollte dieser das Trauerkleid nicht ausziehen, weil er den Verlust noch nicht verkraftet hatte. Konfuzius meinte dazu nach *Kongzi jiayu*: »Jeder Mann auf der Straße hat solche Gefühle. Die alten Könige haben jedoch die Sitten geschaffen, dass die, deren Gefühle darüber hinausgehen, sich beruhigen und ihnen anpassen, und die, deren Gefühle nicht so weit reichen, sich strecken und zu ihnen empor sehen.« (KW 192) Auf diese Weise sollen die *Li* den Menschen auf die Mitte lenken, die sich seit Jahrtausenden als bewährt erwiesen hatte.

Wie bei der Trauer hält die Tradition für Konfuzianer für viele Situationen des Lebens Hinweise bereit. Jeder Akt des Alltags kann in seiner vollendeten Form zur Manifestation der Veredelung werden. Diese Haltung führt zur liebevollen Beachtung von Details. Der Meister rückte die schiefe Sitzmatte gerade, bevor er sich setzte (L X, 9), und achtete trotz Bescheidenheit beim Essen auf Stil. (L X, 8)

Indem Konfuzianer sich auch dann an Regeln halten sollen, wenn ihnen anders zumute ist, also sich so verhalten, *als ob* sie in der entsprechenden Haltung wären, üben sie diese ein. Man weint, *als ob* man trauerte, rückt Verrutschtes zurecht, *als ob* man ordentlich wäre, spricht freundlich, *als ob* man menschlich wäre, um derart zum trauernden, ordentlichen und menschlichen Edlen zu werden.

Anmerkungen

[87] Godwin C. Chu, Yanan Ju: *The Great Wall in Ruins: Communication and Cultural Change in China*. Albany, N. Y. 1993, S. 289–296.

[88] Elias Canetti: *Die gespaltene Zukunft. Aufsätze und Gespräche*. München 1972, S. 44–45.

[89] Vgl. Herrlee Glessner Creel: *The Birth of China*. London 1936, S. 332.

7. Siegeszug mit Pausen

Konfuzianismus in China

Grundlage des Staates

Nach Konfuzius wurde seine Schule außerhalb von Lu zunächst wenig zur Kenntnis genommen. Durch das Wirken von Lehrern wie Zisi, Menzius und Xunzi gewannen die Konfuzianer zwar eine Reputation als Kenner der klassischen Literatur, die zum Abwägen aktueller Probleme lehrreiche historische Beispiele heranziehen konnten. Doch strahlten der Mohismus, die individualistische Lehre des Yang Zhu und der Legalismus stärkere Attraktivität aus. Der Legalist Han Feizi nannte für seine Zeit acht konfuzianische Schulen mit abweichenden Interpretationen und kritisierte konfuzianische Gelehrte dafür, dass sie auf Staatskosten mit Geschichten aus der Vergangenheit die Fragen der Gegenwart lösen wollen.

Als zwölf Jahre nach dem Tod des Han Feizi die Qin-Dynastie (221–207 v. Chr.) die Macht übernahm, wurde das ganze Reich nach Prinzipien des Legalismus regiert, an denen der Staat Qin seit Shang Yang festhielt. Zwischen 260 und 221 hatten die Qin alle chinesischen Staaten in aufwändigen Feldzügen erobert und die Zhou-Dynastie vernichtet. Das Qin-Reich war ausgedehnter als die von den Shang und Zhou regierten Reiche und wurde unmittelbar vom Kaiser beherrscht, weil man das System abschaffte, Gebiete als Lehen weiterzugeben.

Kanzler Li Si (ca. 280–208 v. Chr.) soll dann Maßnahmen gegen den Konfuzianismus ergriffen haben, und es kam Sima Qian zufolge 213 zur berüchtigten Verbrennung konfuzianischer Schriften. Ohne das *Buch der Urkunden* und das *Buch der Lieder* wären die Konfuzianer ihrer Quellen beraubt, wodurch ihr Insistieren auf eine Rückkehr zu besseren Modellen der Vergangenheit ohne Grundlage wäre. Vielleicht übertrieben konfuzianische Quellen der Han-Zeit ihre Darstellungen der Vernichtungen und Verfolgungen, um die überwundene Qin-Dynastie zu diskreditieren. Dennoch dürfte es der Konfuzianismus im legalistischen Staat, den seiner Praxis widersprechende Gesellschaftsentwürfe sicher nicht interessierten, keinesfalls leicht gehabt haben.

207 v. Chr. fand die Qin-Herrschaft nach Aufständen im Volk ein Ende. Der niedere Beamte Liu Bang, der mit an der Spitze der Empörung stand, wurde mit dem Namen Gao zum ersten Kaiser der Han-Dynastie. Mit der Lehre vom Berichtigen der Begriffe, wonach Herrscher nicht durch Geburtsrecht solche waren sowie menschlich und gerecht zu sein hatten, und jener vom Wechsel des himmlischen Mandats ließ sich begründen, dass ein einfacher Mann zum Kaiser aufstieg. Auch durch die Tatsache, dass der Konfuzianismus die neue Dynastie derart legitimieren konnte, entwickelte er sich in der Folge zur tragenden Säule des Staates.

Als erster Konfuzianer erlangte Lu Jia (gest. ca. 170 v. Chr.) Einfluss auf die Regierung. Nach Sima Qian habe Kaiser Gao den Gelehrten zunächst zurückgewiesen: Er habe sein Reich auf dem Pferd erobert und darum keinen Bedarf an Lyrik und Geschichte. Lu Jia habe geantwortet, dass man auf dem Pferd zwar ein Reich erobern könne; doch wenn man es auch erhalten wolle, sei das Studium der Erfolge und Fehler früherer Herrscher geboten. Von diesem Argument überzeugt, habe der Kaiser sich dem Konfuzianismus geöffnet.

In dem Werk *Xinyu* behandelt Lu Jia die Gründe des Untergangs der Qin-Dynastie. Er stellt dabei einen Zusammenhang zwischen der harmonischen Ordnung der Natur und der Kunst des Herrschens her: Der universelle Einklang müsse sich durch Menschlichsein und Gerechtigkeit im Regieren spiegeln. »Nun sind Handlungen, die nicht Menschlichsein und Gerechtigkeit verbinden, zum Scheitern verdammt. Gestaltungen, die den festen Grund verlassen, um zu hoch hinauf zu streben, werden sicher fallen. Darum verwendet der Weise die Klassiker und die Disziplinen der Bildung, um Unordnung zu vermeiden, ganz wie der Handwerker ein Lot verwendet, um Schiefes zu korrigieren.«

Bei Lu Jia zeigte der Konfuzianismus bereits eine deutlich metaphysische Tendenz, als er auf universelle Entsprechungen hinwies. Einige Jahre später erhielten diese Ideen durch Dong Zhongshu, der den Menschen als Verkörperung des Himmels sah, eine in der Han-Zeit lange nachwirkende Gestalt.

Der Han-Kaiser Wen (202–157 v. Chr.) wurde von dem Konfuzianer Jia Yi (ca. 201–168 v. Chr.) beraten. In *Guo Qin lun*, einer Abhandlung über die »Fehler der Qin«, weist Jia Yi darauf hin, dass die Dynastie nicht zuletzt wegen ihrer Ächtung anderer Anschauungen untergegangen wäre. Obwohl es genug weitblickende Menschen gegeben habe, hätte sich niemand getraut, die Regierung zu beraten, weil man oft bereits getötet wurde, bevor man zum Sprechen eines aufrechten Wortes kam.

Konfuzianische Gelehrte mit dem Ideal des Edlen wollten nicht korrumpierbar und moralisch integer sein: »Den Schriftgelehrten kann man lieben, aber nicht zwingen; man kann ihm nahekommen, aber ihn nicht zu etwas nötigen; man kann ihn töten, aber ihm nicht seine Ehre nehmen. In seiner Wohnung ist er nicht üppig, in seiner Nahrung nicht anspruchsvoll. Hat er Fehler, so kann man ihn davon überzeugen, aber nicht ihn schelten. So ist seine kräftige Entschlossenheit. Der Schriftgelehrte trägt Gewissenhaftigkeit und Zuverlässigkeit als Panzer und Helm, Sitte und Gerechtigkeit als Schild und Wehr. Über sich die Güte, wandelt er; in den Armen die Gerechtigkeit haltend, ruht er. Auch eine grausame Regierung kann seinen Standpunkt nicht ändern. So ist seine Selbständigkeit.« (Li 196)

Im Lauf der Geschichte versuchten viele konfuzianische Gelehrte, diesem Leitbild gerecht zu werden, wobei es ihnen nie um das Studium an sich ging, sondern darum, ihr Wissen für die Gesellschaft nutzbar zu machen und Mensch unter Menschen zu sein. Victoria von Winterfeldt-Contag meinte in diesem Zusammenhang: »Man darf sich unter den erfolgreichen konfuzianischen Philosophen niemals Schreibtischgelehrte vorstellen, denn sie kamen durch das Zusammenleben mit anderen Menschen zu ihren großen Erkenntnissen.«[90] Tatsächlich finden sich unter den bedeutenden konfuzianischen Gelehrten nicht nur Lehrer und Ratgeber, sondern auch aktive Politiker und Feldherrn.

Unter dem Han-Kaiser Wu, der ab 141 v. Chr. über ein halbes Jahrhundert regierte, wurde der Konfuzianismus schließlich offiziell zur Grundlage der Politik. Obwohl Wu im persönlichen Führungsstil legalistischen Methoden gegenüber nicht abgeneigt war und hart bestrafte, musste nun jeder Beamte eine konfuzianische Ausbildung auf Basis der Klassiker durchlaufen und mit Prüfungen abgeschlossen haben. Dieses System hatte mit Modifikationen bis zum Ende der chinesischen Monarchie im frühen 20. Jahrhundert Bestand.

Für die Konfuzianer bedurfte jeder der Ausbildung. Auch war der Herrscher nicht von Geburt an zur Führung befähigt, sondern musste wie andere zunächst lernen und an seinem Charakter arbeiten: »Vom Himmelssohn bis zum gewöhnlichen Mann gilt dasselbe: Für alle ist die Bildung der Persönlichkeit die Wurzel. Daß einer, dessen Wurzel in Unordnung ist, in seinen Verzweigungen Ordnung hat, das gibt es nicht. Daß einer, der das Wichtigste gering achtet, das Geringere wichtig nähme, ist ausgeschlossen. Das heißt Erkenntnis der Wurzel. Das heißt höchste Erkenntnis.« (Li 47)

Vor diesem Hintergrund wird die Schulung des angehenden Herrschers unerlässlich: »Das Schicksal der Welt hängt am Himmelssohn. Des Himmelssohnes Tüchtigkeit beruht darauf, daß er von früh an belehrt und erzogen wird und die richtige Umgebung auswählt. Wenn sein Herz noch nicht in Zweifeln ist und man belehrt und erzieht ihn zum voraus, so kommt seine Veredlung leicht zustande.« (Li 255) Wichtig war, dass ein Herrscher den großen Überblick bewahren konnte und sich nicht in den Einzelheiten verlor, für die Fachleute zuständig waren. Darum soll Konfuzius einem Fürsten geraten haben, der Kleinigkeiten selbst bewältigen wollte: »Der Tage sind zu wenige; da darf er seine Studien nicht diesen Unterscheidungen zuwenden.« (Li 121)

Dennoch erwartete man vom Herrscher, dass er mit den Details der *Li* vertraut war und sich um diese bemühte:
»Die Sitte der drei Dynastien schrieb vor, daß der Himmels-

sohn im Frühling der Morgensonne den Morgengruß brachte und im Herbst dem Abendmond den Nachtgruß brachte, um dadurch klarzumachen, daß es Unterschiede gebe. Im Frühling und Herbst besuchte er die Schulen und saß mit den Volksältesten zusammen; er hielt die Beilagen zur Mahlzeit in der Hand und legte ihnen selber vor, um dadurch zu zeigen, daß er Ehrfurcht vor dem Alter habe. Wenn er ausfuhr, waren die Luan- und Ho-Glöckchen am Wagen; wenn er zu Fuß ging, so begleitete ihn das Klirren der Nephritanhänger; beim Gehen mit eilenden Schritten ertönten die Klänge der Sï Hia, um zu zeigen, daß alles seinen Rhythmus habe.

Den Tieren gegenüber verhielt er sich so, daß er die, die er lebend gesehen hatte, nicht aß, wenn sie tot waren, daß er von denen, deren Laut er gehört hatte, nicht das Fleisch kostete. Darum hielt er sich fern von der Küche, um dadurch seine Gnade zu steigern und zu zeigen, daß er Güte habe.

Er aß nach den Vorschriften der Sitte und ließ abräumen unter den Klängen der Musik; wenn er das Maß verlor, so zeichnete es der Schreiber auf, der Sänger rezitierte es, die drei Herzöge kamen herein und lasen es vor, und darauf beschränkte der Aufseher die Speisen. So war es dem Himmelssohn nicht möglich, Unrecht zu tun.« (Li 253–254)

Wenn der Herrscher einen Fehler beging, so musste dieser auch beim Namen genannt werden:»Wenn der Himmelssohn zu einem Fürsten kommt, so wird er stets in dessen Ahnentempel untergebracht. Wenn er aber nicht unter (sorgfältiger) Beobachtung der Sitten eintritt, so ist das eine Zerstörung der Gesetze und Verwirrung der Regeln durch den Himmelssohn.« (Li 61)

Buddhistische Herausforderung

Unter dem von 58 bis 75 regierenden Han-Kaiser Ming begann der Buddhismus in China Fuß zu fassen.[91] Das Interesse am Buddhismus wurde in der Folge durch eine allmähliche Schwächung der Han-Dynastie begünstigt. Die Bevölkerung litt unter hohen Steuern, Wehr- und Arbeitsdiensten sowie einer Agrarkrise, weil immer mehr Land im Eigentum immer weniger Menschen war. Das Vermögen der Landeigentümer wuchs beträchtlich, während ein großer Teil der Bevölkerung verarmte und um das Überleben kämpfte. Dies führte immer wieder zu Aufständen wie jenem der Gelben Turbane von 184 bis 205 n. Chr., der von einer daoistischen Gemeinschaft geführt wurde, die gerechte Verteilung des Bodens forderte.

In dieser Situation wurde der Buddhismus attraktiv, der in den Turbulenzen der Zeit mit seiner Lehre von der Wiedergeburt nach dem Tod und dem erlösenden Weg in die wunderbaren Länder überirischer Buddhas Hoffnung bot. Das vom Konfuzianismus getragene Ideal der Reproduktion der Familie mit der Aussicht, künftig als Ahne in der Erinnerung der Nachkommen einen Platz zu erhalten, schien zu wanken, wenn Überleben von Kindern und Familie in Frage stand. Der Buddhismus mit seiner Betonung des Augenblicks, der Nichtdauer und der leidhaften Unzulänglichkeit aller Dinge traf die Stimmung der Zeit.

Empfanden Daoisten oft eine Verwandtschaft zu buddhistischen Inhalten, lehnten Konfuzianer die Einführung der indischen Lehre ab. Schon an der äußeren Organisation des Buddhismus, der von einem Orden zölibatärer Männer getragen wurde, mussten sie Anstoß nehmen. Eine Gemeinschaft, deren Angehörige sich von weltlicher Bindung freihielten und keine Nachkommen wünschten, galt ihnen als lebensverneinend und familienfeindlich.

Zudem erschien Konfuzianern der Buddhismus als staatsfeindlich, denn in Indien bezeugte nicht der Asket dem König Respekt, sondern es wurde erwartet, dass der König einen Asketen ehrfürchtig behandelt. So heißt es beispielsweise im *Sāmaññaphalasutta*, einem Text des älteren indischen Buddhismus, der König müsse sogar im Fall eines ehemaligen Sklaven, der zum Asketen wurde, »in eigener Person zuerst ihn ehrfurchtsvoll grüßen, bei seinem Kommen vom Sitze aufstehen, ihn zum Sitzen einladen, ihm Gewandung, Almosenspeise, Unterkunft« und anderes, was er braucht, zur Verfügung stellen.[92] Machte man auf diese Weise dem mit dem Mandat des Himmels ausgestatteten Herrscher die gebührende Achtung strei-

tig, mussten Konfuzianer dies als Ablehnung historisch legiti-
mierter Ordnung in Staat und Gesellschaft deuten.

Der Buddhist Huiyuan (334–416 n. Chr.), der in seiner Jugend selbst eine konfuzianische Ausbildung durchlief, versuchte in seiner Schrift *Shamen bujing wangzhe lun* zu erklären, warum der buddhistische Mönch, obwohl er sich nicht vor dem
Herrscher verneigt, durch sein Streben dennoch ein guter und
nützlicher Staatsbürger sein kann.

Um Brücken zum traditionellen chinesischen Denken zu
bauen, wurden konfuzianische Elemente in buddhistische Texte aufgenommen. Der vermutlich im 3. Jahrhundert entstandene Text *Wuliangshou* ist die chinesische Fassung einer indischen
Schrift über das wunderbare Land des Buddha Amitābha, in
dem man nach dem Tod geboren werden kann. Obwohl es im
Schwerpunkt um ein Jenseits geht, nahm der Text in der indischen Vorlage nicht enthaltene Gedanken auf, wie sie auch von
konfuzianischen Autoren stammen könnten. So heißt es über
den Zustand der Gesellschaft:

»Die Führenden sind unklug im Ernennen von Gefolgsleu-
ten, die ihrerseits die Lage ausnützen und jede Möglichkeit für
Hinterlist und Betrug suchen. Ungerechte Herrscher vernichten, getäuscht von Ministern, treue Bürger. Dies widerstreitet
dem Willen des Himmels. Minister verraten ihre Herrscher;
Kinder täuschen ihre Eltern; Brüder, Schwestern, Männer,
Frauen, Verwandte und Freunde täuschen einander. Von Gier,
Haß und Verblendung erfüllt, suchen sie im Verlangen nach
reichem Besitz stets den eigenen Nutzen. Alle Menschen, ob
hoch oder niedrig geachtet, gleichen einander im Herzen. Sie
richten ihre Häuser wie sich zugrunde und bringen rücksichts-
los den Untergang über die Familie. Manchmal wirken sogar
Mitglieder der Familie, Freunde, Schurken unter den Dorfbe-
wohnern, Stadtleute, törichte Menschen und Landmenschen
zusammen und trachten nur danach, andere auszuplündern
und ihnen zu schaden, womit sie sich Groll und Feindschaft
zuziehen. Werden Menschen reich, sind sie geizig und unbarm-
herzig. Gierig am Wohlstand hängend, plagen sie sich mit Herz
und Leib.«

SIEGESZUG MIT PAUSEN

Während ein konfuzianischer Gelehrter dieser Bestandsauf-
nahme Überlegungen zu notwendigen politischen und sozialen
Maßnahmen hätte folgen lassen, um die Probleme zu lösen, folgt
hier ein Überleiten in buddhistische Nachtodvorstellungen:
»Naht ihr Ende, gibt es nichts, worauf sie sich stützen könnten. Schließlich werden sie allein geboren, gehen allein dahin,
und niemand begleitet sie. Doch die Wirkungen guter und üb-
ler Taten folgen ins künftige Dasein. Sie werden in freudigen
oder üblen Bereichen geboren. Auch wenn sie später bereuen,
was nützt das noch?«
Daoisten, von denen manche über die Verlängerung der physischen Lebensspanne durch Elixiere und meditative Praktiken
nachdachten, fühlten sich von der Idee eines Daseins über den
Tod hinaus angesprochen. Vielen Konfuzianern schien die Idee
einer Art individueller Fortexistenz im Jenseits und eines Wie-
dergeborenwerdens in anderen Daseinsformen anstößig. Implizit stellte diese einen Angriff auf den Ahnenkult dar. Wie
sollte man sich die Gegenwart der Vorfahren beim Opfer vorstellen, wenn man eigentlich dachte, dass diese inzwischen die
Gestalt eines anderen Menschen oder Tieres angenommen haben? Der Buddhismus leugnete damit eine über den Tod ihrer
Angehörigen hinaus beständigen Familie.

Von der Sterblichkeit

Der Konfuzianer Fan Zhen (ca. 450–510 n. Chr.), der eine hohe
Position in der Verwaltung inne hatte, wandte sich 507 in der
Abhandlung *Die Sterblichkeit der Seele* (*Shenmielun*) gegen die
buddhistische Auffassungen von etwas, das den Tod überdauert und einer Wiedergeburt entgegengeht. Wie nach der Zerstörung eines Messers die einstige Schärfe der Klinge keine
Eigenexistenz führen könne, so Fan Zhens Vergleich, sei auch
die Seele (*shen*) nach dem Zerfall des Körpers nichts Wirkliches
mehr. Ohne Schärfe könne man nicht von einem Messer sprechen, ohne Seele nicht von einem Menschen. Denn diese quasi
immateriellen Funktionen bedürfen der physischen Grundlage.

Kaiser Wu, der wie seine Vorgänger den Konfuzianismus in der Staatsverwaltung als maßgebend sah, glaubte persönlich an die buddhistische Auffassung einer Fortexistenz. Deshalb fühlte er sich von der Schrift provoziert, worauf eine Welle von Gegenschriften verfasst wurde, die eine Fortexistenz propagierten. Da sich Fan Zhen nicht umstimmen ließ, verbannte ihn der von buddhistischen Lehren überzeugte Kaiser.

Einerseits bestand in China ein Pluralismus, der es trotz konfuzianischer Grundlagen der Regierung und Verwaltung möglich machte, sich daoistischen und buddhistischen Inhalten zuzuwenden. Im Lauf der Zeit entwickelte sich sogar für viele eine Praxis, in der Sphäre des Sozialen den Konfuzianismus, in jener des Privaten den Daoismus und in jener des Nachtods den Buddhismus als gültig anzusehen. Andererseits bargen die starken Differenzen dieser Traditionen, wie der Fall Fan Zhens zeigt, ein Potenzial erheblicher Spannungen. Immer wieder wandten sich Konfuzianer gegen den Buddhismus.

Der Gelehrte Han Yu (768–824 n. Chr.) trat gegen den aus Indien übernommenen buddhistischen Reliquienkult auf. Die Verehrung eines angeblichen Fingerknochens des Buddha empfand er als anstößig und forderte dessen Zerstörung. Davon ausgehend wandte er sich gegen die Macht großer buddhistischer Klöster.

Ouyang Xiu (1007–1072 n. Chr.) trat für eine Befreiung Chinas vom buddhistischen Einfluss ein. Er verglich den Buddhismus mit einer Krankheit, die sich in einer Epoche der Schwäche in China hatte einschleichen können und die nun wie ein Parasit – in Form großer Klöster mit vielen der Arbeit und Reproduktion entzogenen Mönchen – das Land schädigte.

Die Reaktionen auf derartige konfuzianische Kritiken am Buddhismus waren sehr unterschiedlich. Waren Herrscher dem Buddhismus zugeneigt, konnten die Gelehrten, die diese Tadel vortrugen, mit erheblichen Strafen rechnen. Fanden sie dagegen Gehör, hatte dies für den Buddhismus Chinas dramatische Folgen. Kaiser Wu, der von 561 bis 578 regierte, ging 574 und 577 gegen den Buddhismus vor, schloss Klöster und zwang die Mönche zu Tausenden zu einer Rückkehr ins weltliche Leben. Diese Art der Verfolgung wiederholte sich 845 unter Kaiser Wuzong und in ähnlicher Form 955 unter dem Kaiser Shizong, der auch viele Buddha-Statuen einschmelzen ließ, um aus dem Metall Münzen prägen zu lassen.

Schließlich setzte sich eine mehr oder weniger friedliche Koexistenz durch, wobei Konfuzianer den Buddhismus noch lange auf einer inhaltlichen Ebene kritisierten: Zhu Xi sah ein Problem in der buddhistischen Idee der Leerheit aller Wesen und Dinge, die man auf dem Weg der Befreiung erfahren sollte, und stellte dem eine konfuzianische Welt der Dinglichkeit und Fülle gegenüber:

»Da wir Konfuzianer bereits gesehen haben, daß naturgegebene Ordnungen in den Dingen angelegt sind, so kann es für uns nicht Ordnungen geben, die von ihren Dingen trennbar wären. Die Buddhisten sagen: ›Alle Ordnungen sind leer‹, wir: ›Alle Ordnungen sind erfüllt‹. Aus diesem Unterschied ergibt sich unser Nichtübereinstimmen bezüglich des Verhältnisses zu Allgemeinem und zu Ichbezogenem und auch zu dem rechten Tun und dem gewinnbringenden. Wenn nun gar die heutigen Buddhisten sagen: ›Sie erkennen das Herz, sie nehmen Naturanlagen wahr‹, so weiß ich wirklich nicht, was sie da eigentlich als Herz erkennen und welche Naturanlagen sie wahrnehmen!« (VC 178–179)

Hier klingt auch der Gedanke an, dass derjenige, der in sich die Leerheit als eigentliches Wesen seines Herzens und seiner Anlagen erkennen will, einer ichbezogenen Tätigkeit nachgeht und die Allgemeinheit vernachlässigt. Diesem Argument nicht unverwandt sah Wang Shouren einen bedeutenden Unterschied zwischen dem meditativen Bewusstwerden des Buddhisten und des Konfuzianers:

»Wenn die Buddhisten sich beständig wachhalten, so geschieht das auch in der Absicht, ursprüngliche Gemütsruhe zu erhalten. Das sieht eigentlich so aus, als ob das Grundsätzliche unserer Arbeit ähnlich wäre; aber die Herzen der Buddhisten werden gerade durch ihr Üben ichbezogen und eigennützig, und darin stimmen wir nicht überein. Wer nicht über das heute vorliegende Zutreffende und Schlechte nachdenkt und stattdessen nur sein ›Besseres [angeborenes] Wissen‹ in Ruhe sich selbst genügen läßt, der wird ichbezogen und eigennützig. Auf diese Weise arbeiten sie geradezu hin auf vorurteilende und starre Herzen.« (VC 180–181)

Meditation in konfuzianischer Praxis zielt demnach auf Unterscheidungen in der gegebenen Welt: »Wir Konfuzianer pflegen unser Herz an den Dingen und durch die Angelegenheiten. Wir folgen nur dem vom Himmel Gegebenen: so ergibt sich unsere Arbeit auf natürliche Weise.« Buddhisten wollen über diese gegebene Welt hinausgelangen und »über Dinge und Angelegenheiten Endgültiges entscheiden: sie lassen ihr Herz auf Scheinbilder sehen. Auf diese Weise dringen sie allmählich in die Ruhe des Abstrakten ein und lösen sich von den Zusammenhängen dieser Welt.« (VC 181)

Konfuzius in der Moderne

Führende Konfuzianer des 19. und 20. Jahrhunderts zeigten sich dem Buddhismus gegenüber schließlich aufgeschlossener und verbanden oft in ihrer Person die Traditionen des Konfuzius und des Buddha. Zu ihnen zählt Kang Youwei (1858–1927), der als konfuzianischer Gelehrter buddhistische Meditation praktizierte.

Kang versuchte eine Rettung der Monarchie, indem der chinesische Staat sich im Hinblick auf die neue Zeit und die Herausforderungen, die aus aller Welt einströmten, verändern sollte. Er schlug 1898 Reformen vor, die der seit 1875 regierende Kaiser Guangxu billigte. Die Monarchie sollte auf Basis einer Verfassung in eine konstitutionelle umgewandelt werden. Kang wünschte eine rasche Liberalisierung der Bedingungen für die Wirtschaft und eine zügige Industrialisierung. Weil dies einen anderen Typus von Beamten erforderte, sollten der Lehrplan und das Prüfungssystem für künftige Staatsfunktionäre revidiert werden. Neben den konfuzianischen Klassikern wollte er auch moderne Wissenschaften in das Curriculum aufnehmen.

Indem er davon ausging, dass ein Großteil des Inhalts konfu-

zianischer Texte bei deren Wiederherstellung in der Han-Zeit
verfälscht wurde, konnte er manches aus der Tradition relativieren. Er sah Konfuzius als bedeutenden Reformer, der eine
Gesellschaft universeller Harmonie anstrebte. Ungewöhnlich
für einen Konfuzianer erhoffte sich Kang von der Technik erhebliche Verbesserungen für die Menschheit. Müsste jeder täglich durch die automatisierte Hilfe nur mehr vier Stunden arbeiten, hätte man Zeit für Bildung und kulturelle Tätigkeiten.
Kangs utopische Vorstellungen schlossen eine Befreiung der
Frauen aus der Unordnung in der Familie und gegenüber dem
Mann ein, indem er statt der für alle Zeit geschlossenen Ehe für
erneuerbare Einjahresverträge plädierte.

Derart radikale Forderungen schlossen seine versuchten
Reformen zu Rettung der Monarchie zwar nicht ein. Dennoch
war seinen Plänen wegen des Widerstandes aus der Kaiser-
familie und konservativen Kreisen kein Erfolg beschieden. Die
im Juni 1898 begonnene Reformarbeit musste schon im Sep-
tember beendet werden, und die Monarchie war letztlich nicht
zu retten.

Das in der Han-Dynastie begründete Verhältnis von Konfuzianismus und chinesischem Staat hatte zwei Jahrtausende Bestand. In der gesamten Zeit beruhte die Ausbildung der Regierenden und Beamten auf dem Studium der konfuzianischen
Klassiker und der Texte, die man Konfuzius, Zisi und Menzius
zuschreibt. Dies endete 1911, als mit der Qing-Dynastie auch
die chinesische Monarchie erlosch.

Die neue Republik stellte 1912 die traditionellen staatlichen
Opfer an den Himmel und an Konfuzius ein. Damit, dass sie
keine führende Rolle im Staat mehr spielten, wollten sich die
Konfuzianer nicht abfinden. Kang Youwei hatte die Idee einer
konfuzianischen Staatsreligion für China entwickelt, und führende Konfuzianer forderten, einen entsprechenden Passus in
die Verfassung der Republik aufzunehmen. Dabei wurde auch
argumentiert, dass der Konfuzianismus seit den Tagen der
Han-Dynastie ohnehin die offizielle Lehre des Staates wäre. In
die Verfassung kam lediglich ein Artikel, der die Lehren des
Konfuzius als Basis der Erziehung nennt. Auch vollzog der Prä-

sident ab 1914 wieder die vormals vom Kaiser dargebrachten Opfer an den Himmel und Konfuzius.

Ein Schüler Kangs, Chen Huanzhang, hatte schon 1912 eine »konfuzianische Kirche« (*Kongjiaohui*) gegründet, die nach dem Modell europäischer Staatskirchen gedacht war, wie sie in England oder Schweden bestanden. Der Republik sollte damit ein die traditionellen Werte tragender Arm zugedacht werden. Rasch fand die Kirche Zulauf und versuchte zwischen 1913 und 1916 in öffentlichen Debatten vergeblich eine Anerkennung als Staatsreligion zu erreichen.

Die Idee der konfuzianischen Religionsgemeinschaft wirkte über China hinaus: In Indonesien bildete sich bereits im ausgehenden 19. Jahrhundert, getragen von chinesischen Einwanderern, eine konfuzianische Gemeinschaft. In dem vorwiegend von Muslimen bewohnten Staat, der wenige andere Bekenntnisse duldet, wenn sie dem von der Staatsideologie Pancasila von jedem Bürger geforderten Glauben »an den einen und einzigen Gott« genügen, bezeichnet diese Gemeinschaft ihre Anschauungen als Religion. Auch der in Indonesien offiziell anerkannte Buddhismus ergab sich dem vom Staat geforderten Monotheismus, der seiner Lehre ursprünglich fremd ist, und ließ den Buddha Gautama zum Propheten eines Urbuddha werden. In ähnlicher Weise bezeichnet die konfuzianische Gemeinschaft Indonesiens Konfuzius als Gesandten des Himmelsgottes. Ein Kanon heiliger Schriften wurde fixiert, und Priester vollziehen die Riten. Herausragende Persönlichkeiten der Geschichte gelten als Heilige. Allerdings war die staatliche Anerkennung des Konfuzianismus als Religion in Indonesien nicht durchgängig gegeben. Wurde sie 1965 ausgesprochen, nahm man sie 1979 zurück, um sie 2006 wieder zu gewähren.[93]

In Südkorea wiederum konstituierte sich nach dem Zweiten Weltkrieg eine konfuzianische Gemeinschaft, die sich beim Staat als religiöse Gemeinschaft eintragen ließ, was allerdings bei den Mitgliedern umstritten ist.[94]

In China ging in den 1920er und 1930er Jahren nicht nur das Interesse an der konfuzianischen Kirche stark zurück, sondern

Intellektuelle standen dem ganzen konfuzianischen Erbe misstrauisch gegenüber. Der Gedanke, der Konfuzianismus wäre für die Rückständigkeit Chinas verantwortlich, gewann bedeutenden Einfluss. Immer wieder kam es in der Republik und später in der Volksrepublik China bis in die 1970er Jahre hinein zu Kampagnen gegen den Konfuzianismus.

Von den 1920er bis in die 1980er Jahre war die moralische Stimme des Konfuzianismus in China der Philosoph Liang Shuming[95] (1893–1988), der das Ende des Kaiserreichs, den Krieg mit Japan, den Beginn der Volksrepublik und die Kulturrevolution erlebte.

In den 1920er Jahren dachte Liang über eine künftige Weltzivilisation nach, deren historische Wurzeln er in den Traditionen Indiens, Chinas und Europas sah. Indien galt ihm religiös und moralisch als am höchsten entwickelt. Doch obwohl Liang sich neben dem Konfuzianismus stark an buddhistischem Denken orientierte, kritisierte er in der indischen Kultur eine zu übermäßige Konzentration auf die Vergangenheit. Als gegenteiliges Extrem schien ihm die gänzlich auf den Fortschritt gerichtete Zivilisation des Westens, die sich durch Forschung und Technik der Erde bemächtige. In der gewaltsamen Expansion europäischer Mächte sah er gravierende ethische Mängel wirken.

In gleichem Maß auf Vergangenheit und Zukunft gerichtet, sollte nach Liang Chinas Tradition zur Mitte aller Kulturen werden. Im Zentrum des chinesischen Erbes sah er die Lehre des Konfuzius vom Menschlichsein, die Liang als eine Aufforderung zum Handeln versteht. Lange sei dies von daoistischen Einflüssen des Ideals einer Inaktivität (*wuwei*) verschleiert worden. Chinesischen Intellektuellen, die sich eine westliche Perspektive zu eigen machten und die Rückständigkeit des Konfuzianismus kritisierten, hielt Liang dessen globale Geltung entgegen: Mittelfristig würden Europa und Amerika vom Konfuzianismus lernen.

Liang zufolge müssten die Früchte der abendländischen Zivilisation und Technik bei ihrer Aufnahme in China durch die alte Tradition des Landes modifiziert werden. Das Erbe des Westens könne materiellen Zuwachs fördern, während Chinas Überlieferung das Verwirklichen von Harmonie ermögliche. Liang waren die Bauern ein besonderes Anliegen, denen er zutraute westliche Methoden aufzunehmen und in den traditionellen Rahmen Chinas zu integrieren. Maßgebend inspirierte er in den 1920er und 1930er Jahren eine ländliche Erneuerungsbewegung.

Mao Zedong, der in seiner Jugend Vorlesungen Liangs an der Universität von Beijing hörte, wurde von dessen Ideen seiner chinesischen Modifikation des Marxismus inspiriert. Liang stand auch während dessen Kampfzeit mit Mao in Verbindung, der ihm nach der Revolution von 1949 die Gründung eines Forschungsinstituts ermöglichte. In den früheren Jahren der Volksrepublik war Liang die konfuzianische Stimme in deren politischem Leben. Auch nach Entfremdung beider Männer über Fragen der Landwirtschaftspolitik 1953 wünschte sich Mao den Konfuzianer als Mitglied eines Regierungsausschusses. Nachdem die Konfuzius-Kritik der 1970er Jahre verebbt war, trug Liang mit neuen Veröffentlichungen in den 1980er Jahren zu einem Wiedererwachen des Interesses an Konfuzius und der auf ihm gründenden Traditionen bei.

Ein Zweig der konfuzianischen Kirche Chen Huanzhangs entwickelte sich in dem bis 1997 britischen Hongkong zu einer »konfuzianischen Akademie« (*kongjiao xueyuan*). Diese wurde in den frühen 2000er Jahren zum Impulsgeber einer kraftvollen konfuzianischen Renaissance. Die Akademie, die in Hongkong öffentlichkeitswirksam traditionelle Riten zelebrierte, dehnte ihre Aktivitäten auf ganz China aus mit dem Ziel, dem Konfuzianismus wieder staatliche Anerkennung und Eingang in schulische Lehrpläne zu ermöglichen. Auch lässt sie die Idee der konfuzianischen Kirche wieder aufleben. 2009 entstand in Shenzhen in der Provinz Guangdong eine Halle des Weisen Konfuzius (*Kongshengtang*), die sich als Prototyp für Zentren eines zeitgemäßen Konfuzianismus versteht, wie sie überall in China errichtet werden sollen.[96]

Auch traditionelle Stätten des Konfuzianismus, die lange eher musealen Charakter hatten, beleben sich wieder im Sinn der alten Traditionen. Im Tempel des Konfuzius in Beijing und in der nahen einstigen kaiserlichen Akademie Guozijian vollzogen 2014 erstmals in der Volksrepublik China 300 Schülerinnen und Schüler in traditionellen Kostümen der Han-Zeit den rituellen Übergang ins Erwachsenenalter. Die modifizierten Riten, in denen im Unterschied zur früheren Epochen Mädchen gleichberechtigt teilnahmen, schlossen eine dankbare Niederwerfung vor den Eltern und das Rezitieren konfuzianischer Klassiker ein.

Als Lehre sowie im Sinn der Riten ist der Konfuzianismus im Land seines Ursprungs nach einem Jahrhundert des Abstands und der Kritik wieder im Erwachen begriffen.

Anmerkungen

[90] Victoria Contag: *Konfuzianische Bildung und Bildwelt*. Zürich und Stuttgart 1964, S. XXVI.

[91] Zur Begegnungsgeschichte von Konfuzianismus und Buddhismus in China vgl. Volker Zotz: *Geschichte der buddhistischen Philosophie*. Reinbek bei Hamburg 1996, S. 171–200.

[92] *Sāmaññaphalasutta* zitiert nach der Übersetzung von R. Otto Franke: *Dīghnikāya. Das Buch der Langen Texte des buddhistischen Kanons*. Göttingen, Leipzig 1913, S. 48–85, hier S. 63.

[93] Vgl. Karl-Fritz Daiber: *Konfuzianische Transformationen. Eine religiöse Tradition in der Moderne Indonesiens, der Philippinen, Vietnams und Südkoreas*. Münster 2010, S. 64.

[94] Generell zur neueren Situation in Korea vgl. John B. Duncan:»Uses of Confucianism in Modern Korea.« In: Benjamin E. Elman, John B. Duncan, Herman Ooms (Hg.): *Rethinking Confucianism. Past and Present in China, Japan, Korea and Vietnam*. Los Angeles 2002, S. 431–462.

[95] Guy Alitto: *The Last Confucian: Liang Shu-Ming and the Chinese Dilemma of Modernity*. Berkeley, CA. 1979.

[96] Sébastien Billioud:»Carrying the Confucian Torch to the Masses. The Challenge of Structuring the Confucian Revival in the People's Republic of China.« In: *Oriens Extremus* 49.2010, S. 201–224.

8. Über die Grenzen

Konfuzianismus in Ostasien

Die Ausbreitung

Schon früh strahlte der Konfuzianismus nach Vietnam und Korea aus. Unter dem Han-Kaiser Wu besetzten im 2. Jahrhundert v. Chr. chinesische Truppen Vietnam.[97] Trotz anfänglicher Widerstände blieb das Land fast ein Jahrtausend unter chinesischer Herrschaft, was starke konfuzianische Einwirkungen mit sich brachte, die weiter anhielten, als Vietnam ab dem 10. Jahrhundert n. Chr. einen eigenständigeren Weg ging.

Unter der Ly-Dynastie, die von 1009 bis 1225 regierte, war im Volk der Buddhismus einflussreich, während auf staatlicher Ebene und in der Beamtenausbildung der Konfuzianismus den Ton angab. In Hanoi wurde 1070 der Tempel der Literatur (*Van Mieu*) gegründet, in dem man bis 1915 die führenden Staatsbeamten nach chinesischem Vorbild auf Basis der konfuzianischen Klassiker ausbildete. Der Tempel diente auch der Verehrung des Konfuzius, seiner 72 Schüler, des Zisi und des Menzius.

In Korea, wo es seit dem 1. Jahrhundert v. Chr. Opferzeremonien für Konfuzius gab, wurde unter der Goryea-Dynastie (918–1392 n. Chr.) der Konfuzianismus bestimmend. 992 kam es zur Gründung der konfuzianischen Akademie Gukjagam, die angehende Beamte auf Basis der Klassiker ausbildete, während das Volk weitgehend dem Buddhismus anhing. Der Herrscher Yi Dan, der von 1392 bis 1398 regierte, ließ überall im Land Tempel für Konfuzius errichten.[98]

Während sich der Konfuzianismus in Vietnam und Korea stark am Vorbild Chinas orientierte, ging er in Japan, das nie chinesischer Vasallenstaat war, eigene Wege. Er soll im späten 4. Jahrhundert aus Korea in das Land gekommen sein, wo er hilfreich war, als sich im 6. Jahrhundert Sippenverbände unter

Führung der kaiserlichen Familie zum Staat formierten. Der für die Kaiserin Suiko regierende Fürst Shōtoku (574–622 n. Chr.) gab Japan 604 eine *Verfassung in 17 Artikeln* (*jushichijō kempō*), deren erster Artikel im Stil des Konfuzianismus den Einklang als höchsten Wert festschreibt. Der zehnte Artikel mahnt, unterschiedliche Meinungen zuzulassen. Die Verfassung bringt so ein wesentliches konfuzianisches Prinzip zum Ausdruck: Verschiedene Perspektiven, Kritik und Gegenrede sollen möglich sein, doch galt es, immer wieder zur Harmonie zu finden.

Der Konfuzianismus regte eine Geschichtsschreibung in Japan an, deren frühes Werk *Nihongi* (720) die Entwicklung von der mythischen Epoche der Götter bis in die historische Zeit beschreibt. Allerdings war es ein langer Prozess, bis man in Japan genug einheimische Werke hervorbrachte. So bildeten zunächst die konfuzianischen Klassiker Chinas die Grundlage der Ausbildung.

Der bedeutende japanische Interpret des tantrischen Buddhismus Kūkai (774–835 n. Chr.), der in China studiert hatte, nahm Impulse des Konfuzianismus für das Bildungswesen auf. Er gründete auch mit Berufung auf *Lunyu* im Jahr 828 eine allgemein zugängliche »Schule der Künste und Wissenschaften«, an der Buddhismus, Taoismus, Konfuzianismus und verschiedene Wissenschaften gelehrt wurden. Kinder aus armen Verhältnissen erhielten zusätzlich zur Ausbildung freie Verpflegung.

Während der Kamakura-Periode (1185–1333 n. Chr.) in Japan beschäftigten sich buddhistische Priester, die in chinesischen Klöstern studierten, tiefer mit dem Konfuzianismus. Sie führten die Interpretation des Zhu Xi in ihrer Heimat ein und lehrten sie in den Tempeln. Besonders in Klöstern der Zen-Schule beschäftigte man sich mit Zhu Xi, wobei offenbar nicht sonderlich störte, dass dieser ein vehementer Gegner des Buddhismus war.

Mit der Zeit gelangte das konfuzianische Studium über die buddhistischen Tempel hinaus und fand das Interesse der Samurai. Die Kriegerklasse, nicht wie in China der gelehrte Beamte, trug in Japan die Staatsverwaltung. Ihre Beschäftigung mit den konfuzianischen Ideen von Pflicht, Formvollendung, Selbstüberwindung und Menschlichsein brachte einen »Weg (*dao*) des Kriegers« (*bushidō*) hervor, in welchem der Samurai als der konfuzianische Edle verstanden wurde, der durch vorbildliches Verhalten die Gesellschaft fördert.

Staatstragende Kraft

Während der Edo-Periode (1603–1868) entwickelte sich der Konfuzianismus in Japan zur staatstragenden Lehre. Die Shōgune des Tokugawa-Clans verwalteten das Land über ein hierarchisches System von Samurai-Familien. Indem er von Kriegern getragen wurde, änderten sich im japanischen Konfuzianismus Inhalte gegenüber den chinesischen Ursprüngen. In China gehörte es zum Selbstverständnis der Gelehrten, ihren Herrschern zu widersprechen, vernachlässigten diese das Menschlichsein oder die Gerechtigkeit. Dafür sollten sie notfalls Strafen in Kauf nehmen oder sich weiterer Mitarbeit verweigern, falls sie kein Gehör fanden.

Als Soldaten durften die Samurai allerdings einem Vorgesetzten keine Befehle verweigern. Statt des Widerspruchs galt hier die bedingungslose Treue gegenüber den Vorgesetzten. Der Samurai konnte auf Gefahren aufmerksam machen. Doch hatte er am Gebot des Gehorsams sogar dann festzuhalten, wenn er erkannte, dass die Anordnung eines Oberen in den sicheren Untergang führte. Die Erfüllung der Pflicht stand über dem persönlichen Leben und jenem der Angehörigen. Auf diese Weise maß der Konfuzianismus in Japan dem Staat einen höheren Stellenwert als der Familie bei, was eine erhebliche Abweichung von der ursprünglichen Lehre bedeutete.

Unter den Tokugawa-Shōgunen schloss Japan sich nach außen ab, das Christentum wurde verboten, und die Regierung bediente sich buddhistischer Institutionen als Helfer der Verwaltung. Alle Bürger mussten einem der als Ämter dienenden buddhistischen Tempel angehören, deren Mitgliederlisten zugleich offizielle Einwohnerverzeichnisse waren.

Schon zu Anfang der Edo-Zeit erlebten konfuzianische Studien einen Aufschwung. Dabei zeigten sich zwei Richtungen, deren erste sich stark am klassischen China orientierte, während die zweite in Japans Geschichte ein dem Land angemessenes Bild der vollkommenen Gesellschaft finden wollte. Die neuen Konfuzianer hatten oft in buddhistischen Klöstern studiert und manche von ihnen waren formal buddhistische Geistliche. Doch betrachteten sie den in Japan ursprünglich fremden Buddhismus mit zunehmender Skepsis. Angesichts der Verbindung der Regierung mit buddhistischen Institutionen war dies ein kritischer Akzent der neuen Bewegung, der auf die Dauer großen Einfluss gewann. Damit verband sich ein Streben, den einheimischen Göttern des Shintō, deren Kult oft zum Anhängsel des Buddhismus wurde, als eigener japanischer Tradition Gewicht zu verleihen.

Maßgebend für diese konfuzianische Bewegung war Seika Fujiwara (1561–1619), der als Kind in ein buddhistisches Kloster kam. Unter dem Eindruck der Werke des Zhu Xi gab er das Mönchtum auf und stellte den Konfuzianismus ins Zentrum seines Denkens. Er gründete eine Schule, in der er wie einst Konfuzius privat unterrichtete. In seinen Augen bot Zhu Xis Unterscheidung von Strukturprinzip und Energie die bessere Alternative zu den buddhistischen Welt- und Menschenbildern. Auch beschäftigte Seika Fujiwara das Verhältnis des Individuums zur Gemeinschaft. Hier beeindruckte ihn, wie Zhu Xis Ideen zu Staat und Gesellschaft das Öffentliche und das Eigene einander gegenüberstellten.

Diese Unterscheidung wurde von großer Bedeutung für die Konfuzianer der Edo-Zeit. Bezog sich das Öffentliche auf die Gemeinschaft der Menschen und war positiv belegt, stand das Eigene für egoistische oder partikulare Interessen. Zur heilsamen Entwicklung von Staat und Gesellschaft war der Raum des Eigenen immer mehr zu übersteigen und jener des Öffentlichen zu erweitern.

Auf dieser Basis kritisierten die Konfuzianer buddhistische Schulen wie Shingon und Tendai, in denen es üblich war, die wesentlichen Inhalte und Praktiken unter dem Gebot der Verschwiegenheit vom Lehrer auf den Schüler weiterzugeben. Alles Wissen, forderten die Konfuzianer der Edo-Zeit, sollte of-

fen zugänglich sein und keinem persönlichen Nutzen vorbehalten bleiben. Schrieb Seika Fujiwara zwar den Ständen der
Samurai, der Bauern, der Handwerker und der Händler jeweils
unterschiedliche gesellschaftliche Aufgaben zu, sollten doch
Kenntnisse nicht Einzelnen oder Gruppen reserviert sein.

Geschichte und Kaiserkult

Ein wichtiges Betätigungsfeld der Konfuzianer waren Versuche, die Geschichte Japans zu rekonstruieren, um daraus im Stil
des Konfuzius Lehren für die Gegenwart abzuleiten. Hier wurde eine Tradition aktiv, die mit einem Schüler Seika Fujiwaras
begann: Razan Hayashi (1583–1657) und seine Nachfolger waren wesentlich an der Ausgestaltung der konfuzianischen
Staatslehre des Shōgunats beteiligt, wozu sie konfuzianische
Ideen mit dem Shintō verbanden. Sein Sohn Gahō Hayashi
(1618–1688) leistete einen wesentlichen Beitrag zu einer spezifisch japanischen Gestalt des Konfuzianismus, indem er eine
Chronik der japanischen Kaiser zusammenstellte. Zudem legte
er eine Sammlung historischer Gedichte (*Honchō Ichinin Isshu*)
und eine ausführliche Geschichte Japans (*Honchō-tsugan*) in
mehreren Bänden vor. Auf diese Weise erhielt Japan dem *Buch
der Lieder* und dem *Buch der Urkunden* entsprechende eigene
Quellen für die konfuzianische Reflektion.

Hōkō Hayashi (1644–1732) führte das Werk seines Vaters
und Großvaters fort und erreichte die Aufnahme konfuzianischer Gelehrter in den Samurai-Stand. Der auf diese Tradition
zurückgehende konfuzianische Tempel Yushima Seidō besteht
bis heute.

Einflussreich wurde die konfuzianische Mito-Schule, benannt
nach der Provinz, die Mitsukuni Tokugawa (1628–1700), ein Enkel des ersten Shōgun, verwaltete. Mitsukuni machte Ideen des
Zhu Xi zur praktischen Richtschnur seines Regierens. Er betonte
zudem die Rolle der kaiserlichen Familie als wesentlicher Gegenstand der Verehrung sowie die höchste Autorität des Kaisers
oder »Himmelskönigs« (*tennō*), dem jeder Loyalität schulde.

Dieses Verständnis vom japanischen Kaiser unterschied sich deutlich von jenem des Sohns des Himmels in China. Ein chinesischer Herrscher konnte das himmlische Mandat verlieren, worauf seine Dynastie einer besseren weichen musste. Da die kaiserliche Familie Japans unmittelbar von der Göttin der Sonne abstammte, galt der jeweilige Kaiser dem Staatsmythos zufolge in einem ganz konkreten Sinn als leiblicher Nachfahre des Himmels. Ein Wechsel der Dynastie war damit ausgeschlossen und fand in Japan auch nie statt.

Der Kaiser, für den man Loyalität forderte, war freilich ohne jede Macht, die völlig in den Händen der regierenden Familie Tokugawa lag. Sie agierte stellvertretend für den höchsten Herrn, dessen Funktion auf zeremonielle Aufgaben beschränkt war. Doch trug die Ideologie der unbedingten Loyalität dem Kaiser gegenüber schließlich zum Untergang des Tokugawa-Shōgunats bei, indem sie 1868 unter Kaiser Meiji das Wiederherstellen der faktischen kaiserlichen Herrschaft legitimieren konnte.

Die Regierungszeit Meijis prägten zunehmend Einflüsse aus dem Westen. 1853 hatte sich Japan nach der Androhung einer amerikanisch-russischen Invasion der Welt und ihrem Handel öffnen müssen. Doch war die Angst verbreitet, dass die Übernahme fortschrittlicher Errungenschaften aus Europa die angestammte Kultur und Lebensweise zu stark umgestalten oder verdrängen könnte. Wohl auch, um dem zu begegnen, gab Meiji 1890 den Erlass *Kyōikuchokugo* heraus, der die in der schulischen Erziehung geltenden Werte festschrieb. Darin hob er die Bedeutung des kaiserlichen Hauses, das Wesen des Volks als große Familie und eine auf Menzius beruhende praktische Ethik hervor. Über das Schulwesen hinaus erlangte dieser Erlass Bedeutung als Wertebasis des Staats.

Der konfuzianische Denker Tetsujirō Inoue (1855–1944) nahm dieses Edikt zum Anlass einer Kritik am Christentum, in der Motive wiederkehren, mit denen chinesische Konfuzianer den Mohismus zurückgewiesen hatten. Der utopischen Undifferenziertheit christlicher Nächstenliebe hielt Inoue den Realismus der unterscheidenden Liebe des Konfuzianers entgegen.

Ihm stehen seine Eltern, der Gatte und die Kinder naturgemäß am nächsten, wobei er versucht, die zu diesen geübte Liebe nach bestem Vermögen auf andere Menschen auszudehnen.

Als Meiji den Stand der Samurai aufhob, propagierte man im Übergang von der Agrar- zur Industriegesellschaft konfuzianische Werte in der Wirtschaft. Die wesentliche Funktion, die der Loyalität, der Pflicht und dem Bewusstsein der Verantwortung für das Ganze über lange Zeit beigemessen wurde, mögen auf Japans Weg zum ökonomisch entwickelten Land eine Rolle gespielt haben. Dass diesbezüglich jedoch keine simplifizierten Thesen von einem Wirtschaftskonfuzianismus angesagt sind, wird im letzten Kapitel angesprochen.

1948 wurde auf Betreiben der amerikanischen Besatzer nach dem Zweiten Weltkrieg das Erziehungsedikt Meijis außer Kraft gesetzt, womit die letzte offizielle Verbindung des Staates mit konfuzianischen Ideen verschwand.

Buddhismus als Ahnendienst

Eine bleibende Prägung hinterließ der Konfuzianismus im Buddhismus Japans. Bei der Auseinandersetzung des Konfuzianismus mit dem Buddhismus in China war die Familienfeindlichkeit der indischen Lehre ein wesentliches Motiv gewesen. In Japan gaben beginnend mit der Kamakura-Periode (1185–1333 n. Chr.) die meisten Schulen des Buddhismus den Zölibat auf. Die Geistlichen sind keine Mönche, auch wenn sie entsprechende traditionelle Gewänder tragen. Sie gründen Familien und geben ihre Tempel jeweils an den ältesten Sohn weiter.

Wie man sich im alltäglichen Leben der konfuzianischen Forderung nach der Familie als wesentliche Orientierung ergab, nahm der japanische Buddhismus auch den Ahnenkult auf. Tatsächlich besteht die hauptsächliche Aktivität buddhistischer Tempel in Ritualen der Bestattung und solchen, die zum Andenken an die Ahnen abgehalten werden. Dies geschieht sogar dann, wenn die buddhistischen Richtungen in der Theorie die Unwirksamkeit solcher Zeremonien verkünden. Jōdo Shinshū, eine der größten Konfessionen des japanischen Buddhismus, geht davon aus, dass Riten weder für Lebende noch für die Toten einen Nutzen haben, weil es einzig darum gehe, sich auf die Befreiung durch den Buddha Amitābha zu verlassen.

Dennoch wird in den meisten Tempeln dieser Richtung genauso wie in jenen anderer Schulen des japanischen Buddhismus nahezu ausnahmslos ein Ahnenkult zelebriert, den die Familien der Buddhisten dort in Auftrag geben. Für Verstorbene soll an jedem siebten der 49 auf den Tod folgenden Tage, am 100. Tag sowie ein Jahr danach jeweils ein Ritus abgehalten werden. Dies setzt sich am Todestag im dritten, siebten, 13., 17., 25., 35., 50. Jahr nach dem Ableben fort. Ab dann soll alle 50 Jahre für jeden Angehörigen ein Ritus stattfinden. Diese Erfordernis führt dazu, dass in den Tempeln eine buddhistische Verkündigung neben dem Ahnenkult kaum eine Rolle spielt.

Der Buddhismus Japans wurde damit nicht nur in der familiären Lebensform seiner Geistlichkeit, sondern auch in seiner Praxis de facto konfuzianisiert, ohne dass man dies so empfindet. Robert J. Smith stellte zutreffend fest: »Mit der Zeit wurde die Verbindung der Ahnenriten mit dem institutionalisierten Buddhismus so vollständig, dass heute für die meisten Japaner Buddhismus Ahnenverehrung und wenig mehr bedeutet.«[99]

Die Wirkung, die der Konfuzianismus in Japan entfaltete, wirkt wie im Buddhismus in vielen Bereichen. Von einer Renaissance konfuzianischer Inhalte und Praktiken, wie sie in China zu beobachten ist, findet sich jedoch keine Spur. Der Konfuzianismus Japans besaß nie eigenständige Institutionen in dem Ausmaß, wie dies in China, Korea und Vietnam der Fall war, sondern wirkte meist innerhalb anderer Strukturen. So bestand und besteht trotz seines erheblichen Einflusses auf das politische, kulturelle und religiöse Leben des Landes bei den Menschen kaum das Bewusstsein, dass sie etwas mit dem Konfuzianismus zu tun haben könnten.

Anmerkungen

97 Zum Konfuzianismus in Vietnam s. Nguyen Ngoc Huy: »The Confucian Incursion into Vietnam.« In: Walter H. Slote, George A. De Vos (Hg.): *Confucianism and the Family: A Study of Indo-Tibetan Scholasticism.* Albany, N. Y. 1998, S. 91–103.

98 Zum Konfuzianismus in Korea s. Martina Deuchler: *The Confucian Transformation of Korea: A Study of Society and Ideology.* Cambridge 1992.

99 Robert J. Smith: *Ancestor Worship in Contemporary Japan.* Stanford, CA. 1974, S. 2.

9. Das Echo

KONFUZIUS UND DER WESTEN

Li für Europa?

Etwa zwei Jahrtausende, nachdem er in China gewirkt hatte, wurden Konfuzius und seine Tradition auch in Europa wahrgenommen. Manche der Jesuiten, von deren Versuch eines Brückenschlags in China in der Einleitung die Rede war, glaubten nicht nur, der Konfuzianismus könne China als Anknüpfungspunkt für eine Verbreitung des Christentums dienen, sondern waren davon überzeugt, dass er von Bedeutung für die ganze Welt sei.

Weil diese Ansicht weit über das hinausging, was man im Westen von Missionaren erwartete, nämlich eine Christianisierung Chinas, mussten die Jesuiten versuchen, die konfuzianische Überlieferung in Europa verständlich zu machen.[100] Durch ihre diesbezüglichen Bestrebungen wurden ab 1687 *Lunyu* und andere Texte im Westen in lateinischer Übersetzung zugänglich.[101]

Einige Jesuiten glaubten, in konfuzianischen Texten Hinweise auf die christliche Heilsgeschichte zu finden. Wie man im Alten Testament prophetische Ankündigungen des Erscheinens Jesu Christi zu lesen meinte, schien die klassische chinesische Tradition am großen Heilsplan Gottes teilzuhaben. Joachim Bouvet (1656–1730), Jean-François Fouquet (1665–1741), Joseph de Prémare (1666–1736) und Jean-Alexis de Gollet (1664–1741) gehörten zu jenen, die sich dieser Frage besonders widmeten. Man bezeichnete sie als Figuristen, weil sie in den chinesischen Texten nach Zeichen (*figurae*) der göttlichen Offenbarung suchten. Unter ihnen war der seit 1688 in Beijing lebende Bouvet von besonderer Wirkung.[102]

Das *Buch der Wandlungen* galt den Figuristen als Quelle tiefer Einsichten.[103] Bouvet hielt die Inhalte dieses konfuzianischen Klassikers für eine tiefe Entsprechung der biblischen Botschaft, was er durch die Entschlüsselung der darin enthaltenen Zahlen- und Bildsymbolik herausarbeiten wollte. Allerdings betrachtete man in Europa die figuristischen Spekulationen skeptisch bis ablehnend. Bouvet stand in Briefkontakt mit Gottfried Wilhelm Leibniz, der sich für das duale Zahlensystem im *Buch der Wandlungen* interessierte, das schließlich seine eigenen mathematischen Versuche inspirierte.

Früh erkannte Leibniz die Bedeutung der von den Jesuiten erschlossenen Quellen. Was er als praktische Philosophie und natürliche Religion verstand, erschien ihm als die andere Seite der in Europa erlangten Erkenntnis. Der Protestant Leibniz ging in *Novissima Sinica* (1697) ganz im Sinn der Jesuiten davon aus, dass man die Lehre und die Verehrung des Konfuzius, die kein »religiöses Gebet« darstelle, mit dem Christentum vereinbaren könne. Habe Europa mit dem Christentum die göttliche Offenbarung empfangen, sei man in China in der Lage gewesen, die menschliche Kultur aus ihrer natürlichen Basis heraus hoch zu entwickeln.

China und Europa empfand Leibniz als potenzielle Partner, die ihre geistigen Errungenschaften zum Vorteil beider auf Augenhöhe austauschen und miteinander teilen sollten. Europa zeichne sich »in der gedanklichen Erfassung der Formen aus, die durch den Verstand vom Stofflichen abstrahiert werden, d.h. in der Mathematik«. Auch was das Feld des Krieges betraf, hielt Leibniz Europa als weiter fortgeschritten, was allerdings in moralischer Hinsicht eher für China sprach. Den militärischen Rückstand gab es nach Leibniz dort »nicht so sehr aus Unkenntnis als vielmehr in bewußter eigener Absicht, da sie nämlich alles verachten, was bei den Menschen Aggressionen erzeugt oder fördert«.

Entsprechend sah Leibniz in der Sphäre des praktischen Lebens China als überlegenen Partner, »was zu bekennen ich mich beinahe schäme«. Europa könne am meisten auf »dem Gebiet der praktischen Philosophie« von China lernen, »in den Lehren der Ethik und Politik, die auf das Leben und die täglichen Gewohnheiten der Menschen selbst ausgerichtet sind«. Konfuzianisch ausgedrückt seien es also die *Li*, an denen der Westen dringenden Bedarf habe.

Leibniz hob neben der »Sorge und Verehrung der Kinder gegenüber ihren Eltern« den Respekt vor dem Mitmenschen hervor. Chinesische Bauern »betragen sich, wenn sie ihren Freunden Lebewohl sagen müssen oder sich nach einer langen
Abwesenheit wieder des gegenseitigen Anblicks erfreuen, ge-
geneinander so liebenswürdig und so respektvoll, daß sie es
mit den gesamten Umgangsformen europäischer Hochadeliger
aufnehmen könnten«.

Aus den Berichten der Jesuiten hatte der Philosoph von der
Existenz eines Kanons überlieferter Sitten erfahren, durch den
sich der menschliche Umgang auf einem denkbar hohen Niveau halten ließ: »Bei uns dauert ein gewisser Respekt und vorsichtig abgewogener Gesprächston kaum – und nicht einmal
das – in den ersten Tagen einer neuen Bekanntschaft an, sondern wird bald mit zunehmender Vertrautheit die vorsichtige
Zurückhaltung abgelegt – was zwar ganz wie angenehme Frei-
heitlichkeit aussieht, woher aber bald Verachtung, bissige Worte, Zorneserregungen und schließlich Feindschaften herrühren;
dagegen werden bei den Chinesen sogar Nachbarn, ja selbst
Hausangehörige durch einen Rahmen von Gepflogenheiten so
im Zaum gehalten, daß eine Art von gegenseitiger Förmlichkeit
gewahrt bleibt.«

Wie man in China die Mathematik des Abendlands studierte
und sich dem Christentum öffnete, hielt es Leibniz für angemessen, im Westen chinesische Traditionen kennen zu lernen,
die bereichernd wirken könnten. Durch gegenseitige Ergänzung sollten China und Europa neue Blüten der Zivilisation
erreichen. Leibniz schlug Zar Peter dem Großen vor, Russland
möge eine Rolle des Vermittlers zwischen China und dem Westen einnehmen, die dem Land durch seine geografische Lage
zukomme. Auch wenn aus diesem großen Plan nichts wurde,
die Quellentexte des Konfuzianismus hatten begonnen, die
Aufmerksamkeit Gebildeter zu erregen.

Verkünder der Vernunft oder Schwätzer?

Der Mathematiker und Philosoph Christian Wolff (1679–1754) hielt 1721 an der Universität Halle eine *Rede von der Sittenlehre der Sineser*. Er wertete Konfuzius als Repräsentanten einer Vernunftethik, die frei von religiösen Elementen die freie Entscheidung zwischen Richtigem und Falschem auf der Basis eines Forschens und Experimentierens ermögliche. Nicht weil man Lohn oder Strafe erwäge, sondern um der Einsicht in das Richtige selbst willen, werde vor dem Handeln gründlich geprüft:

»Die Sineser drungen also drauf, daß die Vernunfft vor allen Dingen geübet werden möchte, indem einer zu einer deutlichen Erkänntniß des Guten und Bösen gelangen müsse, der sich ohne Furcht vor den Obern und der Hoffnung von denselben eine Belohnung zu erhalten, der Tugend widmen wollte, man aber keinesweges zur vollkommenen Erkänntniß des Guten und Bösen gelangen könne, wo man die Beschaffenheit und Gründe der Dinge nicht genau untersucht habe.«[104]

Nach herkömmlichen christlichen Vorstellungen ließ sich nur deshalb recht handeln, weil Gott dem Menschen, der über kein eigenes Kriterium zur Unterscheidung von recht und falsch verfügt, seine Gebote offenbarte. Die Versuchung, selbst zu wissen, was gut und böse wäre, führte Genesis 3 zufolge zum Sündenfall, der die Vertreibung des Menschen aus dem Paradies nach sich zog.

Wolff bewegte sich vor diesem Hintergrund auf gefährlichem Boden: Die Konfuzianer sollen gezeigt haben, dass allein der Gebrauch des untersuchenden Verstandes ein gutes Handeln ermögliche. Ein nach vernünftiger Erwägung erfolgtes Tun gelte damit als ebenso richtig wie ein solches, das im Befolgen der Gebote Gottes zustande komme.

Man könnte die Idee, dass sich aus der gegebenen Natur mit Hilfe der Erfahrung und des Denkens die Gesetze des Schöpfers erkennen lassen, zwar durchaus als eine Art Gottesbeweis verstehen. Doch erschien die Vorstellung einer reinen Vernunftethik eher als ein Angriff auf die Religion, die als Richtschnur zum Handeln überflüssig werde, wenn sich auch ohne Offenbarung korrekt leben lasse.

So führte Wolffs positive Darstellung des Konfuzianismus zum Vorwurf des Atheismus. Er verlor in der Folge seine Professur und wurde von König Friedrich Wilhelm I. aus Preußen verbannt. In Reaktion auf die *Rede von der Sittenlehre der Sineser* erschienen mehr als 100 Schriften, die oft gegen Wolff gerichtet waren und auch auf Konfuzius und dessen Lehre und Tradition eingingen. Der alte chinesische Lehrmeister gelangte so im 18. Jahrhundert als umstrittene Gestalt zu Popularität unter europäischen Intellektuellen. Für deren zur Aufklärung neigenden Teil hatte das konfuzianische China geradezu Vorbildcharakter, sollten dort doch Gelehrte und nicht Adelige durch Geburtsrecht politische Fragen entscheiden.

Voltaire (1694–1778), der Vordenker der Aufklärung, verstand Konfuzius als Repräsentanten eines durch Denken statt Offenbarung gewonnenen Gottesbildes. Der französische Denker war sich bewusst, welche Rolle die Gerechtigkeit in der Lehre des Konfuzius spielte und dass dieser in *Lunyu* die Goldene Regel propagierte. Unter den für die Menschheit prägenden Persönlichkeiten, die in seinen Augen meist von der Vernunft abgekehrte Mythen vertraten, schätzte er Konfuzius am meisten. Im Kontrast zu Mohammed erscheint ihm dieser als ein »Verkünder der Vernunft«:

»Mahomet glaube ich gut zu kennen; ich habe ihn gründlich studiert. Ich habe ja nicht die Ehre, die Talente zu haben, deren er sich rühmt. Zwölf Frauen wären mir eine starke Verlegenheit. Ich werde nicht wie er auf einer Stute gen Himmel fahren; Sie auch nicht; aber ich glaube, wir sind viel glücklicher als er. Er hat ein verteufeltes Leben zu führen gehabt mit allen seinen Frauen. Von allen Leuten seines Schlags liebe ich nur Konfuzius, darum habe ich auch sein Bild in meinem Betzimmer und ich verehre ihn, wie es sich gehört.«[105]

Das Bild, das die Aufklärer von Konfuzius hatten, traf nur bedingt zu. Zwar war der alte chinesische Lehrer sicher kein Feind der Vernunft. Zudem schätzte er schlüssige Argumente, Kritik und wünschte Bildung ungeachtet des Standes. Doch ließ ihn seine Wertschätzung des Überlieferten keine alten Praktiken und tradierten Geschichten als abergläubisch verdammen.

Der Preußenkönig Friedrich der Große, der mit Voltaire befreundet war, wurde durch diesen nicht nur von Ideen der Aufklärung beeinflusst, sondern auch für China und Konfuzius begeistert. 1740 holte Friedrich den von seinem Vater verbannten Wolff zurück und setzte ihn wieder in seine Professur ein.

20 Jahre später veröffentlichte der König einen kritischen Text über die katholische Kirche, für den er als Autor die Perspektive eines chinesischen Konfuzianers einnehmen wollte. Sein *Bericht des Phihihu, Sendboten des Kaisers von China in Europa*[106] enthält angebliche Briefe des Botschafters an seinen Herrn. Konfuzius findet sich in dieser Schrift als Symbolfigur einer Vernunft, die sich gegen das wendet, was dem König als Aberglaube galt.

So wird Phihihu zum fassungslosen Zeugen einer katholischen Messe, in der Brot zum Leib Christi gewandelt werden soll: »Sie behaupten aber, so viele Götter sie auch durch Murmeln gewisser Zaubersprüche machten, es sei immer derselbe Gott.« Dass man diesen Gott dann verspeist, lässt Friedrich seinen Chinesen als eine Blasphemie interpretieren: »Einen so seltsamen Gottesdienst hätte der große Konfutse lästerlich und anstößig empfunden.«

Schließlich diskutiert Phihihu mit einem katholischen Geistlichen. Als dieser Ideen der Inquisition verteidigt und darlegt, dass es geboten sein kann, einen Menschen zu töten, wenn es dem Heil seiner Seele diene, ist der Chinese fassungslos: »›O Konfutse, Konfutse!‹ rief ich aus. ›Was würdest du sagen, wenn du solche Ruchlosigkeiten hörtest!‹«

Das Ansinnen, ihm die Taufe zu spenden, weist der Gesandte zurück. Als der Priester ihn darauf für verdammt erklärt, fragt Phihihu, ob diese Art der Verdammnis auch Konfuzius beträfe. Als dies bejaht wird, meint er zu dem Vertreter des Katholizismus: »Lieber will ich mit ihm verdammt sein, als mit Ihnen gerettet werden.« Offenbar empfand sich Friedrich der Große, der in seinem Land Vernunft und Freiheit der Religion walten lassen wollte, im Einklang mit Konfuzius.

Ob jedoch Konfuzius den Preußenkönig bei seinen Vorbehalten gegen katholische Riten ermuntert hätte, darf mit Fragezeichen versehen werden. Aus der Haltung, weder den Verstand auszublenden noch den Brauch aufzugeben, würde Konfuzius auf die Frage, ob Brot tatsächlich zum Leib Christi werde, wohl bewusst nicht antworten. Das Problem lag auf derselben Ebene wie die Frage nach dem Dasein der Ahnengeister. Die Vernunft kann die dem Brauch impliziten Annahmen mit ihren Mitteln weder bestätigen noch widerlegen. Das Ritual wäre, wenn es eine alte Tradition ist und eine soziale Funktion besitzt, für Konfuzianer zu vollziehen, *als ob* es wäre, was es zu sein vorgibt. Sogar für den nüchternen Xunzi galt bezüglich alter Riten, dass sie zu beachten seien, allerdings: »Sie für Bereicherungen zu halten, ist günstig; sie für übernatürlich zu halten, ist ungünstig.« (XVII, 11)

Unterdessen kühlte das Verhältnis zwischen China und dem christlichen Abendland ab. Die päpstliche Bulle *Ex illa die* hatte 1715 Katholiken verboten, an konfuzianischen Riten teilzunehmen, und die Jesuiten mussten ihr Wirken als Mittler zwischen Ost und West aufgeben. Als ihre Informationen ausblieben, verblasste das positive Bild des Konfuzianismus. China wurde im 18. Jahrhundert statt als Reich der Vernunft als ein rückständiges Land wahrgenommen, das sich dem Warenaustausch verweigerte.

Pierre Sonnerat unternahm im Auftrag des französischen Königs Ludwig XVI. ab 1774 eine sechsjährige Asienreise. Seine Aufzeichnungen über China, die auch Immanuel Kant studierte, erklärten die Berichte der Jesuiten als unrealistisch und geschönt. Bei Konfuzius fand Sonnerat nur »einen Klumpen unverständlicher Dinge, Träume, Kernsprüche und alter Märchen, mit etwas wenig Philosophie vermischt«.[107]

Zahlreiche europäische Stimmen schlossen sich diesem negativen Urteil über Konfuzius an, dessen Ansehen sich vom Verkünder der Vernunft in die Richtung eines Schwätzers verschob. Kant attestierte dem »chinesischen Sokrates«[108] gewöhnliches Geplapper.[109] Herder machte ihn dafür verantwortlich, dass China »im Knabenalter« stecken geblieben sei.[110] Schopen-

hauer fühlte sich nach seiner Begeisterung für die buddhistische Metaphysik, von der auch aus China berichtet wurde, von
den konkreten Alltagsaussagen in *Lunyu* enttäuscht und ge-
langweilt.[111]

Der Eindruck, dass Konfuzius und der frühe Konfuzianismus keine Metaphysik oder abstrakten Formulierungen von
allgemeinem Interesse böten, einte nun die westlichen Denker.
Damit lagen sie gewiss nicht ganz falsch, denn Konfuzius erhob sich nicht über das konkret Gegebene, um zu Erkenntnissen oder Gesetzen zu gelangen, die von der unmittelbar erfah-
renen Situation abgelöst wären.

Dies zeigt ein Satz in *Lunyu*: »Der Mensch kann das Dao er-
höhen, nicht erhöht das Dao den Menschen.« (L 15, 28) Versteht
man die Aussage vor dem Hintergrund daoistischer Ideen, erkennt man in ihr ein metaphysikkritisches Programm. Den
Daoisten galt das *Dao* zwar als durch bloße Worte unerklärbar.
Doch ließ sich von ihm immerhin sagen, dass es unabhängig
vom Einzelnen wirke. Im *Zhuangzi* heißt es darum mit Bezug
auf das *Dao*:

»Ob ich sage: ›allgemein‹ oder ›überall‹ oder ›gesamt‹: es
sind nur verschiedene Ausdrücke für dieselbe Sache, und ihre
Bedeutung ist Eine. Versuche es, mit mir zu wandern in das
Schloß des Nicht-Seins, wo alles Eins ist. Da wollen wir reden
über die Unendlichkeit. Versuche es, mit mir zu kommen zum
Nichts-Tun, zur Einfalt und Stille, zur Versunkenheit und Rein-
heit, zur Harmonie und Ruhe. Dort sind alle Unterschiede verschwunden. Mein Wille hat kein Ziel, und ich weiß nicht, wohin ich komme. Ich gehe und komme und weiß nicht, wo ich
Halt mache. Ich wandere hin und her und weiß nicht, wo es
endet. Schwebend überlasse ich mich dem unendlichen Raum.
Hier findet auch das höchste Wissen keine Grenzen. Der den
Dingen ihre Dinglichkeit gibt, ist nicht äußerlich von ihnen ab-
gegrenzt; nur die Einzeldinge haben Grenzen. Was man die
Grenzen der Dinge nennt, fängt da an, wo die Dinge aufhören,
und hört da auf, wo die Dinge anfangen. Man redet von Fülle
und Leere, von Verfall und Abnahme. Das, was Fülle und Leere
wirkt, ist nicht selber voll oder leer. Was Verfall und Abnahme

wirkt, ist nicht selber Wurzel oder Wipfel. Was Sammeln und Zerstreuen wirkt, ist nicht selber Sammeln und Zerstreuen.«[112] Hier erscheint das *Dao* als letzte oder höchste Instanz, die konkrete Dinge verursacht, ohne in ihnen aufzugehen. Es handelt sich somit um ein über das unmittelbar gegebene weit hinausgehendes metaphysisches Prinzip, an dessen ihm zuvor verborgenen Wirken ein Mensch, nachdem er es durch Inaktivität ›erlangte‹, bewusst teilhaben kann.

Für die frühen Konfuzianer war dagegen *Dao* der konkrete Weg zur Veredelung durch Menschlichwerden, den eine Person in der Auseinandersetzung mit den *Li* ging. Sie dachte nicht über ein Höchstes nach, das über sie hinausgehe und zu erlangen sei, sondern beschränkte sich auf die unmittelbare Erfahrung. Der Weg war keine objektive Gegebenheit, in die man eintrat, sondern entstand durch das Gehen. Hierauf scheint der Gedanke in *Lunyu* anzuspielen, dass der Mensch das *Dao* erhöhe, nicht aber das *Dao* den Menschen.

Dass vor diesem Hintergrund metaphysische Axiome ebenso verzichtbar waren wie göttliche Offenbarungen und man ganz bei der erfahrbaren Praxis blieb, hatten Leibniz, Wolff, Voltaire und Friedrich der Große geschätzt. Im 19. Jahrhundert sah man jedoch als Mangel, was zuvor als Stärke galt: Im Lauf der Geschichte, so schien es, war in China ein viel zu hoher Berg an Riten und Regeln gewachsen. Diese sittlichen Konventionen kamen zwar ursprünglich aus der Praxis. Doch weil man sie nur bewahrte und nie hinterfragte oder zur Sinnfindung abstrahierte, mussten sie erstarren. Die Last alles regelnder alter Bräuche, deren einstiger Sinn oft nicht mehr nachzuvollziehen war, hemmte jeden Fortschritt in Wirtschaft und Gesellschaft.

Diese nicht völlig unbegründete, doch einseitige Sicht brauchte in der Situation, in der sich China im 19. Jahrhundert befand, nicht lange nach Belegen zu suchen. Infolge der beiden Opiumkriege (1839–1860) und der dadurch erzwungenen Öffnung gegenüber westlichen Mächten, brachen in China die Wirtschaft und die Politik allmählich zusammen. Das seit 2000 Jahren etablierte konfuzianische System stand vor dem sicheren Ende.

Ein Weg für Europa?

Hatte der Untergang der seit 1644 regierenden Qing-Dynastie und damit des konfuzianischen Staates sicher auch mit inneren Erstarrungen zu tun, die China im internationalen Verkehr unbeweglich machten, waren es doch hauptsächlich ausländische Interessen, die dazu führten.

Dass Chinas Schwäche im 19. Jahrhundert nicht an der lange bewährten konfuzianischen Kultur lag, war die Überzeugung des schottischen Missionars James Legge (1815–1897). Er gehörte 1874 zu den Gründern der *Society for the Suppression of the Opium Trade*, die sich dem britischen Opiumhandel in China und dessen verheerenden sozialen und ökonomischen Auswirkungen entgegenstellte. Legge kam 1839 als protestantischer Missionar nach China, wo er für Jahrzehnte lebte. 1841 nahm er die monumentale Aufgabe in Angriff, die klassische Literatur des Konfuzianismus ins Englische zu übersetzen, was ihn über ein halbes Jahrhundert beschäftigte. *Lunyu, Maß und Mitte, Das Buch der Lieder, Das Buch der Urkunden, Das Buch der Wandlungen, Frühling und Herbst* und weitere Werke machte Legge erstmals einem allgemeinen europäischen Publikum zugänglich.

Protestanten setzten nun mit erheblich größerer Breitenwirkung die drei Jahrhunderte zuvor von Jesuiten begonnene Vermittlung des Konfuzianismus fort. Der deutsche Missionar Richard Wilhelm legte 1910 seine Fassung von *Lunyu* vor, der er zahlreiche weitere Übersetzungen chinesischer Klassiker folgen ließ. Wilhelms Arbeit war von tiefer Bewunderung für Konfuzius getragen, dessen Persönlichkeit ihm »unserem Kant in vielen Stücken wesensverwandt« schien.[113] Auch wenn Wilhelm Konfuzius als Metaphysiker und Monotheisten sah, worauf im dritten Kapitel eingegangen wurde, lassen seine Übersetzung und Interpretation etwas von dessen diesseitiger Haltung ahnen, einer »Souveränität der sittlichen Persönlichkeit«, die sich nicht von »Gesichtspunkten wie Lohn oder Strafe« leiten lässt.

Wilhelms Interpretation der politischen Grundsätze des Konfuzius, »die bis auf den heutigen Tag noch nicht Allgemeingut geworden sind«, impliziert Kritik am Europa des frühen 20. Jahrhunderts. Konfuzius lehrte, »daß sich Menschen nur dauernd beherrschen lassen durch die Macht einer sittlich ausgebildeten Persönlichkeit, nicht durch äußeren Zwang der Gesetze« und »daß die gesamte staatliche Ordnung auf natürlichen Grundtatsachen des menschlichen Wesens beruhen muß«. Dieses von Konfuzius Gelehrte wird »als ein forderndes Ideal vor der menschlichen Gesellschaft stehen, bis sie auf irgendwelche Weise ihren wahrheitsgemäßen Ausdruck gefunden hat«.[114]

Wilhelms konfuzianisches Werk wurde von Intellektuellen stark beachtet und fand ein weites Echo. Hermann Hesse begrüßte vor dem Hintergrund, dass der Konfuzianismus den Menschen immer in Beziehung zu anderen sieht, indem Familie und Gesellschaft im Zentrum stehen, die Möglichkeit, die »individualistische Kultur auch einmal nicht als selbstverständlich, sondern in ihrem Widerspiel zu betrachten«.[115] Derart empfanden einige, dass mit der von Wilhelm erschlossenen chinesischen Geisteswelt der Westen mit etwas bislang Unbekanntem konfrontiert war.

Wie Wilhelm konfuzianische Inhalte als »ein forderndes Ideal« für Europa begriff, verstanden sie manche seiner Leser als einen Impuls für das Abendland, der Chancen einer neuen Orientierung bietet. Der Schriftsteller Alfons Paquet (1881–1944) sah Möglichkeiten des »Konfuzianismus bei der Weiterentwicklung einer staatsphilosophischen Lebensauffassung in Europa«. Im Hinblick auf den von dem darwinistischen Biologen Ernst Haeckel als »Monismus« bezeichneten Entwurf einer Religiosität im Einklang mit der Wissenschaft glaubte Paquet, dass sich deren Leitsätze »mit denen des Konfuzianismus« deckten.[116] Nachdem Gott als tot und der Mensch zum Verwandten des Tieres erklärt war, schien eine konfuzianische Weltsicht zeitgemäß, die sich in ihrer Ethik nicht in vorgeblichen göttlichen Offenbarungen absicherte und doch kulturellen Traditionen positiv gegenüberstand.

Der Schriftsteller Rudolf Pannwitz (1881–1969), den ebenfalls die Übersetzungen Richard Wilhelms inspirierten, setzte starke Hoffnungen auf den Konfuzianismus. Er erwartete von ihm

Impulse zur Lösung einer geistigen Notlage Europas, die im Ersten Weltkrieg deutlich ans Licht getreten war. Eine der Ursachen dieser menschlichen und moralischen Katastrophe sah Pannwitz in der Orientierungslosigkeit über gültige Werte, die seit der Aufklärung herrschte. Diese zerbrach mit dem Mittel der Vernunft die unhaltbaren Glaubensvorstellungen, die lange das Leben bestimmten, ohne dass an deren Stelle ein hilfreicher Ersatz getreten wäre.

Vor diesem Hintergrund veröffentlichte Pannwitz nach dem Krieg sein Buch *Die Krisis der europäischen Kultur*. Er ging davon aus, dass das Abendland sich angesichts seiner Schwierigkeiten selbst überwinden müsse. Allerdings sah er keinen »ausweg aus der europäischen kultur auf irgend einem begangenen wege«. Allenfalls das Denken Friedrich Nietzsches könne helfen, der die Umwertung aller Werte forderte und den gegenwärtigen Menschen im Heraufkommen eines Übermenschen überwinden wollte. Doch empfand Pannwitz den radikalen Weg Nietzsches für die Menschen seiner Zeit ungangbar: Nietzsche war »für die schwachen zu stark und selbst für die starken zu stark«.[117]

Da die Menschen des Abendlandes ihren Zustand nicht aus eigener Kraft oder mit Hilfe ihres geistigen Erbes hinter sich lassen könnten, hielt Pannwitz es für notwendig, dass »wir das im orient geleistete ganz uns einverleiben«.[118] Konkret dachte er an eine Rezeption des Konfuzianismus und des Buddhismus, die derart tief greifen müsse, dass es zu einer fundamentalen Wandlung der europäischen Kultur komme, die auch eine wesenhafte Veränderung des Menschen erfordere.

Buddhismus sowie Konfuzianismus sollten das Selbstverständnis des westlichen Menschen in einem Ausmaß relativieren, dass dieser in den Grundfesten seines Seins erschüttert werde. Dabei müsse der Individualismus ins Wanken geraten: Es »ist das principium individuationis selbst in der konsequenz zu überwinden und ein geistiger selbstmord aller individuation ohne jeden religiösen ethischen oder ästhetischen schwindel das einzige dem menschen noch anständige«.[119]

Diese grundlegende Relativierung könne einmal der Buddhismus leisten, indem er den Menschen anhalte, »sich selbst völlig bewußt zu werden und in die gewalt zu bekommen das heisst zur höchsten edelsten macht zu *erziehen*«. Doch als fast bedeutender erscheine der Konfuzius, fordere dieser doch im Unterschied zur Lehre des Buddha keine Weltflucht für diese Aufgabe, weil Konfuzius »den menschen[,] sogar der in allen anhaftungen der gemeinschaft lebt[,] so herrlich adelt[,] wie nie der mensch geadelt worden«.[120]

Würden sich Menschen auf die konfuzianische Ethik einlassen, biete dies ungeahnte Chancen einer Gesundung, denn »was bei uns sittlichkeit heißt ist schlimmer als jede libertinage«.[121] Damit bewegte sich ein vom Konfuzianismus geprägter neuer Europäer nicht, wie Nietzsche dies vorgeschlagen hatte, »jenseits von Gut und Böse«, sondern nahm aus eigenem Entschluss eine ihn wandelnde Ethik auf. Indem diese keinen Zwang ausübt, weil sie sich als menschlicher Selbstzweck auf keine metaphysische oder religiöse Begründung beruft, verbindet sie Freiheit und Disziplin, was Menschen über subjektive Beschränkungen hinauswachsen lässt.

Die Vision einer von Lehren asiatischen Ursprungs geprägten westlichen Kultur fand nach dem Erscheinen von *Die Krisis der europäischen Kultur* 1917 keinen großen Anklang. Ob Pannwitz tatsächlich glaubte, dass sich nach der Katastrophe des Ersten Weltkriegs so viele Menschen chinesischen und indischen Lehren zuwenden, dass ein Kulturwandel eintrete, bleibt offen. Vielleicht orientierte er sich, was erhoffte Wirkungen anging, an dem, was von Konfuzius gesagt wurde: »Ist das nicht jener, der weiß, dass es nicht geht, und es trotzdem macht?« (L XIV, 41) Nach dem Zweiten Weltkrieg ließ Pannwitz *Die Krisis der europäischen Kultur* nochmals erscheinen, wiederum ohne spürbare Resonanz. Immerhin war es ihm möglich, Einzelne mit seinen Gedanken zu inspirieren: Hugo von Hofmannsthal lernte von der ungewöhnlichen Haltung »des Kungtse, der sich gegen Angreifer durch Gesang rettet«.[122]

Das von Pannwitz erhoffte Interesse blieb im 20. Jahrhundert aus. Sogar unter den westlichen Philosophen beschäftigten sich wenige ernsthaft mit Konfuzius. Der Existentialist Karl Jaspers zählte diesen mit Sokrates, dem Buddha Gautama und Jesus zu den paradigmatischen Persönlichkeiten, deren Einfluss auf die Menschheit nachhaltig maßgebend gewesen sei.[123] Dem modernen Abendländer bleiben Jaspers zufolge die rigorosen Wege Jesu oder Gautamas verschlossen, verlangen diese doch einen kaum zu bewerkstelligenden Bruch aller Bindungen. Die Lebensentwürfe des Sokrates und Konfuzius jedoch seien immer noch umsetzbare Möglichkeiten.

Jaspers betrachtete Konfuzius getrennt vom späteren Konfuzianismus, der den zentralen Wert des Menschlichseins zugunsten eines Pragmatismus aufgegeben habe. Konfuzius setze statt auf Gesetze und Vorschriften auf die inspirierende Ausstrahlung des Vorbilds. Doch sei die freie Sittlichkeit, die sich aus der Verbindung der überlieferten Sitten (*li*) mit dem Menschlichsein (*ren*) ergab, zum Gehorchen gegenüber einem äußerlichen Regelwerk verkommen.

Hier folgte Jaspers dem schon bei Herder und Hegel zu erkennenden Eindruck, dass es in China unter der Last äußerer Vorschriften und Pflichten kein Vorankommen gegeben habe. Diese Entwicklung sah er jedoch im Widerspruch zur ursprünglichen Absicht des Konfuzius. Für Jaspers stellen darum die Untersuchungen, die Menzius und Xunzi über das Wesen des Menschen vornahmen, keine Fortschritte des Denkens dar, sondern ein Abgleiten ins Dogmatische. Jaspers Versuch, die reine Lehre des Ursprungs von degenerierten Spätformen abzugrenzen, berücksichtigt zu wenig die Unterschiede von Epochen, die jeweils neue Aktualisierungen des Überlieferten verlangen, weil unter gewandelten Bedingungen anderes zum Anliegen wurde.

Doch stimmt zweifellos auch, dass jede über Konfuzius hinausgehende Interpretation seiner Lehre den unmittelbaren Zugang erschweren kann. Es ist charakteristisch für die älteste Schicht des über Konfuzius Berichteten, dass er offen ließ, was er nicht aus der Erfahrung wusste. Aussagen darüber, ob der Mensch im Ursprung gut oder böse ist, spielten für seinen Weg des Menschlichseins in der Auseinandersetzung mit den überlieferten Sitten und Riten keine Rolle.

Motor oder Bremse der Wirtschaft?

Stellte Jaspers den Aspekt des Menschlichseins (*ren*) zentral, interessierte sich der analytische Philosoph Herbert Fingarette im 20. Jahrhundert für die Bedeutung der Riten (*li*) bei Konfuzius. Diese wird im Westen in der Tradition der Aufklärung oft schwer zugänglich, wenn Riten mit einer Flucht aus realem Geschehen, mit steifem Zeremoniell oder mit religiösem Aberglauben verbunden werden. Nach Fingarette sind für Konfuzius die konkreten Formen menschlicher Beziehungen weder durch physische Notwendigkeiten, noch durch Instinkte oder Reflexe festgelegt. Vielmehr handele es sich um Riten, die erlernt werden, um sie dann willentlich auszuführen.[124] Die kulturell ererbten Übereinkünfte, die in sich weder wahr noch falsch sind, legen fest, was der Mensch wertschätzen soll. Sie werden eingeübt, wie man ein Ritualgefäß zieliert, graviert und poliert, um es dann in der kultischen Handlung einzusetzen. Soziale Interaktionen werden vor diesem Hintergrund zu säkularen Kulthandlungen, in denen man die trainierten *Li* absichtlich im Verkehr mit anderen ausführt. Jede Aktion kann so zur ehrwürdigen Handlung werden, die Sinn und Zweck in sich trägt, und in gewisser Weise eine Sakralisierung des Alltags bewirkt.

In der zweiten Hälfte des 20. Jahrhunderts führte schließlich der wirtschaftliche Aufstieg ostasiatischer Länder dazu, dass der Konfuzianismus oder das, was man dafür hielt, einige Aufmerksamkeit erlangte. Der US-amerikanische Soziologe Robert Bellah (1927–2013) wollte seit den 1950er Jahren die rasante Modernisierung Japans und die ökonomischen Fortschritte des Landes stärker im Konfuzianismus verwurzelt sehen als in der Begegnung mit dem Westen.[125]

Die Idee wurde oft von Wirtschaftspsychologen, Ökonomen und Organisationsentwicklern in verschiedenen Varianten wiederholt, etwa von dem Soziologen Peter Berger, der im Konfuzianismus einen Schlüssel zum Verständnis wirtschaftlichen Erfolge Ostasiens sah.[126] Arthur Whitehill erkannte im Management japanischer Unternehmen konfuzianische Einflüsse wie die Hingabe des Einzelnen an die Gemeinschaft, die Loyalität gegenüber Vorgesetzten und den Willen zur Bildung als wirksam.[127]

Sollte der Konfuzianismus mit seiner Betonung klassischer Bildung und seinem Regelwerk zuvor für Starre und Rückständigkeit verantwortlich sein, wurde er nun plötzlich zum Motor für Innovationen und dynamische Entwicklung. Nach der Finanz- und Wirtschaftskrise in Asien 1997/98 und den gleichzeitig aufgetretenen ökonomischen Problemen in Japan scheint es stiller um den Konfuzianismus als Erklärung ökonomischer Erfolge geworden zu sein. Hier mag sich die Erkenntnis durchsetzen, dass trotz richtiger Einzelbeobachtungen mit dem Etikett des Konfuzianismus allein nichts zu erklären ist, was in China, Korea, Japan oder anderen Ländern geschah.[128] In Asien existierte nie *der* Konfuzianismus als einheitliches Phänomen, mit dem sich irgendeine Entwicklung leicht verstehen ließe.

Auch das gedehnte Spektrum der Außenwahrnehmungen des Konfuzianismus, der heute der Ökonomie abträglich und morgen förderlich sein kann, gibt zu denken. Joachim Bouvet und die Figuristen hatten wie Leibniz eine eurasische Ergänzung im Auge, um Defizite der Kulturen auszugleichen. Wolff und Voltaire betrachteten Konfuzianisches im Licht der Aufklärung, wobei es Friedrich der Große zur expliziten Religionskritik einsetzte. Richard Wilhelm sah darin Metaphysik und einen Theismus christlichen Stils. Für Pannwitz sollte es als Programm zum Überwinden einer aktuellen Krise dienen.

Stets wurde der Konfuzianismus dabei zum Interesseninstrument jener, die sich mit ihm beschäftigten, und nahm deren Blicken entsprechende Gestalten an. Ebenso verhielt es sich bei der Begegnung des Westens mit dem Buddhismus.[129] Über Jahrtausende gewachsene Perspektiven und Praktiken lassen sich nicht verpflanzen, ohne dass es zu unterschiedlichen Wandlungen kommt. Wie es *den* Konfuzianismus nicht gibt, existiert auch nicht *das* ihm angemessene Verständnis im Westen. Jeder, der sich mit Konfuzius und seiner Tradition beschäftigt, wird diese wie auch alle genannten Interpreten durch die Brille eigener Interessen, Erwartungen und Bedürfnisse wahrnehmen.

Möchte man in Europa Konfuzianisches nicht lediglich als historisches und kulturelles Phänomen begreifen, sondern auch der existenziellen Dimension nahe kommen, empfiehlt sich am Beginn der Blick auf jene Quellen, die möglichst nah an die Zeit des Konfuzius heranreichen. Seine Ethik der Selbstüberwindung und Bezogenheit aller aufeinander, des Menschlichseins im Rückkehren zu den Gepflogenheiten eines keinem Zweck unterworfenen Daseins in sozialer Geborgenheit, mit kulturellem Niveau und in Freude am Unmittelbaren blieb und bleibt durch die Jahrhunderte und über geografische Grenzen hinweg eine Herausforderung.

Anmerkungen

[100] Vgl. dazu Paul Rule: *K'ung-tzu or Confucius? The Jesuit Inter-pretation of Confucianism.* Sydney, London 1987.

[101] *Confucius Sinarum Philosophus, sive Scientia Sinensis latine ex-posita,* studio et opera Prosperi Intorcetta, Christiani Herdt-rich, Francisci Rougemont, Philippi Couplet, Patrum So-cietas Jesu. Paris 1687.

[102] Vgl. Claudia von Collani: *P. Joachim Bouvet S. J. Sein Leben und sein Werk.* Nettetal 1985.

[103] Richard J. Smith: Jesuit Interpretations of the Yijing in Histo-rical and Comparative Perspective. In: *International Journal of the Humanities* 1.2003, S. 776–801.

[104] Christian Wolff: »Rede von der Sittenlehre der Sineser.« Zi-tiert nach der Anthologie von Adrian Hsia: *Deutsche Denker über China.* Frankfurt a. M. 1985, S. 42–72, hier S. 61.

[105] Paul Sakmann (Hg.): *Was sagt Voltaire?* Eine Auswahl aus den Werken. Leipzig 1925, S. 183.

[106] Vgl. Gustav Bertold Volz (Hg.): *Die Werke Friedrichs des Gro-ßen in deutscher Übersetzung.* Berlin 1913, Bd. VIII, S. 115–126.

[107] Pierre Sonnerat: *Reise nach Ostindien und China in den Jahren 1774–1781.* Zürich 1783, S. 27.

[108] Vgl. Helmut von Glasenapp: *Kant und die Religionen des Os-tens.* Kitzingen a. M. 1954, S. 83–106.

[109] Vgl. das Zitat in der Einführung, S. 22.

[110] Johann Gottfried Herder: *Ideen zur Philosophie der Geschichte der Menschheit.* Band 3. Riga und Leipzig 1787, Dritter Teil, Elftes Buch. Vgl. das vollständige Zitat zu Beginn des drit-ten Kapitels.

[111] Arthur Schopenhauer: *Ueber den Willen in der Natur.* Frank-furt a. M. ²1854, S. 118.

[112] Zitiert nach der Übersetzung von Richard Wilhelm in Dschuang Dsï: *Das wahre Buch vom südlichen Blütenland.* Düsseldorf, Köln 1972, S. 231.

[113] Zitiert nach Wilhelm: *Kungfutse. Gespräche*, S. 30.

[114] Wilhelm: *Kungfutse. Gespräche*, S. 29 f.

[115] Zitiert nach Hermann Hesse: *Gesammelte Werke*. Band 12, Schriften zur Literatur II. Frankfurt a. M. 1970, S. 30.

[116] Alfons Paquet: *Vom chinesischen Geist*. In: Frankfurter Zeitung, 16.4.1911.

[117] Rudolf Pannwitz: *Die Krisis der europäischen Kultur*. Nürnberg 1917 (Nachdruck 1947), S. 180. Das Werk entstand 1915.

[118] Rudolf Pannwitz: *Krisis*, S. 207.

[119] Pannwitz: *Krisis*, S. 48.

[120] Pannwitz, *Krisis*, S. 207.

[121] Pannwitz: *Krisis*, S. 181.

[122] Hartmut Zelinsky: »Hugo von Hofmannsthal und Asien.« Roger Bauer et al. (Hg.): *Fin de Siècle. Zu Literatur und Kunst der Jahrhundertwende*. Frankfurt a. M. 1977, S. 508–566, hier S. 538.

[123] Vgl. Karl Jaspers: *Die großen Philosophen*. Band I. München 1957.

[124] Herbert Fingarette: *Confucius. The Secular as Sacred*. New York 1972, S. 78.

[125] Vgl. Robert N. Bellah: *Tokugwawa Religion. The Cultural Roots of Modern Japan*. New York 1985.

[126] Peter L. Berger: »An East Asian Development Model?« In: Peter L. Berger, Hsin Huang Michael Hsiao: *In Search of an East Asian Development Model*. New Brunswick, N. J. 1988, S. 3–11.

[127] Arthur M. Whitehill: *Japanese Management. Tradition and Transition*. London, New York ³1993.

[128] Instruktives zur Problematik, wirtschaftliche Entwicklungen mit dem Konfuzianismus zu erklären, findet sich bei Sebastian Conrad: »Arbeit, Max Weber, Konfuzianismus. Die Geburt des Kapitalismus aus dem Geist der japanischen Kultur?« In: Hartmut Berghoff, Jakob Vogel (Hg.): *Wirtschaftsgeschichte als Kulturgeschichte: Dimensionen eines Perspektivenwechsels*. Frankfurt a. M. 2004, S. 219–240.

[129] Vgl. Volker Zotz: *Auf den glückseligen Inseln. Buddhismus in der deutschen Kultur*. Berlin 2000.

Abkürzungen zitierter klassischer Werke

Die Übersetzungen aus klassischen Texten stammen, wenn nicht anders angegeben, vom Verfasser.

K   *Kongzi jiayu*

KW   *Kongzi jiayu* zitiert nach Kungfutse: *Schulgespräche. Gia Yü.* Übers. Richard Wilhelm, hg. von Hellmut Wilhelm. Düsseldorf, Köln 1981 (Zitate in der Regel modifiziert oder paraphrasiert). Angegebene Ziffern beziehen sich auf die Seitenzahlen des Buchs.

L   *Lunyu*

Li   *Lijing* zitiert nach der Übersetzung von Richard Wilhelm: *Li-gi. Das Buch der Riten, Sitten und Gebräuche.* Düsseldorf, Köln 1981. Die angegebene Ziffer bezieht sich auf die Seitenzahl des Buchs.

M   *Mengzi.* Das Buch wird nicht, wie vielfach üblich, als sieben in A und B geteilte Kapitel zitiert, sondern als XIV durchnummerierte Kapitel.

Mo   *Mozi* zitiert nach Mo Ti: *Von der Liebe des Himmels zu den Menschen.* Aus dem Chinesischen übersetzt und herausgegeben von Helwig Schmidt-Glintzer. München 1992. Die angegebene Ziffer bezieht sich auf die Seitenzahl des Buchs.

VC   Zitiert nach der Anthologie konfuzianischer Denker von Victoria Contag: *Konfuzianische Bildung und Bildwelt.* Zürich und Stuttgart 1964. Die angegebene Ziffer bezieht sich auf die Seitenzahl des Buchs.

X   *Xunzi*

Literatur

In den Anmerkungen vollständig zitierte Literatur wird hier in der Regel nicht nochmals aufgeführt.

Zu Konfuzius' Leben und Wirken

Chen, Jingpan: *Confucius as a Teacher. Philosophy of Confucius with Special Reference to Its Educational Implications.* Beijing 1990.

Cheng, Anne: *Entretiens de Confucius.* Paris 1981.

Chow, Kai-wing: »An Alternative Hermeneutics of Truth: Cui Shu's Evidential Scholarship on Confucius.« In: Jingyi Tu: *Interpretation and Intellectual Change: Chinese Hermeneutics in Historical Perspective.* New Brunswick, N. J. 2005, S. 19–31.

Creel, H. Glessner: *Confucius and the Chinese Way.* New York 1960.

Darga, Martina: *Konfuzius.* Kreuzlingen und München 2001.

Dawson, Raymond: *Confucius. The Analects.* Oxford und New York 1993.

Durrant, Stephen W.: *Tension and Conflict in the Writings of Sima Qian.* Alabany, N. Y. 1995

Franke, Otto: »Der geschichtliche Konfuzius.« *Zeitschrift der Deutschen Morgenländischen Gesellschaft*, Bd. 79. 1925, S. 163–191.

Gu, Xuewu: *Konfuzius zur Einführung*. Hamburg 2002.

Kramers, Robert Paul: *K'ung Tzu Chia Yu. The School Sayings of Confucius* (Section 1–10). Leiden 1949.

Kungfutse: *Gespräche. Lun Yü*. Aus dem Chinesischen übertragen und herausgegeben von Richard Wilhelm. München 1989 (¹1910).

Legge, James: *The Chinese Classics*. Bd. 1: *Confucian Analects, The Great Learning and The Doctrine of the Mean*. New York 1870.

Schwarz, Ernst: *Konfuzius. Gespräche des Meisters Kung (Lun Yü)*. München 1985.

Simson, Wojciech Jan: *Die Geschichte der Aussprüche des Konfuzius (Lunyu)*. Bern 2006.

Stange, Hans Otto: *Die Weisheit des Konfuzius*. Aus dem chinesischen Urtext übertragen. Mit einer Einleitung und einem Nachwort von Ursula Gräfe. Frankfurt a. M. und Leipzig 2004.

Stumpfeld, Hans: *Das Leben des Konfuzius. Bilder zu den Taten des Weisen*. Aus dem Chinesischen übertragen und mit einem Nachwort. Zürich 1991.

Waley, Arthur: *The Analects of Confucius*. London 1938.

Wedemeyer, Inge von: *Konfuzius, Meister der Güte und Mitmenschlichkeit*. Heilbronn 1992.

Wickert, Erwin: *Konfuzius. Sein Leben und Scheitern*. Mainz (Akademie der Wissenschaften und der Literatur) 2001.

Zotz, Volker: *Konfuzius*. Reinbek bei Hamburg 2000.

Denken und Kultur Chinas

Creel, Herrlee Glessner: *The Birth of China*. London 1936.

Forke, Alfred: *Geschichte der neueren chinesischen Philosophie*. Hamburg 1938.

Lewis, Edward: *Writing and Authority in Early China*. Albany, N. Y. 1999.

Kubin, Wolfgang: *Die chinesische Dichtkunst. Von den Anfängen bis zur Kaiserzeit*. München 2002.

Nylan, Michael: *The Five »Confucian« Classics*. New Haven, London 2001.

Redmond, Geoffrey und Tze-ki Hon: *Teaching the I Ching (Book of Changes)*. Oxford 2014.

Roetz, Heiner: *Die chinesische Ethik der Achsenzeit. Eine Rekonstruktion unter dem Aspekt des Durchbruchs zu postkonventionellem Denken*. Frankfurt a. M. 1992.

Schottenhammer, Angela: *Auf den Spuren des Jenseits: Chinesische Grabkultur in den Facetten von Wirklichkeit, Geschichte und Totenkult*. Frankfurt a. M. 2003.

Sandvoss, Ernst R.: *Geschichte der Philosophie*. Band 1. München 1989.

Shen, Vincent: »Yang Zhu (Yang Shu).« In: Antonio S. Cua: *Encyclopedia of Chinese Philosophy*. New York, N. Y. 2003, S. 840–842.

LITERATUR

Zu Entwicklung des Konfuzianismus

Alitto, Guy: *The Last Confucian: Liang Shu-Ming and the Chinese Dilemma of Modernity*. Berkeley, CA. 1979.

Bellah, Robert N.: *Tokugwawa Religion. The Cultural Roots of Modern Japan*. New York 1985.

Chen, Yong: *Confucianism as Religion: Controversies and Consequences*. Leiden 2013.

Deuchler, Martina: *The Confucian Transformation of Korea: A Study of Society and Ideology*. Cambridge 1992.

Hon, Tze-ki: »Zhou Dunyi's Philosophy of Supreme Polarity.« In: John Maheham: *Dao Companion to Neo-Confucian Philosophy*. Heidelberg, London, New York 2010, S. 1–16.

Ivenhoe, Philip J.: »Lu Xiangshan's Ethical Philosophy.« In: John Maheham: *Dao Companion to Neo-Confucian Philosophy*. Heidelberg, London, New York 2010, S. 89–266.

Kern, Iso: *Das Wichtigste im Leben. Wang Yangming (1472–1529) und seine Nachfolger über die »Verwirklichung des ursprünglichen Wissens«*. Schwabe, Basel 2010.

Loewe, Michael: *Dong Zhongshu, a ›Confucian‹ Heritage and the Chunqiu Fanlu*. Leiden 2011.

Malek, Roman: »Konfuzianismus.« In: Johann Figl: *Handbuch Religionswissenschaft*. Innsbruck und Göttingen 2003, S. 298–306.

Nguyen, Ngoc Huy: »The Confucian Incursion into Vietnam.« In: Walter H. Slote, George A. De Vos (Hg.): *Confucianism and the Family: A Study of Indo-Tibetan Scholasticism*. Albany, N. Y. 1998, S. 91–103.

Smith, Robert J.: *Ancestor Worship in Contemporary Japan*. Stanford, CA. 1974.

Tabrey, Thomas: »Intelligenz und politische Wirklichkeit: Wang Chongs Kritik an der konfuzianischen Gelehrsamkeit der Han-Zeit.« In: Heiner Roetz (Hg.): *Kritik im alten und modernen China*. Wiesbaden 2006, S. 72–82.

Wang, Q. Edward: »Objectivity, Truth, and Hermeneutics: Re-reading the Chunqiu.« In: Chin-I Tu (Hg.): *Classics and Interpretations: The Hermeneutics Traditions in Chinese Culture*. New Brunswick, N. J. 2000, S. 155–172.

Wang, Robin R.: »Dong Zhongshu's Transformation of ›Yin-Yang‹ Theory and Contesting of Gender Identity. In: *Philosophy East and West*, Vol. 55, No. 2, S. 209–231.

Wong, Wai-ying: »The Thesis of Single-Rootedness in the Thought of Cheng Hao.« In: John Maheham: *Dao Companion to Neo-Confucian Philosophy*. Heidelberg, London, New York 2010, S. 89–104.

Yao, Xinzhong: *An Introduction to Confucianism*. Cambridge 2000.

Zotz, Volker: *Geschichte der buddhistischen Philosophie*. Reinbek bei Hamburg 1996.